D1311168

WITHDRAWN

FITCHBURG PUBLIC LIBRARY
THIS BOOK IS THE PROPERTY OF THE
ABOVE LIBRARY

GOOD CARE AND PROMPT RETURN IS THE
RESPONSIBILITY OF EACH BORROWER.

LA LEY Y SUS

DERECHOS LEGALES

Un manual bilingüe para asuntos legales cotidianos

Lic. Jess J. Araujo

A FIRESIDE BOOK
PUBLICADO POR SIMON & SCHUSTER

FIRESIDE
Rockefeller Center
1230 Avenue of the Americas
New York, NY 10020

Copyright © 1989 por Lic. Jesus J. Araujo
Copyright © 1998 by Jess J. Araujo

Este libro contiene las opiniones e ideas del autor y su propósito es ofrecer consejos útiles respecto al tema tratado. El autor y la editorial no prestan servicios legales, de contabilidad u otros servicios profesionales en este libro. Las leyes varían de estado a estado, al igual que los hechos y las circunstancias de diferentes situaciones legales, y este libro no tiene por fin ofrecer fundamentos para ejercitar una acción en circunstancias particulares sin que sean estudiados por un profesional competente. El autor y la editorial expresamente niegan toda responsabilidad por toda obligación, pérdida o riesgo, personal o de otro tipo, que ocurra como consecuencia, directa o indirectamente, del uso y aplicación del contenido de este libro.

Todos los derechos están reservados, incluyendo el derecho de reproducción en todo o en parte en cualquier forma.

Fireside y su colofón son marcas registradas de Simon & Schuster Inc.

Diseñado por Pagesetters/IPA

Hecho en los Estados Unidos de América

10 9 8 7 6 5 4 3 2 1

Datos de catalogación de la Biblioteca del Congreso
Araujo, Jess J.
The law and your legal rights : a bilingual guide to everyday legal issues / Jess J. Araujo.
p. cm.
Includes index.
Added title page title: Ley y sus derechos legales.
1. Law—United States—Popular works. I. Title. II. Title: Ley y sus derechos legales
KF387.A68 1998   98-21982
349.73—dc21   CIP

ISBN 0-684-83970-9

*A mi queridísima y talentosa esposa, Donna Marie Araujo,
que ha sido una fuente viva de aliento, inspiración, motivación y
energía en mi vida.*

*A mis hijos, Jess J. Araujo, Jr. y Kristina Araujo Massa,
cuyo amor y apoyo ilustran el verdadero significado de Familia.*

*A mi padre, Juan Araujo, por haber confiado en mis habilidades y
por haberme tratado como un hombre desde los 14 años.*

*A mi madre, Dolores Gómez Araujo, que por sí sola se preocupó
por que yo aprendiera los aspectos más sublimes de la cultura y
tradiciones mexicanas y de la lengua española.*

Contenido

7. ÉTICA PROFESIONAL 91

8. BANCARROTA (QUIEBRAS) 97

9. TESTAMENTOS, FIDEICOMISOS Y VERIFICACIÓN DE TESTAMENTOS 108

12. DERECHO DE FAMILIA: MATRIMONIO, DIVORCIO, CUSTODIA DE MENORES, VIOLENCIA DOMÉSTICA, ADOPCIÓN Y RESPONSABILIDAD DE LOS PADRES   148

13. VEHÍCULOS MOTORIZADOS   177

16. ACCIDENTES Y DAÑOS PERSONALES   292

Prólogo
de Ricardo Montalbán

Durante mucho tiempo los Estados Unidos ha recibido el nombre de "crisol de razas". Con frecuencia, los recién llegados a los Estados Unidos buscaban solaz en su nueva patria junto a aquellos que hablaban el mismo idioma, con miras a buscar seguridad en una comunidad con un pasado cultural común mientras aprendían cómo funcionaba un país vasto y nuevo gobernado por leyes nuevas y una estructura política única. Con frecuencia, ellos vinieron para huir del duro clima político y económico de sus tierras de origen. Otros vinieron con la esperanza de cosechar los frutos de la "tierra de las oportunidades". Cualquiera que sean las razones, quienes llegaron a los Estados Unidos se sintieron intimidados por su enorme tamaño y poder y la promesa de un sistema legal imparcial y justo que le permitiría trabajar y prosperar a la persona promedio.

No es sorprendente que el español sea el primer idioma para gran parte de quienes que viven en los Estados Unidos, pues ésta es la lengua materna más común en el Hemisferio Occidental.* Este libro está dedicado a aquellos que viven en los Estados Unidos y hablan español como primer idioma. Me honra hablarles de este libro, escrito por mi buen amigo Jess Araujo. Jess es un abogado conocido en los Estados Unidos, con fuertes nexos con su herencia hispana. A través de una carrera muy exitosa ha demostrado una y otra vez que entiende los problemas que encaran los estadounidenses que no hablan inglés. Como fundador de LAVA (Latin American Voters of America), Jess ha encabezado un movimiento nacional para alentar a los hispanos a tener una participación más activa

*Almanaque Mundial 1995. El idioma más hablado en el mundo es el mandarín, seguido por el hindú. El español es el tercero y el inglés el cuarto. En el Hemisferio Occidental, el español es el primer idioma de más gente que ningún otro, incluyendo el inglés. El inglés es más hablado que el español, pero la razón parece ser la frecuencia con que quienes hablan otros idiomas lo aprenden; generalmente lo hacen para poder participar en negocios internacionales.

en el proceso político a todos los niveles. Ha estado al frente para fortalecer las relaciones con los hispanos que trabajan en el campo legal con su participación en la Hispanic Bar Association.

Jess dedica gran parte de su tiempo y energía a velar por que la comunidad hispana sea una entidad cohesiva y brinde apoyo, cuya fortaleza y poder formen una presencia visible en la gran comunidad de los Estados Unidos. A nivel personal, Jess ha sido una inspiración y un mentor para muchos. No nos habla como una autoridad, sino como alguien que viene de las raíces comunes que nos unen. Jess entiende los problemas que encara el hispanohablante que tal vez no esté enterado de las responsabilidades que cada uno de nosotros tiene de conocer la ley y seguir su mandato.

Al tratar esas necesidades, Jess ha escrito un libro para ayudarnos a entender las leyes que rigen nuestras vidas diarias. Con paciencia y cuidado ha tomado las palabras de los legisladores, que son a veces confusas, y las ha transformado en ejemplos que muestran cómo opera la ley en nuestras relaciones diarias. Nos muestra las razones detrás de las leyes y desmitifica el sistema legal. También da consejo invaluable sobre cómo evitar que surjan problemas al hacer ver conceptos erróneos que muchos de nosotros hemos traído de los sistemas legales de nuestros países de origen.

Jess Araujo le ha hecho un gran regalo a la comunidad hispanohablante con este libro. Ha facilitado que cualquiera que lea español o inglés entienda la ley y disfrute de los beneficios que ella ofrece. Incluso aquellos que parecen intimidados por la ley verán en las páginas de este libro la razón y el sistema sobre los cuales se basan las leyes de los Estados Unidos, y podrán continuar adelante fortalecidos con ese conocimiento y armados con un instrumento contra el miedo que resulta de la ignorancia.

La ley y sus derechos legales debe estar en la biblioteca de cada hogar y negocio donde se hable español.

Prefacio

La adquisición de conocimientos e información adecuados pueden significar frecuentemente la diferencia entre el éxito y el fracaso, casi en cualquier situación. La falta de conocimiento e información adecuados puede ser, y por lo general es, costosa, dolorosa, embarazosa e incluso fatal.

Ya sea que usted esté tratando de determinar solamente por qué su auto no enciende o de decidir si debería dar respiración boca a boca a una persona inconsciente en un lugar público, la cantidad de conocimiento adecuado apropiado y la información que posea tendrán un efecto muy drástico en los resultados finales.

Debido a que muchos aspectos de nuestras vidas son complicados y técnicos, es extremadamente difícil que dominemos apropiadamente todas las materias o temas que deberían ser dominados para poder así disfrutar y experimentar los beneficios disponibles al máximo. Es por eso que los médicos, los abogados, los electricistas y cientos de otros especialistas identifican un área de información, llegan a dominarla y luego proceden a vender su habilidad para resolver los problemas que a usted se le pudieran presentar en tal área. Así como usted, ellos se dan cuenta de que no es posible que todos vayan a una facultad de derecho para resolver personalmente uno o más problemas legales que puedan surgir en su vida. Es mucho más práctico contratar los servicios de un abogado en aquellas raras ocasiones en que surge una necesidad legal.

Si a esto agregamos que no todos poseen la aptitud, la motivación y los medios económicos necesarios para recibir exitosamente una educación legal, usted fácilmente podrá entender por qué contratar un abogado en algunas ocasiones es la única solución práctica para resolver un problema legal.

Sin embargo, en la profesión legal, así como en cualquier otra que preste un servicio, hay ciertos factores que determinan la naturaleza y calidad del servicio y los resultados que se obtendrán. El servicio y los resultados dependerán en gran medida de las cualidades personales y profesionales del abogado.

El haber ejercido el derecho durante más de veinte años y el haber representado a miles de clientes me han permitido aconsejar a personas que consultaron o contrataron con anterioridad a otro abogado para que las representara en uno o más asuntos legales. Como resultado, he llegado a la conclusión de que muchas personas esperan demasiado tiempo después de que el problema surge para consultar con un abogado, recurren al abogado equivocado o imprudentemente despiden al que está realizando un trabajo satisfactorio. La mayoría de las personas no saben lo suficiente sobre cómo se manejan los asuntos legales de rutina o incluso cómo las leyes básicas afectan las situaciones más comunes.

Este libro está escrito para proporcionar al lector información bastante básica y general acerca de las leyes y los procedimientos legales que regulan nuestra vida diaria. Los derechos en el lugar de trabajo, las relaciones entre empleador y empleado, la Corte de Reclamos Menores, las leyes de vehículos motorizados, las leyes sobre manejar bajo la influencia del alcohol, los testamentos, la bancarrota y el divorcio son sólo unos pocos de los temas que se tratan en este libro. De los cientos de temas legales y tópicos que constituyen nuestro "cuerpo legal", he seleccionado cuidadosamente sólo aquellos que considero de mayor interés y que afectan con más frecuencia a la "persona promedio" (aunque reconozco la naturaleza imprecisa de dicho término, tengo plena confianza en que la mayoría de los lectores aceptarán y aprovecharán el uso que hice del mismo). Este libro no pretende ser ni es el sustituto de un abogado; tampoco es un tratado completo de todos los aspectos legales de una materia o una situación legal específica.

Es aconsejable consultar con un abogado sobre problemas legales específicos o situaciones particulares, ya que con frecuencia las leyes varían de estado a estado y a menudo son modificadas o revocadas.

He intentado usar un lenguaje no técnico donde sea apropiado para evitar confusiones y hacer que este libro sea lo más inteligible posible, especialmente al describir los derechos y responsabilidades básicas de cada individuo. Un término técnico es definido o explicado cuando es necesario.

Mi principal propósito al escribir este libro fue crear la versión del texto en español. Durante muchos años me ha preocupado y desilusionado ver que millones de personas que hablan español no tienen acceso a información adecuada sobre nuestras leyes, los procedimientos legales y el uso apropiado del sistema legal.

Inmediatamente después de haber empezado a escribir el libro me di cuenta de que había muy poco material disponible en español. La tarea de preparar un tratado preciso y completo de la materia en este idioma involucra una serie de aspectos muy complejos. Muchas de nuestras leyes no tienen precisamente un duplicado o contraparte, y muchos de los principios legales básicos no existen en la mayoría de los países latinoamericanos, de donde ha emigrado nuestra población de habla hispana.

Me opuse a la tentación de agregar un término en español a cada término en inglés sólo por tener una traducción. Algunos términos en inglés definen una ley que no tiene contraparte en otros países. Incluir un término en español hubiera implicado que existe una ley equivalente en el país del inmigrante de habla hispana. Para evitar tal confusión, usé el término en inglés. Por ejemplo, para la palabra *assault* proporcioné la definición en español.

La selección de los tópicos legales, la investigación legal, la traducción de las leyes, los conceptos y los procedimientos legales fueron preparados teniendo en cuenta al inmigrante de habla hispana.

Es mi intención y deseo sincero de que este libro proporcione información útil y necesaria de una manera directa y fácil de comprender.

Agradecimientos

Gracias:

A Ricardo Montalbán por haber sacado tiempo de su ocupada agenda para leer y hablar del manuscrito, y por escribir la introducción como únicamente *Ricardo* podía hacerlo.

A Betsy Amster, mi agente literaria, por su meticulosa crítica, sugerencias de incalculable valor y una eficaz representación que logró una producción deleitosa, benefiosa y lucrativa.

Al profesor Lee Ramírez por su enorme contribución al estilo literario, a la gramática y a la corrección de este libro (como también lo hizo con mi primera obra).

A los licenciados Andrew J. "Andy" DiMarco, Steven J. DiMarco y John A. Montevideo, mis socios y colegas en el bufete jurídico, por haber tenido fe en este libro y haber mostrado excepcional flexibilidad para poder facilitar mi intenso horario para escribirlo.

Al Dr. José L. Santana Jr., en quien recayó la responsabilidad principal por la versión en español.

A Teresa Calhoon, Irma Gómez, Estuardo Méndez, al licenciado Germán Sánchez y Ricardo Sandoval por suplir traducciones adicionales en español y por su experta colaboración en la preparación final del texto en español.

Al licenciado Gary H. Manulkin por editar y enriquecer el capítulo sobre naturalización e inmigración.

A José "Joji" Gutiérrez por sus excelentes servicios y conocimiento de computadoras durante este proyecto y las varias versiones en los dos lenguajes del texto.

A Farid H. Sarah, mi compadre y consejero, cuya creatividad y discernimiento ayudaron a desarrollar varios temas de importancia en este libro.

A Lucy Araujo, mi querida hermana, cuyo agudo entendimiento de dos culturas, dos idiomas y principios legales contribuyeron enormemente a la versión final.

1

Introducción al sistema legal

LA LEY SUPREMA DEL PAÍS

En los Estados Unidos de América, la Constitución es la ley suprema del país. Ningún estado puede aprobar una ley que contradiga la Constitución, y ningún tribunal o corte puede fallar en su contra.

LA CREACIÓN DE LA CONSTITUCIÓN

Las trece colonias originales se gobernaban por los Artículos de la Confederación, los cuales no contenían disposiciones para un sistema judicial organizado. Sin un sistema judicial, no existía una rama del gobierno que pudiera interpretar las leyes. Para corregir esta situación se creó la Constitución de los Estados Unidos, que fue adoptada por los miembros de la Convención Constitucional de 1787. Entró en vigencia en 1789.

EL PREÁMBULO DE LA CONSTITUCIÓN

El Preámbulo de la Constitución dice lo siguiente:

Nosotros, el pueblo de los Estados Unidos, con el propósito de formar una Unión más perfecta, establecer Justicia, asegurar la Tranquilidad interna, prepararse para la Defensa común, promover el Bienestar colectivo y asegurar los Beneficios de la Libertad para nosotros mismos y para nuestra Posteridad, decretamos y creamos esta Constitución para los Estados Unidos de América.

LAS TRES RAMAS DEL GOBIERNO

La Constitución establece tres ramas o poderes del gobierno: el poder legislativo, que crea las leyes; el poder judicial, que las interpreta; y el poder ejecutivo, que las administra. Cada poder del gobierno es independiente, creándose así un sistema de controles que impide que una rama tenga más poder que otra. El poder ejecutivo puede vetar o cancelar una ley promulgada por el poder legislativo. No obstante, el poder legislativo puede anular un veto ejecutivo si dos tercios de sus miembros aprueban la ley. A su vez, el poder judicial puede dictaminar que una ley que haya sido aprobada por el poder legislativo y firmada por el poder ejecutivo es inconstitucional y, por lo tanto, inválida.

ARTÍCULO I: CREACIÓN DEL PODER LEGISLATIVO

El Artículo I de la Constitución contiene disposiciones sobre el poder legislativo, también conocido como Congreso. El Congreso federal es bicameral, lo que significa que se compone de dos partes: la Cámara de Representantes y el Senado. Los miembros del Congreso son electos por el pueblo. Cada estado elige dos senadores federales que desempeñan el cargo por un período de seis años. Los representantes (como se conoce a los miembros de la Cámara) son elegidos por distritos legislativos federales y desempeñan el cargo por un período de dos años. El número de distritos legislativos federales en cada estado se determina por la población del estado. (Los estados menos poblados tienen pocos distritos; por ejemplo, Nuevo México sólo tiene tres y Arizona seis. Los estados más poblados tienen un número mayor de distritos legislativos. California tiene cincuenta y dos, Nueva York treinta y uno, Tejas treinta, Florida veintitrés e Illinois veinte.) Los miembros del Congreso tienen la responsabilidad de crear y promulgar leyes o estatutos que rigen todos aquellos aspectos de nuestras vidas que le conciernen al gobierno federal.

ARTÍCULO II: CREACIÓN DEL PODER EJECUTIVO

El Artículo II contiene disposiciones para el poder ejecutivo, el cual incluye al presidente y al vicepresidente. La Constitución define en forma amplia los poderes y limitaciones de sus funciones.

Artículo III: Creación del poder judicial

El Artículo III provee disposiciones sobre el poder judicial. Establece la Corte Suprema federal y estipula la creación de tribunales federales inferiores por parte del Congreso. El Artículo III también define la autoridad de los tribunales federales e indica cuáles casos se procesarán en los mismos y cuáles en los tribunales estatales. La responsabilidad del poder judicial es interpretar las leyes promulgadas por el Congreso y decidir, cuando se le solicite, si una ley promulgada por el Congreso contradice, o no, la Constitución.

La Carta de Declaración de Derechos

Las primeras diez enmiendas a la Constitución fueron adoptadas en 1791 para garantizar los derechos y la libertad de las personas. Estas diez enmiendas, conocidas como la Carta de Declaración de Derechos, constituyen la piedra angular de una sociedad libre e independiente. Lo que sigue es un resumen de las disposiciones más importantes de este documento.

La **Enmienda I** garantiza la libertad individual, tales como la libertad de palabra, de religión, de reunión y de prensa, y el derecho a utilizar recursos legales cuando uno de estos derechos es violado.

La **Enmienda II** permite el porte de armas y la formación de un ejército compuesto de milicias civiles para proteger a la nación cuando sea necesario.

La **Enmienda III** prohíbe al ejército ocupar la vivienda de una persona sin su consentimiento.

La **Enmienda IV** prohíbe allanamientos y confiscaciones en forma irrazonable.

La **Enmienda V** garantiza el derecho contra la autoincriminación y el derecho al debido proceso de ley, y prohíbe someter a un individuo a juicio más de una vez por el mismo hecho.

La **Enmienda VI** establece los derechos de personas acusadas de un delito, incluyendo el derecho a juicio por jurado.

La **Enmienda VII** establece el derecho a juicio por jurado en casos civiles (no criminales).

La **Enmienda VIII** prohíbe al gobierno imponer fianzas o multas excesivas, o de administrar penas crueles e inusitados a individuos.

La **Enmienda IX** explica que ciertos derechos (que no son otorgados explícitamente al gobierno federal o a los estados) son conservados por el pueblo.

La **Enmienda X** dispone que aquellos derechos que no son explícitamente reservados por el gobierno federal pertenecen a los estados.

Enmiendas: Modificaciones a la Constitución

Los autores de la Constitución estaban conscientes de que el país seguiría creciendo y cambiando a través de los años y, por lo tanto, establecieron el procedimiento para agregar enmiendas a la Constitución en el futuro. Veintisiete enmiendas han sido hechas y es probable que se hagan más a medida que el pueblo lo considere necesario.

Los derechos de los estados

Además de los poderes que la Constitución otorga al gobierno federal, cada estado (según la Enmienda X) tiene sus propios poderes. Cada uno tiene la facultad de crear sus propias leyes, siempre y cuando no contradigan la Constitución, y de garantizar los derechos de sus residentes. Este libro se limitará principalmente a leyes estatales y se concentrará específicamente en las leyes de estados con grandes poblaciones hispanas, tales como Arizona, California, Florida, Illinois, Nuevo México, Nueva York y Tejas.

2

El sistema judicial

Dos sistemas judiciales: El federal y el estatal

En los Estados Unidos, todas las cortes pertenecen a uno de dos sistemas judiciales: al federal o al estatal.

La corte federal

En las cortes federales se procesan casos referentes a leyes federales o a la Constitución; casos en que el gobierno es nombrado como parte; casos referentes a individuos o a grupos de personas que residen en diferentes estados o países, y casos que invocan leyes marítimas. En el sistema federal, las cortes de jurisdicción general son las cortes federales de distrito, las cortes federales de apelaciones, y en ciertos casos, la Corte Suprema. Las cortes de competencia limitada dentro del sistema federal incluyen, entre otras, las cortes que sólo manejan casos de derecho de propiedad intelectual y las cortes de bancarrota (quiebras).

La corte estatal

En las cortes estatales se procesan casos referentes a las leyes estatales, a la constitución del estado y a casos en los cuales el estado es una de las partes. A nivel estatal, los tribunales de jurisdicción limitada incluyen la corte municipal, la corte de justicia, la Corte de Reclamos Menores, el juzgado de infracciones de tránsito y la corte de menores de edad. En cada uno de ellos, la corte sólo puede atender aquellos asuntos que le han sido específicamente delegados por ley. Las cortes estatales también tienen cortes de jurisdicción limitada para el manejo de ciertos casos criminales (penales) y civiles, y cortes de jurisdicción general, como son la corte superior y la corte de apelaciones.

JURISDICCIÓN

La *jurisdicción* es la competencia o poder que tiene una corte para oír un caso, tanto en términos de materia como de territorio.

LEYES CIVILES Y PENALES

Las cortes federales y las estatales manejan casos penales y civiles.

El *derecho penal* define los actos o conductas que se consideran como delitos o que de alguna manera atentan contra la sociedad (también llamada el estado).

La **ley civil** regula actos y conductas no criminales, incluyendo actos ilícitos, privados o personales entre individuos, o entre individuos y empresas o entidades de gobierno.

CORTES DE JURISDICCIÓN ORIGINAL: LA CORTE DE PRIMERA INSTANCIA

Casi todos los procedimientos legales se inician en una *corte de primera instancia,* conocida también como *corte de jurisdicción original;* es la corte donde primero se oye o ventila el caso y, dependiendo de las circunstancias, algunas veces se oye ante un juez y otras ante un jurado. Las cortes de primera instancia evalúan los hechos de la disputa y determinan cómo deberá aplicarse la ley. En los procesos penales, las cortes de primera instancia deciden la culpabilidad o inocencia del acusado. Si el acusado es hallado culpable, el juez decide la condena y dicta la sentencia.

A nivel federal, la corte de primera instancia es, generalmente, la corte federal de distrito con jurisdicción en el área geográfica donde el caso es presentado. Cada estado tiene por lo menos un distrito judicial federal. El número de distritos es determinado por la población y el tamaño del estado.

En el sistema judicial estatal, la corte de primera instancia, por lo general, es la corte superior, aunque en algunos casos las cortes inferiores de competencia limitada pueden actuar como cortes de primera instancia (vea la sección Sistema judicial estatal, páginas 33–41).

APELACIÓN DE UNA DECISIÓN DE CORTES DE PRIMERA INSTANCIA

En muchas ocasiones, la parte que pierde el caso tiene derecho a apelar la decisión de la corte de primera instancia. Cuando la decisión es apelada, sólo las cuestiones legales del caso pueden ser reexaminadas por una corte de competencia superior o de apelaciones. A nivel federal, la corte de apelación inmediata es la corte de apelaciones de los Estados Unidos. Existen trece cortes de apelaciones federales, cada una de las cuales cubre una determinada área geográfica conocida como *circuito* (vea la Figura 2-2, Sistema judicial federal, página 32). (Un caso puede ser apelado finalmente a la corte federal más alta, la Corte Suprema.)

A nivel estatal, los casos que son sometidos a apelación son enviados a la corte estatal de apelaciones, y finalmente a la corte estatal más alta, la corte suprema de cada estado (vea los diagramas del Sistema judicial estatal, páginas 33–41).

La corte de apelaciones, ya sea estatal o federal, revisa el caso para asegurarse de que la ley relevante haya sido aplicada correctamente por la corte de primera instancia. *La corte de apelaciones no reevalúa los hechos que fueron establecidos por la corte de primera instancia.* En California, la corte de apelaciones más alta es la Corte Suprema de California.

LA CREACIÓN DE LEYES

Tanto a nivel federal como estatal, cada una de las tres ramas o poderes del gobierno puede crear leyes, pero cada una utiliza un procedimiento diferente para hacerlo.

Las *leyes escritas o estatutos* son creadas por el *poder legislativo* por medio de la presentación de proyectos de ley que se convierten en ley cuando son firmados por el primer ejecutivo (el presidente, a nivel federal, y el gobernador, a nivel estatal). Algunas veces el poder ejecutivo rechaza, por medio del veto, un proyecto de ley que ya ha sido aprobado por el Congreso. No obstante, el Congreso puede anular un veto presidencial y aprobar la ley, si dos terceras partes de los legisladores, en las dos cámaras del Congreso, votan a su favor. A nivel estatal existen disposiciones similares en las constituciones de varios estados, que se aplicarían cuando un gobernador ejercita su poder de veto contra un proyecto de ley aprobado por la legislatura estatal.

El *derecho administrativo* se compone de leyes y reglamentos creados por varias agencias administrativas que forman parte del *poder ejecutivo,* tanto a nivel federal como estatal. Algunas agencias, como la junta de reserva federal (que controla el abastecimiento de dinero de la nación), son independientes y pueden dictar o imponer sus propios reglamentos sin la interferencia del poder legislativo, del ejecutivo o del judicial. Otras agencias administrativas no son independientes y se reportan directamente al presidente de los Estados Unidos, como el Departamento de Estado, que maneja las relaciones exteriores.

La *ley tradicional* (*common law*), también conocida como *jurisprudencia por precedente*, proviene del *poder judicial* y se basa en decisiones previas de la corte. La jurisprudencia, entonces, consiste de *precedentes judiciales* tradicionales que se aplican como patrón o regla para juzgar casos similares posteriores.

Sin embargo, estos precedentes cambian a través del tiempo para acomodar las nuevas exigencias de nuestra sociedad. Cada vez que la corte no aplica un precedente tradicional a un caso, con el propósito de implementar una nueva regla, se dice que la corte ha establecido una nueva ley, la cual desde entonces se convierte en el nuevo precedente a ser utilizado por ella.

COMPETENCIA TERRITORIAL (*VENUE*)

Una vez que se establece la jurisdicción de una corte para oír un caso, entonces se procura establecer su *competencia territorial,* o sea el sitio (ubicación del foro) más apropiado para presentar el caso. Aunque la jurisdicción de una corte es su poder o la autoridad inherente para proceder en un caso, la competencia territorial se refiere a la designación del sitio donde el caso debe ser presentado.

FALLOS O SENTENCIAS DE LA CORTE

Una vez que un caso ha sido oído y se llega a una decisión, la corte emite su *fallo o sentencia,* que es la decisión final de ésta, la cual contiene una declaración en la que expone los derechos y obligaciones de cada una de las partes.

PARTES DE UNA DEMANDA

Como ejemplo, el siguiente caso hipotético ilustra las partes interesadas en una demanda civil: José le debe a Rubén $1,000 pero rehúsa pagarle. Rubén presenta una demanda en la que solicita que la corte emita una sentencia contra José por los $1,000. En este caso, Rubén es el *demandante* y José es el *demandado.* Si la corte determina que Rubén tiene derecho al pago que le reclama a José, la corte emitirá una sentencia declarando que José debe pagarle $1,000 a Rubén. En ese momento, Rubén se convierte en *acreedor de sentencia judicial* y José en *deudor de sentencia judicial.*

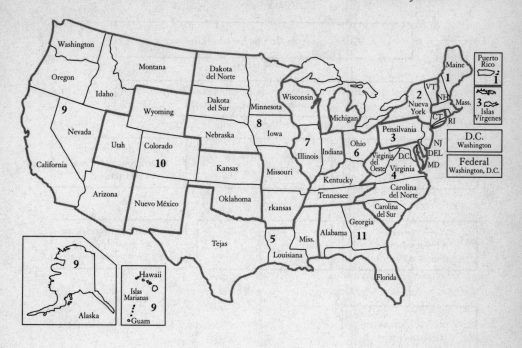

FIGURA 2-1: CIRCUITOS JUDICIALES FEDERALES

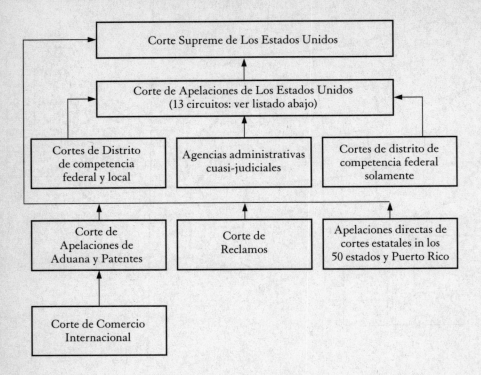

LOS TRECE CIRCUITOS DE LA CORTE DE APELACIONES DE LOS ESTADOS UNIDOS

Primer Circuito	Segundo Circuito	Tercer Circuito	Cuarto Circuito	Quinto Circuito	Sexto Circuito
Maine	Connecticut	Delaware	Maryland	Louisiana	Kentucky
Massachusetts	Nueva York	Nueva Jersey	Carolina del Norte	Mississippi	Michigan
Nueva Hampshire	Vermont	Pennsylvania	Carolina del Sur	Texas	Ohio
Rhode Island		Virgin Islands	Virginia		Tennessee
Puerto Rico			Virginia del Oeste		

Séptimo Circuito	Octavo Circuito	Noveno Circuito	Décimo Circuito	Décimo 1er Circuito	Circuito del Distrito de Columbia
Illinois	Iowa	Alaska	Colorado	Alabama	Washington, D.C.
Indiana	Minnesota	Arizona	Kansas	Florida	
Wisconsin	Missouri	California	Nuevo México	Georgia	
	Nebraska	Hawaii	Oklahoma		**Circuito Federal**
	Dakota del Norte	Idaho	Utah		Washington, D.C.
	Dakota del Sur	Montana	Wyoming		
		Nevada			
		Oregon			
		Washington			
		Guam			

FIGURA 2-2: SISTEMA JUDICIAL FEDERAL

Corte Suprema de Arizona
Número de jueces.....5

Jurisdicción: casos civiles, penales con pena de muerte, disciplinarios, cuestiones autorizadas por corte federal y de procedimiento original. Puede oír casos penales sin pena de muerte, de agencias administrativas, juveniles, de procedimiento original, decisiones interlocutorias y apelaciones sobre impuestos.

Corte de Apelaciones

Competencia: casos civiles, penales sin pena de muerte, de agencias administrativas, juveniles, de procedimiento original y decisiones interlocutorias. Puede oír casos de agencias administrativas.

Corte Superior

Casos civiles, de daños y perjuicios, contratos, propiedad inmueble, relaciones de familia, herencias (exclusiva), salud mental, apelaciones, juveniles, delitos menores y penales misceláneos.

Corte del Juez de Paz

Casos civiles, de daños y perjuicios, contratos, propiedad inmueble, violencia doméstica, delitos menores, conductores intoxicados (DWI/DUI), penales misceláneos, infracciones de tránsito, de estacionamiento y de tránsito misceláneos, vistas preliminares y reclamos menores hasta $1,500.

Corte Municipal

Casos de violencia doméstica, delitos menores, conductores intoxicados (DWI/DUI), infracciones de tránsito, de estacionamiento y de tránsito misceláneos. Jurisdicción exclusiva sobre infracciones de ordenanzas.

FIGURA 2-3: SISTEMA JUDICIAL DE ARIZONA

Corte Suprema de California
Número de jueces.....7

Jurisdicción obligatoria en casos penales con pena de muerte, casos disciplinarios. Puede oír casos civiles, penales sin pena de muerte, de agencias administrativas, juveniles, de proceso original y decisiones interlocutorias.

Corte de Apelaciones

Jurisdicción obligatoria en casos civiles, penales sin pena de muerte, de agencias administrativas y juveniles. Puede oír casos de agencias administrativas, de procedimiento original y decisiones interlocutorias.

Corte Superior

Casos civiles, de daños y perjuicios, contratos, derecho sobre bienes inmuebles, civiles misceláneos, delitos graves y conductores intoxicados (DWI/DUI). Jurisdicción exclusiva en relaciones domésticas, herencias, salud mental y apelaciones civiles, penales y juveniles.

Corte Municipal

Casos civiles, de daños y perjuicios, contratos, derecho sobre inmuebles, delitos graves menores, conductores intoxicados (DWI/ DUI), infracciones de tránsito y vistas preliminares. Jurisdicción sobre reclamos menores hasta $5,000.

Corte de Justicia

Casos civiles, de daños y perjuicios contratos, derecho sobre inmuebles, civiles misceláneos, delitos graves menores, conductores intoxicados (DWI/DUI), infracciones de tránsito y otras infracciones de tránsito menores y vistas preliminares. Jurisdicción sobre reclamos menores hasta $5,000.

FIGURA 2-4: SISTEMA JUDICIAL DE CALIFORNIA

Corte Suprema de Florida
Número de jueces.....7

Jurisdicción en casos civiles, penales, administrativos, juveniles, disciplinarios y de opiniones consultivas. Puede oír casos civiles, penales sin pena de muerte, de agencias administrativas, juveniles, opiniones consultivas, de procedimiento original y decisiones interlocutorias.

Corte de Apelaciones

Jurisdicción obligatoria en casos civiles, penales sin pena de muerte, de agencias administrativas, juveniles, de procedimiento original y decisiones interlocutorias. Puede oír casos civiles, penales sin pena de muerte, juveniles, de procedimiento original y decisiones interlocutorias.

Corte de Circuito

Casos civiles, de daños y perjuicios, contratos, derecho sobre bienes inmuebles y civiles misceláneos. Jurisdicción exclusiva en casos de relaciones domésticas, herencias, salud mental, apelaciones civiles, apelaciones penales y de delitos graves. Delitos menores, conductores intoxicados (DWI/DUI), penales misceláneos y juveniles.

Corte Municipal

Casos civiles, de daños y perjuicios, contratos, derecho sobre bienes inmuebles, civiles misceláneos, sobre reclamos menores hasta $2,500. Delitos menores, conductores intoxicados (DWI/DUI) y casos penales misceláneos. Jurisdicción exclusiva sobre infracciones de tránsito, excepto de estacionamiento (son atendidas administrativamente).

FIGURA 2-5: SISTEMA JUDICIAL DE FLORIDA

Corte Suprema de Illinois
Número de jueces.....7

Jurisdicción obligatoria en casos civiles, penales, de agencias administrativas, juveniles, disciplinarios, de procedimiento original y decisiones interlocutorias. Puede oír casos civiles, penales sin pena de muerte, de agencias administrativas, juveniles, cuestiones certificadas de cortes federales, de procedimiento original y decisiones interlocutorias.

Corte de Apelaciones

Jurisdicción obligatoria en casos civiles, penales sin pena de muerte, de agencias administrativas, juveniles, de procedimiento original y decisiones interlocutorias. Puede oír casos civiles y decisiones interlocutorias.

Corte de Circuito

Jurisdicción exclusiva sobre casos civiles y reclamos menores hasta $2,500. Jurisdicción exclusiva sobre casos penales, infracciones de tránsito y otras violaciones menores, casos juveniles y vistas preliminares.

FIGURA 2-6: SISTEMA JUDICIAL DE ILLINOIS

Corte Suprema de Nuevo México
Número de jueces.....5

Jurisdicción obligatoria en casos civiles, penales, de agencias administrativas, disciplinarios, de procedimiento original y decisiones interlocutorias. Puede oír casos civiles, penales sin pena de muerte, de agencias administrativas, juveniles y cuestiones certificadas de cortes federales.

Corte de Apelaciones

Jurisdicción obligatoria en casos civiles, penales sin pena de muerte, de agencias administrativas y juveniles. Puede oír casos de decisiones interlocutorias.

Corte de Distrito

Casos de daños y perjuicios, contratos, derechos de bienes inmuebles y herencias. Jurisdicción exclusiva de relaciones domésticas, salud mental, apelaciones civiles y casos civiles misceláneos. Delitos menores. Jurisdicción exclusiva de delitos graves, apelaciones penales. Jurisdicción exclusiva sobre casos juveniles.

Corte del Magistrado

Casos de daños, contratos, derecho sobre bienes inmuebles hasta $5,000. Delitos menores. conductores intoxicados (DWI/DUI), infracciones de tránsito y vistas preliminares.

Corte Metropolitana del Condado de Bernalillo

Casos de daños, contratos, derechos sobre bienes inmuebles hasta $5,000. Delitos menores. conductores intoxicados (DWI/DUI), infracciones de tránsito y otras violaciones menores.

Corte Municipal

Infracciones de tránsito y otras violaciones menores.

Corte de Sucesión Testamentaria

Casos sobre herencias. (Oye casos no controvertidos; los controvertidos se oyen en la corte de distrito.)

FIGURA 2-5: SISTEMA JUDICIAL DE NUEVO MÉXICO

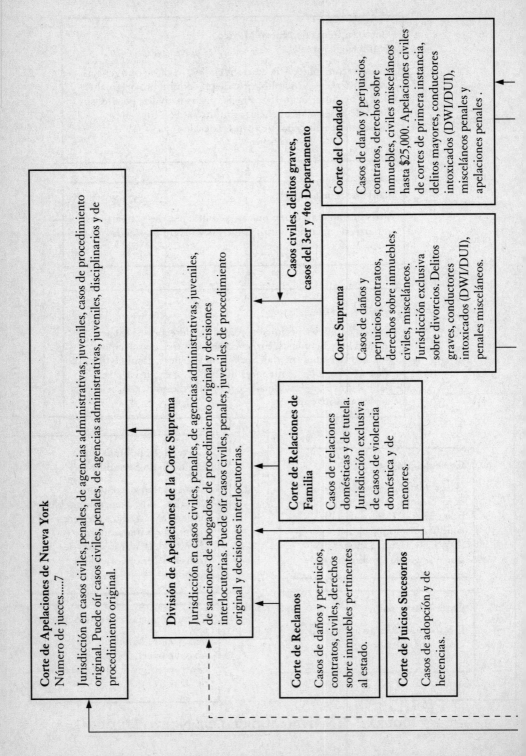

Corte de Apelaciones de Nueva York
Número de jueces....7

Jurisdicción en casos civiles, penales, de agencias administrativas, juveniles, casos de procedimiento original. Puede oír casos civiles, penales, de agencias administrativas, juveniles, disciplinarios y de procedimiento original.

División de Apelaciones de la Corte Suprema

Jurisdicción en casos civiles, penales, de agencias administrativas, juveniles, de sanciones de abogados, de procedimiento original y decisiones interlocutorias. Puede oír casos civiles, penales, juveniles, de procedimiento original y decisiones interlocutorias.

Corte de Reclamos

Casos de daños y perjuicios, contratos, civiles, derechos sobre inmuebles pertinentes al estado.

Corte de Juicios Sucesorios

Casos de adopción y de herencias.

Corte de Relaciones de Familia

Casos de relaciones domésticas y de tutela. Jurisdicción exclusiva de casos de violencia doméstica y de menores.

Corte Suprema

Casos de daños y perjuicios, contratos, derechos sobre inmuebles, civiles, misceláneos. Jurisdicción exclusiva sobre divorcios. Delitos graves, conductores intoxicados (DWI/DUI), penales misceláneos.

Casos civiles, delitos graves, casos del 3er y 4to Departamento

Corte del Condado

Casos de daños y perjuicios, contratos, derechos sobre inmuebles, civiles misceláneos hasta $25,000. Apelaciones civiles de cortes de primera instancia, delitos mayores, conductores intoxicados (DWI/DUI), misceláneos penales y apelaciones penales .

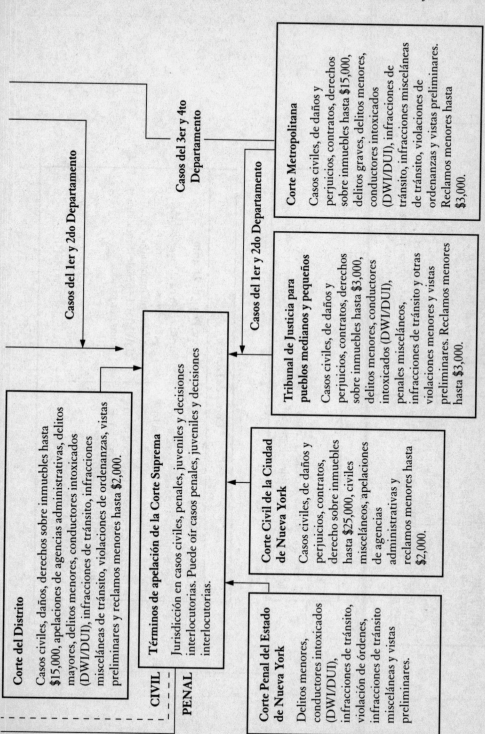

Corte del Distrito

Casos civiles, daños, derechos sobre inmuebles hasta $15,000, apelaciones de agencias administrativas, delitos mayores, delitos menores, conductores intoxicados (DWI/DUI), infracciones de tránsito, infracciones misceláneas de tránsito, violaciones de ordenanzas, vistas preliminares y reclamos menores hasta $2,000.

Casos del 1er y 2do Departamento

Casos del 3er y 4to Departamento

Corte Metropolitana

Casos civiles, de daños y perjuicios, contratos, derechos sobre inmuebles hasta $15,000, delitos graves, delitos menores, conductores intoxicados (DWI/DUI), infracciones de tránsito, infracciones misceláneas de tránsito, violaciones de ordenanzas y vistas preliminares. Reclamos menores hasta $3,000.

Casos del 1er y 2do Departamento

Tribunal de Justicia para pueblos medianos y pequeños

Casos civiles, de daños y perjuicios, contratos, derechos sobre inmuebles hasta $3,000, delitos menores, conductores intoxicados (DWI/DUI), penales misceláneos, infracciones de tránsito y otras violaciones menores y vistas preliminares. Reclamos menores hasta $3,000.

CIVIL

PENAL

Términos de apelación de la Corte Suprema

Jurisdicción en casos civiles, penales, juveniles y decisiones interlocutorias. Puede oír casos penales, juveniles y decisiones interlocutorias.

Corte Civil de la Ciudad de Nueva York

Casos civiles, de daños y perjuicios, contratos, derecho sobre inmuebles hasta $25,000, civiles misceláneos, apelaciones de agencias administrativas y reclamos menores hasta $2,000.

Corte Penal del Estado de Nueva York

Delitos menores, conductores intoxicados (DWI/DUI), infracciones de tránsito, violación de órdenes, infracciones de tránsito misceláneas y vistas preliminares.

Figura 2-8: Sistema judicial de Nueva York

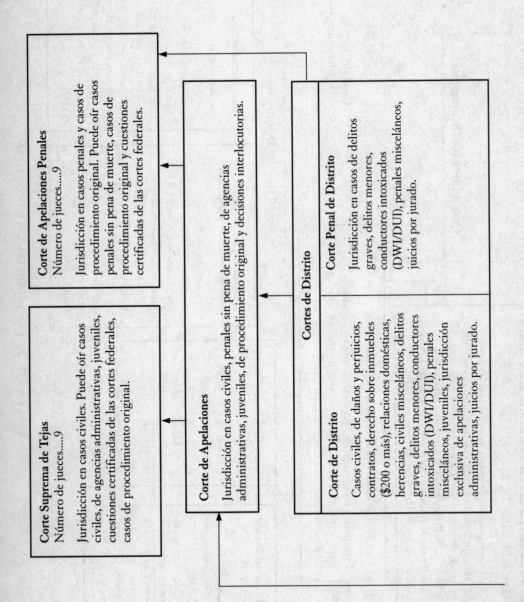

Corte Suprema de Tejas
Número de jueces.....9

Jurisdicción en casos civiles. Puede oír casos civiles, de agencias administrativas, juveniles, cuestiones certificadas de las cortes federales, casos de procedimiento original.

Corte de Apelaciones Penales
Número de jueces.....9

Jurisdicción en casos penales y casos de procedimiento original. Puede oír casos penales sin pena de muerte, casos de procedimiento original y cuestiones certificadas de las cortes federales.

Corte de Apelaciones

Jurisdicción en casos civiles, penales sin pena de muerte, de agencias administrativas, juveniles, de procedimiento original y decisiones interlocutorias.

Cortes de Distrito

Corte de Distrito

Casos civiles, de daños y perjuicios, contratos, derecho sobre inmuebles ($200 o más), relaciones domésticas, herencias, civiles misceláneos, delitos graves, delitos menores, conductores intoxicados (DWI/DUI), penales misceláneos, juveniles, jurisdicción exclusiva de apelaciones administrativas, juicios por jurado.

Corte Penal de Distrito

Jurisdicción en casos de delitos graves, delitos menores, conductores intoxicados (DWI/DUI), penales misceláneos, juicios por jurado.

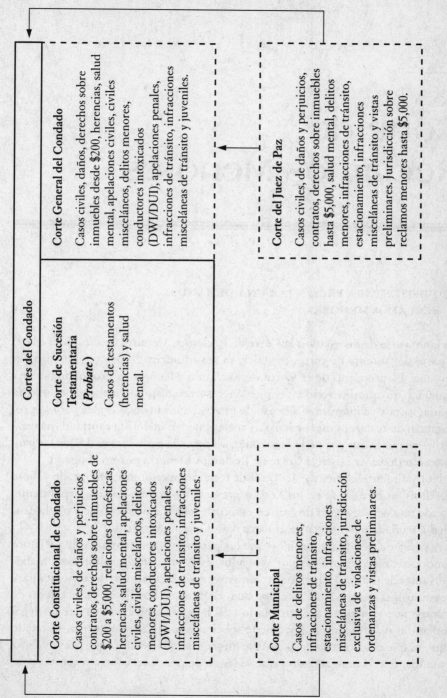

Cortes del Condado

Corte Constitucional de Condado

Casos civiles, de daños y perjuicios, contratos, derechos sobre inmuebles de $200 a $5,000, relaciones domésticas, herencias, salud mental, apelaciones civiles, civiles misceláneos, delitos menores, conductores intoxicados (DWI/DUI), apelaciones penales, infracciones de tránsito, infracciones misceláneas de tránsito y juveniles.

Corte de Sucesión Testamentaria (*Probate*)

Casos de testamentos (herencias) y salud mental.

Corte General del Condado

Casos civiles, daños, derechos sobre inmuebles desde $200, herencias, salud mental, apelaciones civiles, civiles misceláneos, delitos menores, conductores intoxicados (DWI/DUI), apelaciones penales, infracciones de tránsito, infracciones misceláneas de tránsito y juveniles.

Corte Municipal

Casos de delitos menores, infracciones de tránsito, estacionamiento, infracciones misceláneas de tránsito, jurisdicción exclusiva de violaciones de ordenanzas y vistas preliminares.

Corte del Juez de Paz

Casos civiles, de daños y perjuicios, contratos, derechos sobre inmuebles hasta $5,000, salud mental, delitos menores, infracciones de tránsito, estacionamiento, infracciones misceláneas de tránsito y vistas preliminares. Jurisdicción sobre reclamos menores hasta $5,000.

FIGURA 2-9: SISTEMA JUDICIAL DE TEJAS

3

Corte de Reclamos Menores

REQUISITOS PARA PRESENTAR UNA DEMANDA DE RECLAMOS MENORES

En la mayoría de los estados, la Corte de Reclamos Menores (*small claims court*) es parte del sistema de cortes estatales, ya sea municipal o de otra jurisdicción limitada. El propósito de la Corte de Reclamos Menores es proporcionar una manera para que los residentes puedan resolver disputas menores en forma rápida, justa y económica. Cada estado establece sus propias reglas para la presentación de reclamos menores. Estas reglas pueden incluir la cantidad máxima de dinero por la que se puede demandar, así como la prohibición de que las partes sean representadas en la Corte de Reclamos Menores por un abogado.

Normalmente, el juez oye los casos de reclamos menores sin un jurado y toma una decisión basándose en los hechos presentados por las partes. Usualmente, cuando una persona gana un caso en esta corte, obtiene una sentencia por la cantidad adeudada o para recuperar otros daños que haya sufrido.

A pesar de que la ley prohíbe que las partes en una demanda de reclamos menores sean representadas por abogados, éstas pueden consultar con un abogado antes de radicar la demanda o comparecer en la corte. Los documentos para presentar una demanda de este tipo de reclamos son sencillos y el secretario de la corte puede ayudar a completarlos. Si la parte que inicia la acción legal (demanda) no entiende la ley, puede solicitar ayuda. En California, el estado requiere que el secretario de la corte le informe a toda persona que presente una demanda de reclamos menores que se le puede poner en contacto con un consultor o consejero sin costo alguno. El estado mantiene una lista de voluntarios, tales como abogados, estudiantes de leyes y paralegales, que pueden asistir al público a radicar o presentar la demanda. El estado tiene interés en asegurar un buen sistema de reclamos menores al cual el público tenga acceso directo, pues todo reclamo que se presente en estas cortes reduce el potencial de sobrecargar a la corte municipal. Además, al utilizar la Corte de Reclamos Menores, la parte que presenta la demanda (llamado también demandante o peticionario) puede ahorrarse el costo de contratar a un abogado para que prepare los complejos documentos que pueden necesitarse en la corte municipal.

PLAZOS LÍMITES PARA PRESENTAR UNA DEMANDA

El *término prescriptivo* (*statute of limitations*) se refiere al plazo límite permitido para presentar una demanda en una corte. Si una demanda no es presentada antes de que expire el término prescriptivo, la corte puede negar la indemnización por daños aun cuando el demandante pueda probar que el demandado los causó por su negligencia. Diferentes tipos de casos tienen diferentes términos prescriptivos designados por ley.

RECLAMOS MENORES: INCUMPLIMIENTO DE CONTRATO, RECLAMOS POR AGRAVIOS CIVILES Y VIOLACIÓN DE LEYES O ESTATUTOS

Los casos presentados en la Corte de Reclamos Menores no pueden exceder la cantidad máxima jurisdiccional de cada estado más las cuotas o cargos de la corte. El reclamo puede ser presentado en persona o por correo. El peticionario puede solicitar compensación por daños efectivos y punitivos por incumplimiento de contrato, el pago de daños y perjuicios por actos ilícitos y agravios civiles o por la violación de leyes o estatutos. Por ejemplo, un arrendatario puede demandar en la Corte de Reclamos Menores para que su depósito de seguridad le sea devuelto después de desalojar un apartamento o puede solicitar el pago de daños y perjuicios si el propietario no corrige una infracción que vaya contra los reglamentos de salubridad en el apartamento (vea el Compendio multiestatal sobre cantidades jurisdiccionales para reclamos menores, página 54).

UBICACIÓN JURISDICCIONAL

La Corte de Reclamos Menores es por lo general una división de la corte municipal o superior local en el sistema estatal. Para que una corte en particular pueda tener jurisdicción sobre un reclamo, éste debe entablarse en la corte apropiada. Para encontrar la Corte de Reclamos Menores correcta, el demandante debe comunicarse con la corte municipal local. Conforme a las leyes de la mayoría de los estados, un demandante puede presentar su reclamo en cualquiera de los siguientes distritos judiciales:

1. Donde reside el demandado
2. Donde ocurrió el daño a la persona o a la propiedad
3. Donde se firmó el contrato
4. Donde está ubicado el negocio en cuestión

La *competencia territorial* de una corte (*venue*) se refiere al lugar donde se puede entablar una demanda. En la mayoría de los estados, los requisitos para la competencia territorial en la Corte de Reclamos Menores son iguales a los que se requieren en la corte municipal. Sin embargo, las leyes de protección al consumidor contienen requisitos especiales sobre competencia territorial en acciones de contrato contra consumidores; esta protección es para librar al consumidor de comerciantes que presentan demandas en una corte a la que le sería difícil ir a aquél. En California, la Ley Unruh y la Ley Rees-Levering sobre la venta y financiamiento de vehículos motorizados protegen a los consumidores de tener que defenderse en una corte lejos de donde viven y trabajan, incluso si el demandante tiene una base legal para presentar la demanda en una corte lejana.

CUÁLES ASUNTOS SE PUEDEN Y CUÁLES NO SE PUEDEN OÍR EN LA CORTE DE RECLAMOS MENORES

Existen algunos asuntos que no pueden oírse en la Corte de Reclamos Menores aunque la cantidad en disputa se encuentre dentro de los límites monetarios de ella. Estos asuntos incluyen los que se refieren a pagos atrasados para la manutención de menores o cónyuges; al reclamo de compensación a trabajadores; a una demanda de desalojo presentada por un propietario contra un arrendatario o inquilino; a una acción legal que sólo amerita un remedio equitativo (*equitable relief*), tal como una orden judicial para que la persona haga o se abstenga de hacer algo (*injunction*); y una acción legal contra un demandado que resida en otro estado que no pueda ser notificado oficialmente allí.

Un ejemplo típico de una demanda de reclamos menores puede ser un acuerdo por medio del cual Tomás promete cuidar la casa y el perro de Susana durante un mes por $250. Después de que Tomás cumple con lo prometido, Susana se niega a pagarle. Tomás puede presentar una demanda contra ella por el dinero que prometió pagarle. Éste es un ejemplo de incumplimiento de contrato y está sujeto a una acción legal o demanda. Sin importar si el contrato fue por escrito u oral, Tomás tiene derecho a reclamar o demandar por la cantidad de dinero que se le debe, ya que cumplió su parte del contrato.

Una demanda también puede ser presentada en la Corte de Reclamos Menores para la compensación de daños causados por actos ilícitos o *agravios civiles* (*tort action*). Un acto ilícito o agravio se define como "un daño o perjuicio civil privado. Es un daño que no envuelve una obligación contractual; deberá existir el incumplimiento de un deber creado por ley. Los daños deberán siempre ser la consecuencia inmediata o próxima de dicha conducta ilícita".*

Roberto estaba en su automóvil esperando el cambio de la señal de tránsito, cuando otro vehículo le pegó por detrás. Él puede presentar una demanda por daños a su automóvil, por toda lesión o lastimadura personal que haya sufrido y por la pérdida de ingresos como resultado del accidente. Si el total de los daños que desea obtener no excede los límites establecidos por el estado, puede presentar una demanda en la Corte de Reclamos Menores. Las ventajas para Roberto son las siguientes:

1. Puede presentar un formulario sencillo sin tener que contratar a un abogado para representarlo.
2. El caso puede ser procesado y decidido rápidamente.
3. La otra parte no puede emplear el largo y costoso proceso legal de *descubrimiento* (de pruebas o documentos), el cual puede implicar documentación onerosa e investigaciones costosas.

Sin embargo, Roberto puede recibir incluso menos cuando gane el caso en la Corte de Reclamos Menores si no consulta con un abogado y no comprende totalmente sus derechos, el valor de su demanda o cómo probar su caso.

DAÑOS EFECTIVOS Y VALORACIÓN REALÍSTICA

Una parte en una demanda presentada en la Corte de Reclamos Menores puede recobrar como daños efectivos solamente el valor del objeto cuando ocurrió el daño. La parte no recibirá ni el valor de reemplazo del automóvil por uno nuevo ni el precio original de compra; tampoco recibirá la cantidad que adeuda por el automóvil si ésta excede el valor razonable del automóvil en el mercado. Antes de iniciar un reclamo en la Corte de Reclamos Menores, el demandante debe determinar inicialmente si el demandado realmente tuvo culpa. La *responsabilidad* es la obligación legal de una persona de pagar los daños ocasionados a otra.

*Henry Campbel Black, *Black's Law Dictionary, 4th ed*. St. Paul, Minn.: West Publishing Co., 1968.

La indemnización por daños y perjuicios que se le adjudica a una persona en una demanda se debe a la negligencia o conducta ilícita de la otra persona. La ocurrencia de un daño no establece de por sí responsabilidad. El demandante deberá probar que el demandado fue el que causó tal pérdida o daño. Si el demandante no puede probar en la corte que el demandado es responsable, ésta no otorgará ninguna indemnización aunque el demandante pruebe que sufrió daños.

DEMANDAS CONTRA MENORES

Si es necesario demandar a un menor (toda persona que no tiene la mayoría de edad), sus padres o tutores también deben ser nombrados en la demanda como demandados. Existen varias excepciones, tales como un menor que esté cumpliendo el servicio militar, un menor que esté legalmente casado o un menor que ha sido emancipado por una orden de la corte. Las personas de una de estas excepciones no se consideran *menores* y son tratados como adultos para fines legales.

Es muy difícil demandar a menores por incumplimiento de contrato porque pueden rescindir o retractarse de un contrato que hayan firmado antes de llegar a la mayoría de edad. Un demandante puede demandar por daños causados a su persona o propiedad debido a la negligencia de un menor pero tal vez no pueda recuperar nada, aun si la corte falla a su favor porque los menores rara vez tienen con que pagar. Por lo general, es mejor llegar a un arreglo fuera de la corte, a menos que el caso sea de conducta ilícita intencional y en el que sus padres o tutores pueden ser responsabilizados por su conducta. **Conducta ilícita intencional** (*willful misconduct*) significa que el menor causó los daños por negligencia grave. Normalmente, para poder responsabilizar a los padres, el demandante deberá probar la conducta ilícita e intencional del menor. Incluso en aquellos casos en que los padres son responsabilizados por los daños, las leyes estatales limitan la cantidad monetaria que deben pagar. En muchos estados, los padres pueden ser responsabilizados por accidentes automovilísticos si autorizaron al menor para conducir y, especialmente, si firmaron para que obtuviese la licencia de conducir.

PRESENTACIÓN DE UNA DEMANDA EN LA CORTE DE RECLAMOS MENORES

Para iniciar un caso en la Corte de Reclamos Menores, el demandante debe acudir a la oficina del funcionario administrativo de ésta, completar un formulario llamado *plaintiff's statement* (declaración del demandante) y presentarlo con la cuota necesaria. El secretario de la corte entonces escribirá a máquina un formulario llamado *plaintiff's claim and order to defendant* (reclamo del demandante y orden al demandado) y le asignará un número al caso. Una copia de este formulario se le entrega al juez y otra al demandado por el proceso de notificación descrito a seguir. El funcionario administrativo también fija una fecha para la audiencia en la corte.

NOTIFICACIÓN LEGAL AL DEMANDADO

La presentación de una demanda en la Corte de Reclamos Menores no está completa hasta que el demandado haya sido notificado por medio de la entrega de una copia del reclamo del demandante y orden al demandado mencionada en el párrafo anterior. Cada demandado nombrado en la demanda deberá ser notificado debidamente. Si los demandados están casados entre sí, cada uno tiene que ser notificado por separado. La corte no emitirá un fallo o sentencia contra ninguna persona o entidad que no haya sido propiamente notificada.

Por lo general, se puede utilizar uno de estos cuatro métodos de notificación, que son legalmente aceptables:

1. Notificación personal
2. Notificación por sustitución
3. Notificación por correo
4. Notificación por publicación (por edicto)

NOTIFICACIÓN PERSONAL

La **notificación personal** (*personal service*) se lleva a cabo cuando el reclamo del demandante se entrega directamente en la mano del demandado. Este tipo de notificación requiere que el demandante le informe a la persona que va a entregar la notificación dónde puede localizar al demandado. Cualquier adulto, *excepto el demandante,* puede hacer la notificación de documentos. El demandante puede acudir a un amigo o un familiar para efectuarla, o puede hacerlo con el alguacil o *marshal* del condado donde vive o usar los servicios de un notificador privado (*process server*).

Si el demandado se niega a aceptar los documentos, el notificador debe dejar los documentos en un lugar cercano al demandado y retirarse pacíficamente. Si el notificador no conoce al demandado de vista, deberá tomar las medidas necesarias para cerciorarse de que le está entregando los documentos a la persona indicada.

Notificación por sustitución

Si es difícil notificar al demandado en persona, o si una corporación o agencia son nombradas como demandadas, el demandante puede solicitar que los documentos sean entregados por un método de notificación alterno o *por sustitución*. En este caso, los documentos son entregados a un representante o agente del demandado, que deberá ser un adulto.

Después de la entrega por sustitución, el demandante deberá enviar una copia del reclamo del demandante al demandado por correo a la misma dirección donde se entregaron los documentos.

Notificación por correo

Actualmente, en la mayoría de los estados el demandante puede efectuar la notificación del reclamo del demandante por *correo certificado*. Sin embargo, este método es válido solamente después de que el demandado haya firmado un recibo de entrega. Si el demandado se niega recibir la carta, la corte asume que éste no fue notificado debidamente. En algunas jurisdicciones, el mismo secretario de la corte hace el envío de la carta a favor del demandante. Así, el recibo firmado es devuelto directamente al secretario. El demandante debe comunicarse con la corte unos días antes de la fecha de la audiencia para asegurarse de que el proceso de notificación fue hecho como es debido.

Notificación por publicación (por edicto)

En algunos casos, la corte permite la *notificación por publicación* (*service by publication*). Para que sea efectiva la notificación, deberá publicarse en un periódico aprobado por la corte un aviso detallando los procedimientos que van a realizarse. El aviso debe aparecer en tal publicación durante un tiempo especificado por la ley. Este tipo de notificación tiene por fin resolver asuntos legales cuando no se puede localizar al demandado.

Registro de la prueba de notificación en la corte

Después de que los documentos hayan sido debidamente entregados, el demandante deberá registrar una *prueba de notificación* en la corte. En el caso de un servicio sustituto, la prueba deberá estar firmada por la persona que actualmente entregó los documentos al representante del demandado.

AUDIENCIA EN LA CORTE

En la Corte de Reclamos Menores, el juez usualmente inicia el procedimiento solicitando que el demandante exponga su caso. Luego se le permite al demandado que responda a los cargos y explique su versión de los hechos; a menudo, el juez le hace preguntas a ambos. Es entonces que se permite que los testigos declaren y que la prueba, o evidencia, sea presentada.

Si un testigo no está dispuesto a comparecer a la audiencia, tanto el demandante como el demandado pueden solicitar que el secretario de la corte expida una *citación* (*subpoena*), o sea una orden de la corte que exige la comparecencia del testigo en el juicio. Si una de las partes necesita documentos para probar su caso, se puede solicitar que el secretario expida una *orden de exhibición de documentos* (*subpoena duces tecum*). Ésta es una orden que exige que se produzcan ciertos documentos durante la audiencia.

El propósito de la *prueba* (*evidence*) es demostrar la existencia o inexistencia de un hecho. La prueba existe en una variedad de formas: la oral, como la declaración de un testigo; la escrita, como documentos y manuscritos; y la física, o tangible, como bienes muebles e inmuebles y fotografías.

La ley hace una distinción entre la prueba original y la copiada o duplicada. La *prueba original* es la primera forma de un escrito. El original de una fotografía incluye el negativo y cualquier copia. Si el material está almacenado en una computadora, toda copia legible y exacta del material se considera como original. Todo material o documento que haya sido reproducido en forma exacta se considera como prueba duplicada.

Dependiendo del caso y de la prueba que se aporte, la corte puede invocar la *regla de la mejor prueba* (*best evidence rule*), la cual establece que ninguna otra que no sea el escrito original es admisible en la corte para probar el contenido de dicho escrito.

PRUEBA DIRECTA, PRUEBA CIRCUNSTANCIAL Y TESTIMONIO POR REFERENCIA

La *prueba (o evidencia) directa* es aquella que establece directamente un hecho y lo demuestra en forma concluyente. La *prueba circunstancial* es la prueba indirecta. Hay dos clases de prueba circunstancial: la *cierta,* de la que se obtiene una conclusión, y la *incierta,* de la que no necesariamente se obtiene una conclusión. El *testimonio por referencias* (*hearsay*) se refiere a toda declaración hecha por otra persona que no sea el testigo que está declarando; por ejemplo, un testigo que declara que escuchó a alguien decir algo. La declaración se presenta en la corte para comprobar su veracidad. La *prueba relevante* es la que tiene tendencia a demostrar la veracidad de toda cuestión en disputa y que podría afectar el resultado del caso. Esto incluye prueba presentada respecto a la credibilidad del testigo.

Carga de la prueba

La evidencia por sí sola no es prueba. La prueba es el establecimiento, por medio de la evidencia, de un determinado grado de credibilidad respecto a un hecho. La *carga de la prueba* (*burden of proof*) es la obligación que tiene una de las partes de establecer ese grado de credibilidad.

Prueba inadmisible

Muchos litigantes se sorprenden el enterarse de que la prueba que quieren presentar ante la corte es inadmisible. Existen reglas muy estrictas que regulan lo que una corte puede o no admitir como prueba. Usualmente las reglas sobre la presentación de prueba están en los códigos de prueba o evidencia de cada estado. No obstante, las cortes de reclamos menores por lo general no aplican estas reglas estrictamente en sus procedimientos.

La corte puede excluir una prueba que pudiera ocupar demasiado tiempo o confundir las cuestiones jurídicas que están siendo consideradas. La corte puede también excluir una prueba que pudiera resultar en prejuicio indebido o excesivo.

Preponderancia de la prueba

En casos civiles, se require que la carga de la prueba sea por una *preponderancia de la prueba*. Si la prueba ofrecida por una parte es más convincente que la ofrecida por su oponente, la parte con la prueba más convincente gana el caso.

Negocios que necesitan permisos para poder operar

En acciones legales de reclamos menores, muchos estados requieren que ciertas empresas y profesionales tengan una licencia o permiso vigente para poder defenderse contra una demanda o para poder demandar por el cobro de dinero. Los negocios que requieren permisos incluyen, pero no se limitan a, contratistas, salones de belleza y peluquerías, talleres de reparación de automóviles, corredores de valores y casas de empeño.

La decisión del juez

Después de que el juez ha oído a ambas partes, da su decisión por medio de un formulario llamado *notificación de pronunciamiento de fallo* (*notice of entry of judgment*). Algunas veces la sentencia es anunciada en la misma corte y otras veces el juez demora más tiempo para revisar el caso y emite el fallo por correo. Usualmente el proceso demora unos días, cuando la notificación de pronunciamiento de fallo es enviada por correo a ambas partes.

Si el demandado no se presenta a la corte en la fecha fijada para la audiencia, se le puede anotar un *fallo en su contra* (*default judgment*). Esto significa que el demandante automáticamente gana el caso porque el demandado, aunque fue citado, no se presentó. El demandado entonces tiene poco tiempo, usualmente treinta días, para gestionar que dicha sentencia sea anulada. Si el demandado puede probar que su ausencia era ineludible, el juez puede ordenar que las partes comparezcan a otra audiencia.

Apelación de la sentencia de la Corte de Reclamos Menores

En la Corte de Reclamos Menores, por lo general, el demandante no puede apelar la sentencia del juez; únicamente el demandado tiene ese derecho. La apelación de sentencias de esta corte es presentada usualmente en la corte superior del mismo condado en que se encuentra la Corte de Reclamos Menores. En una apelación, la corte competente oye el caso nuevamente desde el principio y luego confirma o revoca la decisión del juez de la Corte de Reclamos Menores. La apelación deberá ser presentada dentro de veinte días de la fecha en que la corte de reclamaciones menores expide su sentencia. La ejecución de la sentencia es pospuesta hasta que el término para presentar la apelación expire o hasta que la misma sea resuelta.

Cobro de sentencias

Si un demandante presenta una demanda contra alguien por ocasionarle daños al chocar con su automóvil y gana el caso, la corte expide una sentencia a su favor. El demandante entonces se convierte en *acreedor de sentencia judicial* (*judgment creditor*), y la parte perdedora se convierte en *deudor de sentencia judicial* (*judgment debtor*). Una vez que el caso es adjudicado a su favor, es la responsabilidad del demandante cobrarle al deudor. Si el deudor acepta la sentencia de la corte y hace el pago inmediatamente, el acreedor deberá entonces registrar en la corte un formulario titulado cumplimiento de sentencia (*satisfaction of judgment*). A través de este formulario, tanto a las agencias crediticias como a la corte se les informa de que el deudor ha cumplido con su obligación.

Si el deudor no hace el pago voluntariamente, el acreedor tendrá que tomar medidas adicionales para cobrar la sentencia. No obstante, es importante notar que la corte no se ocupa de cobrar sentencias. Una vez que expira el término para presentar la apelación, el acreedor puede intentar el cobro del dinero enviándole primero una carta al deudor solicitando el pago. Si no recibe el pago correspondiente dentro de diez días, el acreedor deberá comunicarse con la corte para solicitar una **orden de ejecución** (*writ of execution*). El formulario necesario puede obtenerse en las oficinas del secretario de la Corte de Reclamos Menores y debe ser diligenciado (notificado oficialmente) por el alguacil del condado donde están los bienes del deudor.

EMBARGO DE SALARIOS Y CUENTAS BANCARIAS DEL DEUDOR POR SENTENCIA

Si el acreedor por sentencia sabe donde trabaja el deudor, la orden de ejecución puede ser utilizada para **embargar** una parte de su salario (*garnishment of wages*). Esto significa que una porción de su salario puede ser retenida por el empleador para pagar la deuda. El alguacil también puede confiscar la cuenta bancaria del deudor y embargar toda cantidad que se encuentre en ella, si se conoce el nombre y lugar del banco del deudor. **Embargar** (*attachment*) significa tomar posesión y usar el dinero para pagar la deuda.

Existen varias exenciones que protegen ciertos fondos de ser embargados. Los pagos de seguro social, los cheques de salario del gobierno federal y los beneficios de pensión y jubilación no pueden ser embargados para satisfacer pagos por sentencia de la Corte de Reclamos Menores.

VENTA DE BIENES PARA SATISFACER UN FALLO

Frecuentemente es difícil satisfacer una deuda por sentencia con bienes personales, debido a las excepciones de la ley y a los límites monetarios que se aplican a demandas en la Corte de Reclamos Menores. Algunas veces se puede embargar y vender una propiedad personal por medio de una orden de ejecución. Pero también en estos casos hay que tener en cuenta que existen exenciones que limitan cuáles propiedades pueden ser embargadas. Por ejemplo, al deudor se le concede una exención sobre el valor líquido (*equity*) después de la venta de un vehículo ($1,200 en California). Esto significa que si el deudor tiene un automóvil que tiene un valor de $4,000 y le debe $3,000 a la compañía financiera, el valor líquido es sólo de $1,000, y, por lo tanto, está exento. Si el deudor utiliza su vehículo en el trabajo, también está exento. Por ejemplo, si el deudor es jardinero y es dueño de un camión que usa para transportar sus herramientas, el vehículo se considera exento y no puede ser confiscado ni vendido para pagar sus deudas.

DECLARACIÓN DE BIENES DEL DEUDOR POR SENTENCIA

La ley provee medios para el cobro de una sentencia, pero la parte que intenta el cobro debe proceder dentro de los límites establecidos por ella para llevarlo a cabo. Si el acreedor sospecha que el deudor tiene bienes disponibles, pero desconoce su ubicación, hay medios para obtener esa información. Existen leyes que requieren que un deudor por sentencia complete un formulario llamado declaración de bienes de deudor por sentencia (*judgment debtor's statement of assets*). El formulario deberá ser enviado al acreedor por sentencia dentro de un término específico (usualmente treinta días) a partir del pronunciamiento del fallo, excepto cuando el deudor ha pagado la deuda, y ha presentado una apelación o presentado una moción para anular el fallo o la sentencia.

Si el deudor no completa este formulario, el acreedor puede solicitar que la corte expida una *declaración y orden de examinación* (*declaration and order of examination*). Esta orden requiere que el deudor comparezca en corte y conteste toda pregunta relacionada con sus bienes. Si el deudor no comparece, el juez puede expedir una *orden de detención* para su arresto (*bench warrant*). Esta orden es expedida por la corte autorizando a la policía para aprehender a una persona y presentarla ante la corte.

Cuando el deudor comparece a la vista de examinación, el acreedor puede confiscar toda cantidad de dinero que el deudor tenga en su posesión y aplicarla a la deuda. Si el deudor no contesta honestamente las preguntas relacionadas con sus bienes, puede ser hallado culpable de desacato contra la corte por desobediencia o enjuiciado por cometer perjurio.

ASISTENCIA PARA INCAPACITADOS POR SORDERA O VISIÓN

En la mayoría de los estados, se requiere que las cortes provean, sin costo alguno, servicios de audición o computarizados para demandantes y demandados que deseen seguir los procedimientos en la corte. La parte interesada deberá solicitar tales servicios con anticipación.

Intérpretes para quienes no hablan inglés

La Corte de Reclamos Menores por lo general trata mantener y tener accesible una lista de intérpretes que prestan sus servicios sin costo alguno, o por una modesta suma, para los demandantes, demandados o testigos que no hablen inglés.

Tabla 3-1: Límites monetarios de la Corte de Reclamos Menores

Cantidad máxima en la Corte de Reclamos Menores

Arizona	$2,500
California	$5,000 *
Florida	$2,500
Illinois	$2,500
Nuevo México	$5,000
Nueva York	$3,000
Tejas	$5,000

*Nadie puede presentar más de dos demandas de reclamos menores que excedan $2,500 en ninguna parte del estado, a menos que sean presentadas por una ciudad, un condado, un distrito escolar o una entidad pública.

4

Contratos

Históricamente las leyes que gobernaban las transacciones contractuales y los derechos del consumidor le extendían poca protección a éste. Hubo un tiempo en que el concepto de *caveat emptor* ("que el comprador quede advertido") dominaba el derecho de contratos y del consumidor. Bajo este sistema el comprador tenía la responsabilidad de verificar la calidad, seguridad y utilidad de todo producto que compraba. Pero las transformaciones en la sociedad y la economía han llevado a grandes cambios en la ley, y hoy la responsabilidad se ha inclinado hacia los vendedores y fabricantes de productos y servicios.

DEFINICIÓN DE CONTRATO

Un contrato es un acuerdo entre dos o más personas para hacer o no hacer algo. Algunos contratos deben estar por escrito para que puedan hacerse cumplir, en tanto que otros pueden ser orales e incluso sobreentendidos, siempre y cuando las partes comprendan la misma cosa. Un contrato puede ser muy simple, tal como cuando una persona acuerda pagarle a su vecino un dólar por una bolsa de naranjas, o puede ser bastante complejo, como la compra de una casa o un negocio, que puede requerir varios contratos separados, aunque relacionados entre sí.

ELEMENTOS DE UN CONTRATO

Un contrato válido se forma cuando dos o más personas hacen un acuerdo que consiste de la oferta de una parte y la aceptación de la otra, y el intercambio de algún valor que se denomina **contraprestación o beneficio** (*consideration*). Una parte de un contrato puede ser una persona natural como José o Susana, o una entidad legal (persona jurídica), que es como se conoce una empresa o corporación.

Los elementos de un contrato son importantes porque si cualquiera de ellos falta no es válido ni se puede hacer cumplir. Todas las partes de un contrato tienen que entender lo que el acuerdo le exige a cada una y hacerlo voluntariamente.

En una transacción contractual simple, María ofrece pagarle a Susana un dólar si Susana le da a María una bolsa de naranjas. Si Susana está de acuerdo, ella *acepta* la *oferta* de María y ambas intercambian el dólar por la bolsa de naranjas. La *contraprestación* en este intercambio es naranjas y dinero y, cada una de las cuáles tiene un valor.

Contraprestación

Uno de los elementos esenciales de un contrato es la contraprestación. La contraprestación es algo de valor. Puede ser dinero, un objeto o simplemente la promesa de hacer o no hacer algo. Para ser válida, la contraprestación que cada parte contribuye al contrato debe ser algo nuevo; no puede usarse como contraprestación para crear un contrato nuevo algo de valor que fue parte de un acuerdo previo.

Por ejemplo, si José acuerda pintarle la casa a Jaime por $500 y eso comprende el acuerdo completo entre ellos, la contraprestación de José es la promesa de pintar la casa; la contraprestación de Jaime es la promesa de pagarle $500. Sin embargo, si Jaime le pide a José que le pinte la casa porque el año pasado le pagó $400 por arreglar el patio, Jaime no está contribuyendo un valor nuevo de su parte y, por lo tanto, no hay un contrato, incluso si José acuerda pintar la casa sin ningún pago adicional. En este último caso ninguna de las partes estaría sujeta al contrato, pues la promesa de José es un regalo y no una obligación contractual.

El elemento esencial de buena fe

Todo contrato deberá de basarse en la *buena fe*. Éste es un concepto abstracto que describe el estado mental de una persona que tiene propósitos honestos, no tiene intención de defraudar a nadie y es leal a sus obligaciones o responsabilidades. Si una parte puede comprobar que la otra parte actuó con propósitos deshonestos, tuvo la intención de defraudar o no tuvo la intención de asumir su obligación o deber cuando se hizo el contrato, la parte perjudicada puede solicitar que la corte declare nulo el contrato porque el elemento esencial de buena fe faltó cuando éste se hizo.

Aceptación, contraoferta, rechazo y revocación

Para llegar a un acuerdo, muchas veces se tiene que pasar por negociaciones extensas que pueden incluir una o más *contraofertas*.

Cuando María le ofrece a Susana un dólar por una bolsa de naranjas, María ha hecho una oferta. Si Susana responde diciendo, "Te vendo la bolsa de naranjas pero tendrás que pagarme un dólar con veinticinco centavos por ellas", Susana ha hecho una *contraoferta*. María puede *aceptar* la contraoferta de Susana, hacerle otra *contraoferta* o *rechazarla*. Aunque el concepto es elemental, es importante al determinar *quién puede aceptar una oferta,* y *cuándo termina* y no puede aceptarse más.

Quién puede aceptar una oferta

Una oferta es específica y sólo puede ser aceptada por la persona a quien está dirigida.

Si José ofrece pintarle la casa a Jaime por $400, sólo Jaime puede aceptar la oferta de José. Si Jaime la acepta, los dos han hecho un contrato. Si Jaime le dice a José, "No, no quiero que pintes la casa", ha rechazado la oferta y ésta *cesa de existir.*

¿Qué pasa si Jaime no responde a la oferta de José? ¿Por cuánto tiempo Jaime puede "pensarlo" antes de que José deje de ser responsable por ella? Una forma de *terminar* la oferta es que José la retire diciéndole a Jaime que está revocada. José también puede estipular un término dentro del cual Jaime deberá aceptarla. Si Jaime no acepta la oferta dentro del término especificado, ésta *expira automáticamente.*

Si José no revoca la oferta o especifica un límite de tiempo, ésta termina después de un período razonable. Si la oferta se hace en persona o por teléfono, termina cuando el encuentro o la conversación telefónica terminan, a menos que José fije un límite dentro del cual Jaime deberá aceptarla.

En la mayoría de los estados la *revocación* de José debe ser comunicada a Jaime para que sea efectiva. En otros, como California, Montana, Dakota del Norte y Dakota del Sur, existen leyes que establecen que una revocación es efectiva en el momento que es hecha o expedida. En nuestro ejemplo, José puede revocar la oferta enviando una carta por correo a Jaime diciéndole que está revocándola o, en algunos casos, dejándole un mensaje en su contestador automático o enviándole una nota por fax (facsímil).

LAS FUENTES DE LAS LEYES DE CONTRATOS

Las leyes de contratos se han desarrollado a través de años de decisiones que han tomado los jueces que oyen casos de contratos. Este conjunto de reglas y normas se conoce como ley tradicional (*common law*) y se basa, históricamente, en leyes tradicionales que se originaron en Inglaterra. Cuando los ingleses se establecieron en los Estados Unidos, trajeron consigo reglas y normas de su tierra natal y las usaron como patrón para resolver disputas. A través del tiempo, la ley tradicional inglesa se ha integrado al conjunto de leyes de los Estados Unidos. Sólo un estado—Luisiana—no sigue los principios de esta ley, como se ha adoptado en el sistema judicial estadounidense.

Todos los estados han adoptado el código comercial uniforme federal (UCC, en inglés) por completo o con algunas modificaciones. El UCC fue escrito por especialistas legales y ha sido modificado varias veces. No es una ley en sí mismo, pero fue recopilado por eruditos como un conjunto hipotético de reglas y normas ideales para gobernar las transacciones contractuales. Todos los estados han adoptado sus leyes con base en el UCC, añadiéndole y sustrayéndole (según sus propósitos). Como resultado, los principios básicos de las leyes de contratos son los mismos de estado a estado, pero cada uno puede tener reglas especializadas que rigen ciertos asuntos contractuales. Los asuntos cubiertos por el UCC incluyen la venta de productos y servicios, los arrendamientos, las transacciones bancarias, las inversiones en acciones y las transacciones entre fabricantes y detallistas que compran productos para la venta al público.

CONTRATOS QUE DEBEN ESTAR POR ESCRITO

La Ley contra Fraudes (*Statute of Frauds*) fue reconocida por primera vez en la ley de Inglaterra en 1677 y ha sido incorporada al UCC de hoy (Sec. 2-201). Como su nombre lo sugiere, esta ley fue creada para prevenir fraudes y perjurios en transacciones contractuales y requiere que ciertos acuerdos estén por escrito para poder hacerlos cumplir legalmente si una de las partes incumple su promesa. Los acuerdos que deberán estar por escrito incluyen:

1. Contratos para la compra de bienes por $500 o más
2. Contratos de arrendamiento por un término de más de un año de duración
3. Acuerdos para la compra-venta de bienes inmuebles
4. Acuerdos que no pueden ser cumplidos dentro de un año de la fecha del acuerdo
5. Acuerdos que no pueden ser cumplidos durante la vida de una de las partes, tal como un testamento
6. Acuerdos para el pago de una deuda garantizada por un bien inmueble
7. Acuerdos para el pago de la deuda de un tercero

Elementos requeridos en un contrato escrito

Para cumplir con las exigencias de la Ley contra Fraudes, un contrato escrito no tiene que ser complejo o tener palabras o frases especiales. Sin embargo, necesita (1) incluir los nombres de las partes, (2) describir el producto que va a ser vendido y (3) estipular la cantidad de dinero que va a ser pagada. El escrito también necesita ser firmado por las personas que intercambian promesas. La corte puede negarse a imponer un acuerdo que no incluya los elementos básicos. Sin embargo, ésta usualmente trata de completar los términos que falten, si se determina que las partes actuaron con la intención de hacer un contrato válido.

Existen ciertos contratos que, según la Ley contra Fraudes, deberían estar por escrito, pero si no lo están la corte los reconoce como válidos por la naturaleza del producto o el comportamiento de las partes. Por ejemplo, si el acuerdo es por un producto especial o hecho a la medida, como un traje de novia, o si el comprador ya ha recibido el producto o si el vendedor ya ha entregado el producto al comprador. En cada uno de estos ejemplos la corte por lo general reconoce que hay suficiente evidencia de un acuerdo basado en el comportamiento de las partes: el trabajo a la medida, el pago de dinero al vendedor y la entrega del producto al comprador.

Contratos con menores y personas mentalmente incapacitadas

Algunas personas no pueden hacer un contrato legalmente. Entre ellas están los menores (en la mayoría de los estados un menor es una persona que no ha cumplido dieciocho años de edad) y quienes estén mentalmente incapacitados.

Si un menor firma un contrato para comprar un automóvil y luego cambia de parecer, puede negar el contrato (pero tendrá que devolver el vehículo al vendedor). Sin embargo, si continúa haciendo los pagos del auto y no niega el contrato antes o al llegar a la mayoría de edad, no podrá eludirlo. También existen otras excepciones cuando un menor no podrá negar un contrato. Por ejemplo, éste no puede repudiar un contrato cuando acuerda mantener a sus hijos menores, o cuando hace un contrato de empleo que prohíbe divulgar secretos industriales o comerciales, y/o cuando es parte de un contrato que ha sido aprobado por la corte (como el que hace un niño actor para desempeñar un papel en una película de cine).

Es importante que el vendedor en una transacción contractual haga un esfuerzo genuino para determinar si el comprador es menor de edad. Si el comprador miente sobre su edad y proporciona documentos falsos que muestran que tiene más edad, la corte por lo general le exige al menor que devuelva la mercancía. El menor puede ser denunciado por fraude bajo estatutos penales y civiles, y en algunos estados puede perder la licencia de conducir hasta que cumpla veintiún años.

Las personas mentalmente incapacitadas no pueden hacer un contrato porque se presume que no pueden entender lo que están acordando y, por lo tanto, no pueden tener la intención necesaria. En la categoría de incapacitados mentales se incluye a las personas que se consideran dementes o enfermas mentales, a los retardados mentales, a las personas seniles y, en algunos estados, a las personas que estén intoxicadas a tal punto que no puedan comprender lo que están acordando. Los contratos hechos por personas mentalmente incapacitadas no son automáticamente nulos, pero sí son anulables ya sea por el guardián legal de la persona incapacitada o por la persona intoxicada cuando esté sobria. Si la incapacidad mental o la intoxicación de la persona no es aparente a la otra parte del contrato, una corte puede considerar válido el contrato. Sin embargo, si se prueba que la otra parte se aprovechó de la parte mentalmente incapacitada, el contrato puede considerarse anulable, aunque la enfermedad sea menos severa de lo que se califica como incapacidad mental. Ahora bien, la parte que no está mentalmente incapacitada no puede anular el contrato y le será exigible si el guardián del incapacitado lo ratifica.

LA IMPORTANCIA DE LEER Y ENTENDER UN CONTRATO

Algunos contratos son largos y difíciles de entender, como son los de la compra de un automóvil o una casa y los documentos financieros que usualmente los acompañan. Si el comprador no entiende los términos a los que se está sometiendo cuando firma un contrato, puede ser responsabilizado por su cumplimiento si la corte determina que la causa del malentendido fue la negligencia del comprador por no leerlo.

Sin embargo, si el comprador lee y firma un contrato que tiene contradicciones en las promesas del vendedor, el comprador puede hacer que se anule o cancele en base a las declaraciones falsas. Por ejemplo, María firma un contrato para comprar un refrigerador y el contrato escrito declara que no tiene garantía, pero el vendedor le dice que le reparará cualquier defecto gratuitamente durante seis meses. Si el refrigerador deja de funcionar y el vendedor rehúsa repararlo como lo prometió oralmente, María puede solicitar que la corte anule el contrato de compra y exija que el vendedor acepte la devolución del aparato y le reembolse el dinero que pagó.

CONTRATOS QUE PUEDEN SER CANCELADOS O RESCINDIDOS

El propósito de un contrato escrito es asegurar que las partes entiendan y lleguen a un acuerdo sobre lo mismo. Esto se llama *acuerdo de voluntades* (*meeting of the minds*). Las clases de contratos cubiertos por la Ley contra Fraudes incluyen asuntos sobre cantidades considerables de dinero, asuntos que tratan la venta de bienes únicos (como bienes inmuebles), asuntos que involucran a una tercera parte y acuerdos que no pueden ser cumplidos en menos de un año. En estos casos existe el riesgo de que una de las partes pueda ser perjudicada por una pérdida considerable de dinero, de que las partes no concuerden exactamente en lo mismo o de que las partes recuerden los términos en forma diferente al pasar del tiempo.

Al requerir que ciertos contratos estén por escrito, las leyes tratan de minimizar los malentendidos y los daños que pudieran resultar a consecuencia de ellos. Puesto que el propósito de exigir que algunos contratos estén por escrito es proteger a todas las partes, ninguna de ellas puede desistir de un contrato arbitrariamente. No obstante, en algunas ocasiones una parte sí puede rescindir o cancelar un contrato. Por ejemplo:

1. **Cuando la propiedad nombrada en el contrato es destruida.** Si Jaime acuerda pagarle a José $400 para pintar la casa y ésta es destruida por un incendio antes de que José comience a pintarla, Jaime no está obligado a pagar los $400. Sin embargo, si José ya compró la pintura y no la puede devolver porque es de un color especial, Jaime puede estar obligado a comprarle la pintura a José al costo. Si José pinta la mitad de la casa antes del incendio, la corte por lo general exige que Jaime le pague a José la mitad de la cantidad del contrato. Aunque esto parece un poco injusto, el punto de vista jurídico de esta situación es que Jaime tuvo la oportunidad de haber asegurado la casa contra incendios y debe sobrellevar el riesgo hasta el extremo de que José debe ser compensado por el trabajo que hizo. Pero no se le debe exigir a Jaime que le pague a José por el trabajo que no terminó, ya que el incendio imposibilitó su cumplimiento.

2. **Ocasiones en las que es legalmente imposible cumplir el contrato.** Jaime estipula en el contrato que José deberá usar solamente la pintura Marca X. José se entera de que los trabajadores de la fábrica Marca X están en huelga y que esta pintura no está disponible. José puede cancelar el contrato por la imposibilidad de cumplirlo, a menos que Jaime esté dispuesto a modificarlo y acordar que José use la pintura Marca Y en lugar de Marca X.

3. **Cuando es el contrato de un vendedor ambulante.** Por lo general, un contrato por productos o servicios entre un vendedor que vende de puerta a puerta y un consumidor que esté *en su hogar* puede ser cancelado en cualquier momento dentro de tres días a partir de la fecha en que el comprador lo firma. El comprador deberá notificar al vendedor de la cancelación y éste deberá devolver de inmediato el depósito o el dinero pagado por el comprador al momento en que fue firmado el contrato.

4. **Ocasiones en las que el contrato requiere la comisión de un acto ilícito.** Un acuerdo para cometer un acto ilícito, tal como la compra de drogas ilegales, no se puede hacer cumplir legalmente.

5. Cuando el acuerdo es hecho bajo coerción. Cuando el consentimiento de una parte es obtenido por medio de la fuerza física o amenazas de violencia, el contrato es anulable. Los actos de coerción infringen el elemento esencial de buena fe y contradicen el requisito de acuerdo de voluntades entre las partes.

6. Ocasiones en las que la ley específicamente permite un plazo para cancelar un contrato. Además del ejemplo del vendedor ambulante dado arriba, hay muchos otros contratos que pueden ser cancelados siempre y cuando la cancelación se efectúe dentro de cierto plazo después de que el contrato es firmado. Por lo general, la cancelación debe ser por escrito. Algunos de los ejemplos de contratos que pueden ser cancelados en la mayoría de los estados incluyen: (1) un contrato para los servicios de un consultor de asuntos de inmigración dentro de las setenta y dos horas de su ejecución; (2) un contrato para los servicios de una clínica no médica para adelgazar; (3) un contrato con un estudio de baile; y (4) un contrato con un gimnasio.

LA IMPORTANCIA DE LEER Y ENTENDER CADA CLÁUSULA DE UN CONTRATO ANTES DE FIRMARLO

Frecuentemente, los contratos son largos, tediosos y difíciles de entender. Contienen palabras y frases poco conocidas para el público en general y, la mayoría de las veces, son redactados por abogados que usan palabras técnicas que sólo entienden otros abogados. No obstante, la ley es severa cuando una parte no lee y entiende un contrato antes de firmarlo. Si un contrato contiene palabras o términos que no son claros, es muy importante pedirle a alguien que entiende el contrato que lo explique a fondo antes de firmarlo. Cuando una parte firma un documento, la corte presume que entendió lo que estaba firmando y que acordó cumplir lo prometido. La ley permite que los contratantes consulten con un abogado antes de firmarlo.

Un comprador que no habla ni lee inglés y que hace negocios en español para la compra de mercancía o productos puede, en algunos estados, exigir que el vendedor le provea una traducción en español de todo documento que firme (vea el Compendio multiestatal sobre traducciones al español, página 78).

La mayor parte de negocios que utilizan contratos por escrito regularmente tienen formularios preimpresos. Por lo general, estos "formularios modelo" son redactados por un abogado para proteger el interés de las empresas y tienen lenguaje verboso, redundante y confuso para el consumidor común y corriente. No obstante, es muy importante que uno se tome el tiempo para leer el contrato y entender lo que está acordando antes de firmarlo. Por ejemplo, si José hace un préstamo para comprar un automóvil, se puede sorprender al averiguar que el contrato que firmó permite que el banco compre una póliza de seguro y le cobre las primas, o cuotas, si no mantiene la cantidad y tipo de seguro que el contrato requiere.

ACEPTACIÓN DE CHEQUES ENDOSADOS COMO PAGO TOTAL

Algunas veces el deudor emite un cheque al acreedor por una cantidad menor a la estipulada en el contrato y escribe al dorso del cheque (en la parte superior donde los cheques son endosados), "pago total" (*payment in full*). Si de buena fe el deudor disputa la cantidad que debe y le emite el cheque al acreedor por la cantidad que cree que realmente debe, algunas cortes han sostenido que las palabras *pago total* cancelan la deuda. Otras cortes han sostenido que el acreedor puede protegerse escribiendo "bajo protesta" (*under protest*) o "no es pago total" (*not payment in full*) en el cheque antes de cobrarlo, reservándose así el derecho de cobrar el balance pendiente.

El UCC (Sec. 1-207) apoya la posición de que el acreedor retiene sus derechos al pago total bajo el contrato cuando escribe "bajo protesta" o "no es pago total" en el cheque antes de cobrarlo. Sin embargo, algunas cortes creen que el uso de dicho lenguaje en los cheques es una forma razonable de solucionar disputas y no reconocen como válidas frases incluidas por el acreedor posteriormente, si el deudor originalmente escribió "pago total" en el cheque. Toda anotación o endoso en un cheque que propone cancelar una deuda o preservar los derechos de un acreedor deberá escribirse en letras grandes y visibles. Las anotaciones y endosos en letra menuda (*fine print*) no se harán cumplir.

Cuando una parte recibe un cheque como liquidación de un arreglo en un reclamo de seguro, la compañía de seguros por lo general incluye lenguaje impreso al dorso del cheque en la parte de los endosos. Casi siempre este lenguaje declara que el endosante acepta el cheque como pago total y renuncia a tomar otra acción contra la compañía de seguros. Todo lenguaje que atente crear la renuncia de derechos básicos es conocido como **lenguaje exculpatorio** y las cortes en la mayoría de los estados no reconocen o hacen cumplir estas cláusulas en muchas situaciones.

Las cortes tienden a favorecer al consumidor más que al negociante cuando tratan de aplicar o de hacer cumplir términos suplementarios (*addenda*). Un elemento básico de un contrato es que el producto o servicio en cuestión sea negociado. Cuando una parte escribe unilateralmente en un cheque "bajo protesta" o "pago total", las cortes por lo general invalidan todo requisito obligatorio de parte del consumidor, porque al acuerdo enmendado le falta el elemento de ser "negociado". Esta posición de la corte es consistente con el propósito de proteger al consumidor relativamente indefenso contra el negociante, que usualmente tiene más poder y recursos para protegerse.

Hay que tener en cuenta que la ley en estos casos no es absoluta ni consistente, y que acreedores y deudores deben actuar con cautela al enfrentarse a tales situaciones.

CANCELACIÓN DE DEUDAS CONTRACTUALES

Una obligación contractual puede ser descargada o cancelada al cumplirse los términos del contrato, por acuerdo y satisfacción, por un arreglo amistoso, por bancarrota o porque transcurrió el plazo prescrito por ley.

DESCARGO (RELEVO O FINIQUITO)

Un descargo por lo general es parte de un arreglo negociado y a menudo está relacionado con reclamos por daños personales. Al ejecutar el descargo, una de las partes acuerda relevar a la otra parte de todo reclamo que pudiera surgir de un incidente. Las cortes permiten frecuentemente que una parte cancele un relevo, si la parte perjudicada descubre que las lesiones son mucho más serias de lo que pensó cuando firmó el relevo.

CUMPLIMIENTO SUSTANCIAL

Si Roberto contrata a Antonio para pintar un establo y Antonio abandona el proyecto después de que ha pasado dos manos de pintura al establo y sólo una capa al borde de éste, la cuestión pudiera surgir si Antonio ha "cumplido sustancialmente" con sus obligaciones bajo el contrato. Si el contrato contiene lenguaje específico que establece que Antonio deberá pasarle dos manos a toda la superficie del establo (incluyendo el borde), Roberto puede reclamar ante la corte que aquél no cumplió con las condiciones expresas en el contrato y, como resultado, no tiene que pagarle por el trabajo que completó. Si el contrato no especifica el número de manos de pintura, la corte probablemente determinará que Antonio cumplió sustancialmente con sus obligaciones.

Este concepto es importante porque el cumplimiento sustancial sería la base legal para exigirle a Roberto que le pague a Antonio, aunque Roberto no piense que Antonio realizó un trabajo adecuado, como lo esperaba cuando hicieron el contrato. El principio detrás de la doctrina del cumplimiento sustancial es el de justicia. En nuestro ejemplo, sería injusto que Roberto no le pagara a Antonio ya que éste cumplió sustancialmente con lo que había acordado hacer. En este caso lo más probable es que la corte obligue a Roberto a pagarle a Antonio la cantidad acordada en el contrato, menos la cantidad que Roberto tenga que gastar para contratar a otro pintor para ponerle otra mano de pintura al borde del establo.

INCUMPLIMIENTO DEL CONTRATO

Cuando uno de los contratantes no cumple con sus obligaciones, como lo estipula el contrato, se dice que ha incumplido. El incumplimiento puede ser total o parcial.

José acuerda pintar el automóvil de Jaime por $1,000 comenzando el 1ro de mayo y terminando el 15 de mayo. Si José nunca se presenta para comenzar el trabajo, ha incumplido totalmente el contrato. Su incumplimiento total significa que Jaime está eximido de cumplir con sus obligaciones bajo el contrato.

Si José comienza a pintar el automóvil el 1ro de mayo pero no termina el trabajo hasta el 25 de mayo, ha incumplido parcialmente el contrato pero Jaime todavía está obligado a cumplir con la obligación de pagarle conforme al contrato. Sin embargo, Jaime puede demandar a José por daños por no completar el trabajo dentro del término estipulado en el contrato. En ese caso, la corte puede concederle a Jaime daños por una cantidad equivalente al costo de alquilar un automóvil para llegar al trabajo por los diez días adicionales que José demoró para completar el trabajo.

DAÑOS LÍQUIDOS Y DETERMINADOS

Un contrato puede contener una cláusula que estipule que las partes acuerdan por adelantado el pago de una cantidad específica si una de ellas no cumple con lo acordado en el contrato. Las cláusulas para daños líquidos y determinados frecuentemente se encuentran en contratos para la compra de bienes inmuebles. El propósito de estas cláusulas es asegurar el cumplimiento por parte del comprador y de limitar la cantidad que el vendedor cobraría si el comprador no cumpliera con el contrato. La cantidad de daños líquidos que se estipule en el contrato deberá ser *razonable y deberá reflejar en forma justa la pérdida real que el vendedor sufriría* si el comprador no cumpliera con el contrato.

Las disposiciones para daños líquidos se usan cuando es difícil establecer la cantidad en dólares del daño causado por un incumplimiento y cuando no existe otro remedio adecuado para el vendedor si el comprador no cumple con el contrato. Una cantidad irrazonable de daños líquidos es nula, ya que la corte considera los daños excesivos como una penalidad o sanción.

GARANTÍA

Una garantía es la promesa de un vendedor de productos de que la mercancía cumple con ciertos criterios. Las principales clases de garantía que nos conciernen incluyen la expresa, la de comerciabilidad y la de utilidad para un propósito en particular. (vea el capítulo de Relaciones entre arrendador y arrendatario para una discusión de garantía implícita de vivienda, página 135.)

Garantía expresa

Toda declaración explícita hecha por un vendedor en relación a cierta mercancía es una garantía expresa. Si el vendedor declara con certeza que la pintura blanca que vende va a cubrir por completo una pared negra con sólo una mano, está haciendo una garantía expresa. Si el comprador compra la pintura en la cantidad que el vendedor o el fabricante recomiendan, basado en los pies cuadrados que necesita cubrir y la pintura no cubre la pared, el vendedor ha incumplido con la garantía expresa.

Garantía implícita de comerciabilidad

El UCC considera que la garantía implícita de comerciabilidad es una de las más importantes (UCC Sec. 2–314). El UCC establece que "una garantía de que el producto es comerciable o vendible está implícita en un contrato, si el vendedor es un negociante de productos de ese tipo". Las comidas o bebidas que se venden para ser consumidas en el mismo lugar, tal como un restaurante, o para ser consumidas en otro lugar, tal como las que se venden en un supermercado, también están cubiertas por la garantía implícita de comerciabilidad. Los productos que vende un negociante acostumbrado a negociar con ese tipo de mercancía deberán servir el propósito para el cual se usan. Tales productos deben ser de calidad aceptable dentro del mercado o industria del cual son parte y, como mínimo, deberán conformarse con las normas de la industria. La comida de restaurantes en la que se encuentre cabellos o insectos es un ejemplo de un producto que no cumple con la garantía implícita de comerciabilidad.

Toda promesa que aparezca en el envase de un producto también deberá ser cumplida para que el producto se conforme con los requisitos del UCC. Si el envase de un detergente para ropa dice que el producto quita las manchas de jugo de uva pero no cumple con lo prometido, el fabricante no ha cumplido con la garantía implícita de comerciabilidad.

Garantía de utilidad para el propósito que se vende

Cuando un vendedor tiene conocimiento de la intención del comprador al momento en que le vende el producto y también tiene conocimiento de que éste está dependiendo de su opinión y experiencia para seleccionar un producto apto para dicho propósito, el vendedor puede ser responsabilizado legalmente si el producto no cumple con lo prometido.

Julia le explica al vendedor de una tienda local que necesita una máquina para triturar hielo que pueda funcionar continuamente durante quince horas al día. Ella le explica que tiene un negocio de venta de raspados de diferentes sabores en el mercado de pulgas durante el fin de semana. El vendedor le dice a Julia que una licuadora doméstica sería adecuada para su propósito. Puesto que es nueva en este negocio, compra la licuadora. El primer día de ventas la máquina funciona durante tres horas y luego se funde debido al sobreuso. Cuando Julia trata de devolverla al vendedor, él le dice que debería haber leído las instrucciones, las cuales especifican que la máquina es sólo para uso doméstico. El vendedor está legalmente obligado ante ella porque conocía sus intenciones y, además, sabía que dependía de su experiencia y conocimiento.

En este caso el vendedor es responsable por el costo de la licuadora y por las ganancias que Julia haya perdido por no poder usarla durante el resto del mercado de pulgas. El vendedor también puede ser responsabilizado de otros gastos que Julia haya hecho al depender de la recomendación de éste, tales como el costo del puesto en el mercado y de emplear a una persona para ayudarla a operar el negocio.

LA EXAGERACIÓN NO EQUIVALE A UNA GARANTÍA

Exagerar las cualidades de un producto no equivale a una garantía y no crea responsabilidad sobre el vendedor, siempre y cuando el comprador entienda que se trata solamente de la opinión de éste. Por ejemplo, si el vendedor de pintura declara que la pintura que vende es "la mejor compra", está exagerando (*puffing*). Él está expresando una opinión subjetiva sobre el producto, la cual no puede ser probada o refutada fácilmente. Por un lado, un comprador puede pensar que "la mejor compra" sería la pintura más barata, aunque otro puede pensar que "la mejor compra" es la pintura más cara porque seca más rápidamente que las demás. Sin embargo, cuando la exageración se convierte en información específica y se puede medir objetivamente, deja de serlo y se convierte en una garantía expresa.

RENUNCIA DE GARANTÍA

Los vendedores a menudo tratan de limitar su responsabilidad haciendo una renuncia verbal o por escrito respecto a la calidad o utilidad de un producto. El UCC limita hasta dónde un vendedor o un fabricante pueden limitar su responsabilidad. *Para ser válida, una renuncia de garantía debe ser clara, estar por escrito y ser entendida o reconocida por el comprador,* y no debe violar el requerimiento de buena fe de la industria. Algunas veces mercancía usada es vendida con una renuncia de la garantía, que declara que el producto se vende tal y como está (*as is*). Sin embargo, las cortes frecuentemente se niegan a limitar la responsabilidad del vendedor de mercancía usada cuando él sabe, o debe saber, que el producto es defectuoso o peligroso. Los casos más comunes donde el vendedor es responsabilizado legalmente, aunque el producto se haya vendido "tal y como está", son los referentes a la venta de autos usados y bienes inmuebles.

REMEDIOS POR EL INCUMPLIMIENTO DE UN CONTRATO

Cada vez que una parte no cumple con los términos de un contrato, la otra parte sufre algún tipo de daño o pérdida como resultado de ese incumplimiento. Esa pérdida puede ser económica y, por lo tanto, se puede calcular en términos monetarios; pero la pérdida también puede ser de naturaleza no económica. En disputas contractuales, se le concede un remedio de compensación por daños a la parte perjudicada por la pérdida que sufre cuando la otra parte no cumple con el contrato. El remedio legal más común en casos de incumplimiento es el de compensación monetaria a la parte perjudicada.

Sin embargo, en algunas situaciones otorgar compensación monetaria no es adecuado para indemnizar a una persona que ha sido perjudicada. La corte entonces puede conceder un remedio legal llamado *remedio equitativo* (*equitable relief*) para indemnizar al perjudicado. Los dos remedios equitativos más comunes son el *cumplimiento específico* (*specific performance*) del contrato y las *órdenes judiciales* (*injunctions*).

El *cumplimiento específico* se aplica frecuentemente en casos donde una de las partes de un contrato de compra—venta de un inmueble no cumple con el contrato. Ya que cada parcela de terreno es única y no puede ser reemplazada por otra, las cortes a menudo obligan al vendedor que ha incumplido a finalizar la venta y traspasar el título de propiedad a la otra parte, porque no hay otra forma de evitar serios daños.

Las *órdenes judiciales* se utilizan para imponer una obligación de hacer o de abstenerse de realizar un determinado acto o conducta. Un ejemplo clásico es el de un ex empleado que no cumple con los términos de un contrato de empleo en el que acuerda que no trabajará para ninguna empresa competidora durante los seis meses después de dejar trabajar para el empleador. Si el empleado no cumple con el contrato y acepta un trabajo con un competidor inmediatamente después de dejar el trabajo, la corte puede emitir una orden judicial que le prohíbe trabajar para la competencia hasta que hayan transcurrido los seis meses estipulados en el contrato.

Debido a que la violación de una orden judicial, o de una orden para el cumplimiento específico de un contrato, sujetaría al transgresor a enjuiciamiento por desacato contra la corte, ésta requiere que cuando una parte procure obtener estos remedios el contrato contenga lenguaje claro y exacto que demuestre su incumplimiento.

En la mayoría de los casos relacionados con el incumplimiento de un contrato, el pago de daños económicos o monetarios compensa adecuadamente al perjudicado. Los daños económicos se clasifican en: (1) daños generales; (2) daños especiales o consecuentes; y (3) daños punitivos. Los daños generales y los consecuentes se otorgan comúnmente en situaciones de incumplimiento de contrato. Los daños punitivos se otorgan raramente en estas situaciones, aunque se otorgan con más frecuencia en casos civiles de daños y perjuicios por actos ilícitos (*torts*) que tienen que ver con daños causados o por la negligencia o la conducta intencional de la otra parte.

Los daños generales incluyen aquellos por expectativa (*expectation*) y por confiabilidad (*reliance*), aunque usualmente sólo uno o el otro se otorga en un caso. Los daños por expectativa se otorgan más frecuentemente en disputas contractuales. El propósito de conceder estos daños es poner al perjudicado en la posición en la que esperaba estar si el contrato hubiera sido cumplido. Al otorgar daños por expectativa, la corte requiere que el demandado le pague al demandante todo gasto que haya hecho al cumplir su parte del contrato, más la ganancia que hubiera realizado si el demandado no hubiera incumplido. El ejemplo de la licuadora que se fundió después de tres horas de uso en el mercado de pulgas dado anteriormente ilustra los daños por expectativa. En ese caso, la corte le otorgó a la dueña del puesto daños económicos por el costo de la licuadora, más el costo del puesto en el mercado, el salario de un empleado y una cantidad equivalente a la ganancia que hubiera obtenido si la máquina hubiera funcionado como se esperaba.

Existen ocasiones en las cuales los daños por confiabilidad deberán ser otorgados porque los daños por expectativa no son adecuados. El caso más común de este tipo de daños ocurre cuando una de las partes incumple el contrato, pero la parte perjudicada no puede calcular la ganancia que anticipaba. En tales casos, la corte otorga daños por confiabilidad con el propósito de compensar a la parte perjudicada por los gastos que hizo confiándose en el cumplimiento total de la parte que incumplió el contrato.

Por ejemplo, Rosa firma un contrato con Jorge mediante el cual le promete ser el distribuidor exclusivo en el estado donde vive para vender botas hechas en una fábrica de propiedad de ella. Después de que Jorge y Rosa firman el contrato, Jorge alquila un almacén y tres locales, y compra un camión para transportar las botas del almacén a las tiendas. Jorge también obtiene el permiso necesario y publica anuncios para la apertura de las tiendas. El día que Jorge debe recibir el primer cargamento de botas, Rosa lo llama por teléfono y le dice que ha decidido otorgarle la distribución exclusiva de las botas a su hermano.

Jorge no tiene forma de calcular las ganancias que pudo haber obtenido porque nunca ha vendido botas y jamás ha tenido un contrato de distribución estatal exclusivo. Sin embargo, sí sabe cuánto ha invertido para abrir el negocio confiándose en las promesas contractuales de Rosa. Si Jorge presenta una demanda contra ella por incumplimiento de contrato, la corte le otorgará compensación por el monto de dinero invertido para alquilar las tiendas y el almacén, para la compra del camión y en la publicidad. Aunque Jorge está requerido a mitigar sus daños tratando de encontrar a alguien que alquile las tiendas y el almacén y compre el camión, la corte pude otorgarle daños económicos equivalentes a la cantidad total del valor de los alquileres en las cuatro propiedades si puede probar que hizo un esfuerzo razonable para encontrar nuevos inquilinos pero le fue imposible porque las propiedades son de uso único o el mercado para esas propiedades está en depresión en ese momento.

DEBER DE MITIGAR DAÑOS

En una acción legal por incumplimiento de contrato, la parte perjudicada tiene el deber de tomar las medidas necesarias para limitar los daños sufridos como resultado del incumplimiento. Cuando un inquilino (*tenant*) incumple los términos de un contrato de renta (*lease*) abandonando la vivienda antes de la expiración del contrato, la ley establece que puede ser responsabilizado por todos los pagos adeudados que estipula el contrato. Sin embargo, el arrendador (*landlord*) deberá hacer un esfuerzo razonable para encontrar un nuevo inquilino para la vivienda vacante. Cuando la vivienda se alquila a un nuevo inquilino, la responsabilidad del antiguo inquilino, que incumplió el contrato, estará limitada al tiempo que ocupó la vivienda, más el tiempo que ésta estuvo vacante antes de rentarse de nuevo, y al costo del propietario para volver a rentarla . Si el propietario no hace un esfuerzo razonable para encontrar a un nuevo inquilino, el antiguo inquilino tendrá la oportunidad de presentar como defensa ante la corte el hecho que el propietario no cumplió con el deber de mitigar daños. Si la corte determina que el antiguo inquilino tiene una reclamo válido, lo más probable es que limite su responsabilidad al tiempo que la vivienda hubiera estado vacante si el propietario hubiera buscado activamente un nuevo inquilino después del incumplimiento del primero. La corte también considera el tiempo que han demorado otros propietarios con locales similares para encontrar nuevos inquilinos. Esta información se utilizaría como base para determinar la responsabilidad del primer inquilino por los daños económicos por incumplimiento del contrato. Si no existiera el deber de mitigar daños por parte del propietario, el inquilino sería responsable por los pagos según el acuerdo, hasta el momento en que el contrato expire bajo los términos fijados.

Restitución

La restitución es un remedio legal que puede ser otorgado al demandante en una acción legal por incumplimiento de contrato con el propósito de prevenir el enriquecimiento injusto del demandado. La cantidad se calcula basándose en el valor del beneficio recibido por el demandado por los productos o servicios prestados por el demandante. Debido a que la cantidad de la restitución puede estar basada en un valor subjetivo, dicha cantidad puede tener poca relación con el precio del contrato. La restitución está disponible únicamente cuando el demandante no ha cumplido totalmente con los términos del contrato.

Por ejemplo, Héctor hace un contrato para pintar el Mustang de Samuel de rojo vivo y reemplazar el interior negro del auto con terciopelo blanco. Samuel acuerda pagarle $750 por el trabajo y los materiales. Después de que Héctor ha terminado de pintar el auto, pero antes de comenzar con el interior, Samuel pasa por el taller con un amigo. Éste ve el Mustang y queda encantado con el trabajo de Héctor y le ofrece a Samuel $8,000 por el automóvil en la condición que está, pero le dice que no lo comprará si le cambia el interior. Samuel, que sabe que el automóvil sólo vale $2,750 aun con la pintura nueva, le insiste a Héctor que deje de trabajar en el auto, acepta el dinero del amigo y se niega a pagarle porque dice que no completó el trabajo que acordaron en el contrato. Obviamente, Héctor tiene el derecho a una restitución.

Daños nominales

En algunos casos de incumplimiento de contratos, el daño sufrido no puede ser comprobado fácilmente, aunque se determine que el demandado no cumplió con los términos del contrato. En estos casos, la corte puede otorgar compensación de daños nominales, que es una cantidad mínima que no está relacionada con el grado de daños sufridos.

Remedios aplicables a actos ilícitos en casos de incumplimiento de contratos

En una controversia contractual, las partes pueden presentar una acción legal solicitando que la corte otorgue daños compensatorios (daños por expectativa o por confiabilidad) o daños no compensatorios (daños nominales o punitivos). Sin embargo, en algunos casos también se pueden incluir otros reclamos bajo las leyes penales y de responsabilidad civil por actos ilícitos que se pueden presentar en contra de un demandado respecto al incumplimiento de un contrato. Por ejemplo, si el caso de incumplimiento incluye amenazas de violencia, es posible que exista una base para sostener cargos de conducta penal o actos ilícitos contra el demandado. El fraude, la coerción, la agresión, la detención injustificada, el incumplimiento ilícito del deber civil de la buena fe en los negocios y las declaraciones falsas son sólo algunos de los cargos más comunes asociados con el incumplimiento de contrato. Las sanciones penales, tales como las multas o la encarcelación, pueden imponerse por la comisión de un acto penal. También se pueden imponer multas adicionales y daños punitivos si se determina que el demandado ha cometido actos ilícitos de responsabilidad civil asociados con el incumplimiento de un contrato.

Toda persona implicada en un caso serio o complicado de incumplimiento de contrato debe procurar el asesoramiento de un abogado antes de proceder legalmente. Puede haber una variedad de cuestiones relacionadas con el incumplimiento del contrato sobre las cuales un abogado lo puede aconsejar.

CESIÓN DE DERECHOS Y DELEGACIÓN DE RESPONSABILIDADES

La cesión ocurre cuando una de la partes de un contrato transfiere sus derechos bajo éste a una tercera persona. Las cesiones son gratuitas (*gratuitous*) y, por lo tanto, no requieren contraprestación (*consideration*).

Una delegación ocurre cuando una de las partes de un contrato transfiere sus obligaciones o responsabilidades bajo un contrato a una tercera persona.

En relaciones de negocios, las cesiones y las delegaciones frecuentemente se unen en el mismo acuerdo o transacción. La ley tiende a favorecer las cesiones y las delegaciones, y las cláusulas que limitan la cesión de derechos en un contrato son declaradas inválidas por la corte frecuentemente. No obstante, algunos tipos de contratos no pueden ser cedidos porque exponen a la otra parte del contrato a un alto grado de riesgo de perjuicios potenciales.

Elisa hace un contrato con Los Contratistas Reales de la Pintura para pintar un castillo. Después de invertir bastante tiempo y energía buscando pintores expertos en la restauración de castillos, contrata a éstos porque alguien le dijo que tienen una reputación excelente y están bien recomendados por los propietarios de otros castillos que han utilizado sus servicios. El día que deben comenzar a trabajar, una cuadrilla de trabajadores que Elisa nunca ha visto aparece a la puerta del castillo. Su camión, que está estacionado cerca del foso del castillo, tiene rótulos que dicen Pintores, Etc. en los lados. Cuando Elisa interroga a la mujer que se presenta como la jefe de la cuadrilla, ésta le dice que Los Contratistas Reales de la Pintura han delegado su obligación de pintar el castillo y le han asignado el derecho a recibir pago por el proyecto a Pintores, Etc. La jefe de la cuadrilla, respondiendo a las preguntas de Elisa, le informa que la cuadrilla nunca ha pintado un castillo pero que "pintar es pintar".

El contrato entre Elisa y Los Contratistas Reales de la Pintura no puede ser cedido sin el consentimiento o permiso de ella. Además, debido a que la naturaleza de los servicios que Elisa contrató eran muy especializados y a que pudiera estar expuesta a un riesgo mucho más alto del que acordó, Los Contratistas Reales de la Pintura tampoco podían delegar sus obligaciones bajo el contrato a Pintores, Etc. Otros contratos que no pueden ser cedidos son los pertinentes a contratos por servicios personales. El contrato para que cierto peluquero le corte a usted el cabello o para que un cierto artista pinte un cuadro de sus hijos es un contrato por servicios personales y no puede ser delegado a una tercera persona sin el consentimiento de la otra parte.

5

Ley de protección del consumidor

La ley de protección del consumidor tiene por fin proteger al público contra vendedores deshonestos y mercancía defectuosa. Durante los últimos veinticinco años, el establecimiento de leyes más rigurosas para la protección al consumidor ha hecho más difícil que fabricantes y comerciantes vendan y negocien productos de calidad inferior a la que se reclama en anuncios o demostraciones.

LAS LEYES FEDERALES Y ESTATALES REGULAN TRANSACCIONES CON EL CONSUMIDOR

Existen leyes federales y estatales que regulan la calidad de mercancía adquirida al por menor y las condiciones bajo las cuales puede ser vendida; tanto el gobierno federal como estatal han establecido agencias a las cuales el consumidor puede acudir para obtener asistencia.

Conforme a la ley federal, un producto al consumidor es aquella propiedad personal tangible que se distribuye comercialmente y que es utilizada normalmente para uso personal, familiar o en el hogar (15 USC 2301). Las reglas federales que rigen la protección del consumidor están en el Título 15, Sección 2302 del Código de los Estados Unidos.

En Tejas, la Agencia de Protección del Consumidor se encuentra anotada bajo la oficina del procurador general (*attorney general*), en la sección de gobierno del directorio telefónico. Toda persona que no pueda resolver una queja con un comerciante directamente, se puede comunicar con la oficina local de quejas del consumidor. La mayoría de los estados tienen agencias y procedimientos similares.

INVESTIGACIÓN DE LA QUEJA DEL CONSUMIDOR

Una vez que recibe una queja, el Departamento de Asuntos del Consumidor en los varios estados notifica a la persona contra quien se ha presentado aquella y trata de obtener una solución satisfactoria para el consumidor. Toda queja válida se transmite a la agencia local, estatal o federal que ofrezca los recursos más efectivos para asegurar el remedio solicitado por el consumidor. Cuando sea apropiado, se le informa al consumidor de la acción tomada respecto a la queja y sobre otros remedios disponibles para asegurar su satisfacción.

GARANTÍAS IMPLÍCITAS O EXPRESAS

La mayoría de los productos vendidos en los Estados Unidos llevan una garantía a favor del consumidor, ya sea implícita o expresa (por escrito). La *garantía implícita* significa que los productos al consumidor cumplen con cada uno de los siguientes requisitos:

1. Son aceptados en el mercado, sin objeción, según la descripción en el contrato.
2. Son adecuados para el propósito corriente para el cual se usan.
3. Están contenidos, empacados y rotulados adecuadamente.
4. Cumplen con todas las promesas o afirmaciones que aparecen en el envase o en la etiqueta.

El vendedor al por menor da a entender que los productos que vende cumplen con las necesidades particulares del comprador. Conforme a las leyes estatales, esta garantía implícita deberá cubrir un término específico después de la venta del producto al consumidor.

Una *garantía expresa* es una declaración por escrito mediante la cual el fabricante, el distribuidor o el vendedor al por menor se comprometen a preservar o mantener la utilidad del producto o a proveer compensación si éste falla.

Ambas garantías son exigibles por ley.

Remedios para la reparación de productos defectuosos

La ley del consumidor existe para protección de éste. Si un consumidor solicita que un vendedor lo ayude con mercancía defectuosa y éste no lo hace, o si el vendedor le pide al consumidor que firme un contrato que no entiende, entonces el consumidor tiene derecho a solicitar compensación. Toda persona que crea que tiene una queja contra el vendedor de una mercancía defectuosa, debe comunicarse con el Departamento de Asuntos del Consumidor en su estado o consultar con un abogado.

Si una persona compra un producto que tiene una garantía expresa o implícita y luego descubre que el producto es defectuoso, tiene derecho, por lo general, a recobrar el precio de compra (menos una cantidad por uso o deterioro) o a que el producto sea reemplazado o reparado. El Código Civil de California contiene una explicación detallada de los derechos del comprador e ilustra los principios generales y los factores en casos de garantías en casi todos los estados.

La ley de California es bastante específica. Si el fabricante de productos para el consumidor no reconoce la garantía escrita y no ofrece servicio y reparación, el consumidor puede devolver el producto al vendedor, que entonces deberá proceder de una de las siguientes formas:

1. Proveer servicio o reparar el producto conforme a la garantía
2. Dirigir al consumidor a un taller de reparación cercano o de servicio independiente
3. Reemplazar el producto con otro que sea idéntico o razonablemente equivalente al producto originalmente garantizado
4. Reembolsar al consumidor el valor original de la compra, menos la cantidad por uso o deterioro del producto antes de que se descubriera el defecto

Si no es posible llevar el producto defectuoso al vendedor, el consumidor puede notificárselo a éste, quien entonces deberá ofrecer el servicio o repararlo en la residencia del comprador, recogerlo o buscar a alguien para que lo recoja y lo transporte al negocio del vendedor. El costo del transporte será la responsabilidad del vendedor.

Productos no cubiertos por garantía

No todos los productos tienen garantía. Algunos artículos, tales como los que se venden en subastas, son vendidos *tal como están* (*as is*) o *con todos sus defectos* (*with all faults*). Esto significa que el vendedor ha renunciado a todas las garantías del producto y que el comprador no tiene derecho a ningún reclamo contra el vendedor si el producto resulta defectuoso o no funciona de la manera esperada. Esto es legal en algunos casos; por lo tanto, el consumidor debe cerciorarse de preguntar sobre la garantía antes de hacer la compra.

COMPRAS A CRÉDITO A PLAZOS Y COFIRMANTES

Hay ciertos artículos que los consumidores deciden comprar mediante un plan de pago a plazos. Esto se llama compra a crédito y usualmente requiere la firma de un contrato que evidencia la promesa de pago. Por varias razones, algunos compradores no tienen un crédito aceptable (historial financiero) y necesitan un cofirmante para garantizar el préstamo. Todo eventual cofirmante debe saber que la mayoría de los estados requieren por ley que el acreedor notifique por escrito a todo deudor, en inglés y español (u otro idioma apropiado), explicándole sus obligaciones como cofirmante. Un cofirmante por lo general está obligado a hacerse cargo de los pagos si el comprador incumple el contrato, según lo acordado. Esta notificación debe ser provista al cofirmante antes o al momento de que firme, y es de suma importancia que éste lea el documento cuidadosamente y se cerciore de que entiende sus obligaciones. Las partes tienen derecho a consultar con un abogado antes de firmar un documento. Toda persona debe recibir copia de un documento que firme.

COBERTURA DE CRÉDITO POR INCAPACIDAD

Toda persona que compra un artículo a través de un plan de pago a plazos, como un automóvil o un utensilio para el hogar, puede encontrar que el contrato incluye cobertura de crédito por incapacidad. Esto significa que si el comprador se enferma o sufre una lesión de tal grado que queda incapacitado para trabajar, según la certificación de un médico, entonces la compañía financiera (el acreedor) continuará haciendo los pagos hasta que cese la incapacidad. Es muy probable que un comprador que desee obtener cobertura de crédito por incapacidad tenga que pagar una pequeña cuota adicional por esta protección.

TASAS DE INTERÉS

La tasa de interés es la cantidad de interés que se paga y que usualmente es un porcentaje de la cantidad adeudada. Estados como California y Nueva York tienen tasas máximas de interés que se pueden cobrar legalmente por un préstamo al consumidor. En Arizona, Illinois, Florida, Nuevo México y Tejas, las partes pueden acordar cualquier tasa de interés. Por ejemplo, en Nueva York la tasa máxima de interés legal que se puede cobrar al consumidor en una transacción es seis por ciento, y las partes no pueden acordar una tasa mayor. Si una tasa excede la tasa máxima legal, ésta se consideraría irrazonable o injusta y es castigable bajo las leyes estatales contra la usura. La mayoría de los estados tienen leyes contra la usura que castigan al prestamista. Por ejemplo, en Nueva York el prestatario puede recobrar toda cantidad pagada en exceso de la tasa legal. Además, si el prestamista en este ejemplo es un banco o una asociación de ahorros y préstamos, entonces la cantidad total de intereses pagados puede ser confiscada y el prestatario puede recobrar el doble del interés pagado.

LEY SOBRE AUTOMÓVILES DEFECTUOSOS (*LEMON LAWS*)

Las leyes que se conocen como *lemon laws* en los Estados Unidos, y otras referentes a la garantía de automóviles nuevos, tienen por fin proteger al consumidor al comprar un automóvil nuevo. Se dice que un automóvil es un "limón" cuando tiene tantos defectos que no se puede arreglar. Sin embargo, antes de que un automóvil pueda ser considerado como tal, debe dársele la oportunidad al fabricante para corregir los defectos dentro de un tiempo determinado. El tiempo usualmente es aquél especificado en la garantía escrita, un año o 12,000 millas (el millaje puede variar de estado a estado), o lo que ocurra primero. Si el vehículo no puede ser arreglado, o sea que el defecto perjudica sustancialmente su uso y valor, el consumidor tiene derecho a compensación, ya sea con otro automóvil nuevo o con el reembolso del dinero. Sólo en Florida y Nueva York el consumidor tiene la opción de escoger entre los dos remedios.

Tabla 5-1: Requisito de traducción al español

ARIZONA

Sí. En las transacciones de préstamos al consumidor, las notificaciones que se requieren bajo las leyes de protección del crédito del consumidor serán en inglés y en español, si así lo requiere el solicitante del préstamo. Todo documento de garantía o pagaré deberá manifestar que el solicitante puede pedir la traducción del documento al español.

CALIFORNIA

Sí. Toda persona que se dedique a los negocios o al comercio en español principalmente, ya sea oralmente o por escrito, deberá proporcionar traducciones en este idioma de documentos y notificaciones que surjan mientras gestiona contratos o acuerdos, préstamos, extensiones de crédito o alquileres.

FLORIDA

No tiene disposiciones estatutorias al respecto.

ILLINOIS

No tiene disposiciones estatutorias al respecto.

NUEVO MÉXICO

No tiene disposiciones estatutorias al respecto.

NUEVA YORK

No tiene disposiciones estatutorias al respecto.

TEJAS

Sí. Si las negociaciones que preceden a la ejecución de un contrato con prestaciones pendientes se hacen principalmente en español, el vendedor habrá de proveer una copia de todos los documentos relacionados con dicha transacción en este idioma.

DERECHOS CIVILES

Las leyes sobre derechos civiles continúan adquiriendo notoriedad por su importancia y controversia. Ellas garantizan el trato sin discriminación y la igualdad bajo la ley. No obstante, aún existen grupos de personas cuyos derechos son violados por el gobierno y otros individuos.

Los derechos civiles son derechos personales protegidos por la Constitución federal y la Carta de Declaración de Derechos. Incluyen el derecho a adquirir propiedad, al voto, a la libertad de palabra y de asociación, y a no ser discriminado por razones de sexo, edad, religión, raza y origen nacional (a veces llamado "condición de extranjero").

Hay diferencia entre origen nacional y raza. Cuando se discrimina contra una persona por su lugar de origen, se trata de discriminación basada en el origen nacional. Los hispanos son un ejemplo de origen nacional. Los *hispanos* son aquellas personas que dicen tener ascendencia mexicana, puertorriqueña, cubana, latinoamericana o española (*Ulloa v. Philadelphia* [1982] 95 F.R.D. 109).

Existen leyes federales y estatales sobre derechos civiles. Estas leyes fueron establecidas para proteger al público contra toda interferencia al ejercer sus derechos individuales, tal como el derecho a no ser discriminado por el origen nacional. Si un propietario o arrendador discrimina contra una persona por ser hispana, sus derechos civiles han sido violados y puede demandar al arrendador conforme a las leyes de derechos civiles. Toda interferencia con las leyes de derechos civiles puede considerarse un acto delictivo o susceptible a una acción civil en la corte.

Los derechos civiles federales se derivan de la Constitución federal y de varios estatutos federales. Desde la Guerra Civil hasta hoy se ha promulgado un vasto número de estatutos de derechos civiles. El más completo es la Ley Federal de Derechos Civiles de 1964, la cual abarca la discriminación en lugares públicos y otros establecimientos, en las escuelas públicas, en programas auspiciados por el gobierno federal y por parte de empleadores (42 U.S.C.S. §1981). Las leyes federales son ejecutadas por el Departamento de Justicia y conllevan la imposición de multas y la emisión de órdenes judiciales o *injunctions* (estas órdenes pueden tener el efecto de prohibir o prevenir la discriminación).

Siempre y cuando que la acción legal esté fundada en un estatuto federal, un individuo puede presentar una demanda según las leyes federales de derechos civiles, y no tiene que agotar los remedios estatales antes de hacer el reclamo (42 U.S.C.S. §1983). Por ejemplo, si un empleador discrimina contra una persona por ser hispana, ella puede demandar al empleador bajo el estatuto federal 42 U.S.C. 2000(e).

Las leyes estatales sobre derechos civiles están usualmente incorporadas en la constitución y los estatutos de cada estado. Ellas pueden darle a las agencias administrativas el poder o competencia para oír casos de derechos civiles. Por ejemplo, en Arizona, tal agencia es el Departamento de Vivienda y Trabajo Equitativo; en Florida, Illinois, Nuevo México, Nueva York y Tejas es el Departamento de Derechos Humanos. El propósito específico de estas agencias es prevenir infracciones y aplicar las leyes de derechos civiles.

Dichas agencias también establecen los procedimientos y suministran los remedios legales en casos de derechos civiles. Estos procedimientos y remedios pueden diferir de los que se aplican a otros casos de acciones judiciales presentadas por individuos. Por ejemplo, la agencia administrativa puede limitar la cantidad de dinero que uno puede recibir como compensación.

Algunas leyes difieren entre estados sobre si se debe requerir agotar los recursos administrativos primero o si al comienzo la persona puede presentar una demanda personal o privada en la corte. Por ejemplo, en Florida se puede escoger entre las dos opciones. En Tejas no existen acciones administrativas; se puede obtener un remedio sólo a través de una demanda personal o privada. Por lo tanto, si los derechos civiles de uno son violados lo mejor es examinar todas las opciones disponibles, lo que significa que deben analizarse la vía administrativa y la demanda personal o privada para determinar cuál resultaría más ventajosa.

Si una persona cree que sus derechos civiles han sido violados, deberá consultar con un abogado que se especialice en casos de derechos civiles. Esto debe hacerse inmediatamente para cumplir con todo límite de tiempo impuesto por la ley. Si quien infringe la ley es un empleado gubernamental—por ejemplo, un policía en casos de abusos policíacos o de brutalidad—el límite para presentar una demanda sería bastante corto. Si la demanda no es presentada dentro del plazo determinado, la persona pierde el derecho a compensación y a cualquier otro remedio disponible.

6

Programas de beneficios gubernamentales

El gobierno federal, estatal y local de los Estados Unidos auspicia una gran variedad de programas que proporcionan ayuda federal en la educación, la salud y el bienestar, el comercio, la vivienda y el trabajo. Existen numerosos programas disponibles y el criterio de elegibilidad varía en cada uno.

Toda persona que tenga un problema con una agencia federal o con beneficios federales puede comunicarse con su senador o congresista para solicitar asistencia. Los senadores y representantes estatales pueden proveer la misma ayuda en asuntos del estado. La asistencia de funcionarios electos es gratuita y es prestada por un personal amable, capacitado y eficiente. Las bibliotecas públicas son una fuente de información de mucho valor para toda persona que solicite ayuda sobre un problema en particular y los bibliotecarios también pueden ser de gran servicio.

ADMINISTRACIÓN DE PEQUEÑAS EMPRESAS

La Administración de Pequeñas Empresas (*Small Business Administration,* SBA en inglés) proporciona consejería y asistencia financiera a los propietarios de negocios independientes. Se pueden obtener préstamos con intereses bajos para negocios nuevos en bancos independientes. El SBA tiene oficinas en todas las ciudades importantes.

AGENCIA PARA EL DESARROLLO DE EMPRESAS DE MINORÍAS

La Agencia para el Desarrollo de Empresas de Minorías es auspiciada por el Departamento de Comercio y ofrece asistencia a individuos y organizaciones en finanzas, mercadeo, desarrollo y expansión. Este programa está especialmente estructurado para asistir al propietario de negocios minoritario.

EL SEGURO SOCIAL

El sistema de Seguro Social fue creado por la Ley del Seguro Social de 1935. Este programa ofrece beneficios de retiro o jubilación, beneficios a los sobrevivientes de trabajadores fallecidos sin seguro de vida, pagos a personas incapacitadas, beneficios de seguro médico, y un programa para asistir a ancianos, incapacitados o ciegos que no tengan ingresos para su manutención.

El sistema de Seguro Social es financiado por el aporte obligatorio de empleados y empleadores; cada uno contribuye igualmente una cantidad que equivale aproximadamente a un 7.5 por ciento del salario del empleado. Las personas que trabajan por su propia cuenta (*self-employed*) aportan la cantidad completa.

BENEFICIOS DE RETIRO O JUBILACIÓN

Por lo general, los beneficios de retiro del Seguro Social no están sujetos a impuestos. Bajo una fórmula complicada que cambia frecuentemente, hasta una mitad de los beneficios de retiro o jubilación y otros ingresos del Seguro Social pueden estar sujetos a impuestos si el ingreso bruto ajustado de la persona más la mitad de sus beneficios de retiro y otros ingresos (como intereses) excede $25,000 para una persona, o $32,000 para una pareja casada que declara sus impuestos en una planilla conjunta. Estos beneficios no fueron creados con la intención de que la persona dependa de ellos como su única fuente de ingreso; su propósito es suplementar ahorros y pensiones privadas.

Para calificar para estos beneficios, un trabajador deberá haber ganado suficientes créditos de trabajo y haber llegado a cierta edad. Los créditos de trabajo son aplicados cada trimestre en que la persona gana la cantidad mínima en un empleo cubierto por el Seguro Social. Actualmente, un trabajador deberá tener por lo menos cuarenta trimestres (diez años) de crédito para poder retirarse. La cantidad de beneficios depende de la cantidad que el trabajador contribuye al sistema de Seguro Social (a través de deduciones de salario) durante todos los años que trabaja y de la edad a la que se retira.

La edad usual de jubilación es sesenta y cinco años, pero aumentará a los sesenta y siete en el año 2000. Un trabajador puede retirarse a los sesenta y dos años, pero los beneficios son reducidos permanentemente en un veinte por ciento. Además, los beneficios son aumentados mientras la persona aplaza su retiro después de los sesenta y cinco años, recibiendo el beneficio máximo si se retira a los setenta años de edad. Los beneficios pueden ser reducidos si el trabajador gana más del límite máximo en cualquier año. Los hijos menores no casados, los cónyuges mayores de sesenta y dos años de edad o los cónyuges que cuidan a niños menores de dieciséis años o a menores incapacitados también pueden ser elegibles para recibir beneficios cuando se retira la persona que es la fuente principal de ingresos.

Beneficios del Seguro Social por incapacidad

Ciertos trabajadores incapacitados que no pueden devengar un salario pueden ser elegibles para recibir los *beneficios por incapacidad* del Seguro Social. Estos beneficios, al igual que los de retiro, también requieren que el trabajador haya ganado la cantidad mínima de créditos. Un trabajador que queda incapacitado antes de los veinticuatro años de edad deberá haber acumulado por lo menos seis trimestres de crédito durante los tres años anteriores a la incapacidad. Una fórmula gradual bastante compleja se usa para quienes quedan incapacitados entre los veinticuatro y los cuarenta y dos años. Los trabajadores mayores de cuarenta y dos años deberán acumular veinte trimestres de crédito durante los quince años anteriores y cumplir con la cantidad total de trimestres requerida, que aumenta en dos trimestres cada dos años, con un máximo de cuarenta trimestres (diez años) requeridos a los sesenta y dos años de edad. Las incapacidades incluyen la física o mental, si son certificadas por un médico.

La incapacidad puede resultar por cualquier causa pero debe ser total y a largo plazo. Esto significa que el trabajador no puede realizar actividades remunerativas y que su estado debe durar por lo menos durante doce meses o resultar en la muerte.

La Administración del Seguro Social tiene una lista de incapacidades que han sido aprobadas. Si la incapacidad no aparece en la lista, el trabajador debe comprobar que su estado le imposibilita ganarse la vida. La cantidad de beneficios por incapacidad se basa en una fórmula bastante complicada, pero puede ser explicada en detalle y sin costo alguno por un representante del Seguro Social.

Beneficios de muerte para dependientes

El cónyuge sobreviviente de un trabajador elegible puede recibir beneficios por la muerte de su cónyuge. Para ser elegible, el cónyuge deberá estar criando un hijo menor o incapacitado, tener por lo menos sesenta y dos años de edad, o tener por lo menos cincuenta años y estar incapacitado. Incluso algunos ex cónyuges (divorciados) pueden ser elegibles para recibir beneficios de sobreviviente, siempre y cuando el matrimonio tuvo una duración de por lo menos diez años y el solicitante tenga por los menos sesenta y dos años.

Los hijos dependientes de un trabajador fallecido que es elegible pueden tener derecho a recibir beneficios como sobrevivientes, si no se han casado y son menores de dieciocho años o quedaron incapacitados antes de cumplir veintidós años. Más de un dependiente puede recibir los beneficios de sobrevivientes si es elegible. Los padres dependientes de un trabajador fallecido que es elegible también pueden tener derecho a recibir los beneficios. En todos los casos, el sobreviviente que reclama los beneficios deberá haber dependido del trabajador fallecido al momento de su muerte.

Las reglas del Seguro Social establecen que antes de que un dependiente pueda recibir beneficios como sobreviviente, el trabajador fallecido tiene que haber sido elegible o haber estado recibiendo beneficios de retiro o por incapacidad. La cantidad mensual de los beneficios por fallecimiento está basada en fórmulas complicadas que cambian frecuentemente. Información correcta y actualizada sobre beneficios puede obtenerse sin costo alguno en la Administración del Seguro Social. La cantidad está basada en el salario del trabajador fallecido y en la edad y las circunstancias del sobreviviente. Los beneficios para sobrevivientes no son reducidos usualmente por razón de otros ingresos de pensiones privadas, pero pueden ser reducidos por ciertas pensiones por servicios gubernamentales. Los pagos de beneficios a sobrevivientes pueden ser reducidos si los ingresos de trabajo exceden ciertos límites.

Ingreso suplementario del Seguro Social

El ingreso suplementario del Seguro Social (*Supplemental Security Income*, SSI en inglés) ha sido denominado como una forma de bienestar público. Este beneficio es pagado de un fondo general y no de los impuestos recaudados para el Seguro Social. La elegibilidad se basa en necesidad financiera (bajos ingresos) y requiere que el solicitante tenga por lo menos sesenta y cinco años de edad o esté ciego, sea incapacitado o retardado. Muchas personas creen que tienen que vender su vivienda para ser elegibles y recibir el beneficio del ingreso suplementario. Esto no es cierto. La residencia privada, ciertos vehículos y propiedad personal específica están excluidos de la limitación de bienes que aplican para recibir el beneficio.

Las leyes que regulan los diferentes beneficios del sistema del Seguro Social cambian constantemente. Es importante informarse a través de la oficina del Seguro Social o por medio de un abogado especializado en casos de seguro social para averiguar si usted es elegible para un beneficio.

ASISTENCIA FINANCIERA PARA ESTUDIANTES DE COLEGIO POST-SECUNDARIO Y UNIVERSIDAD

Existen varios programas auspiciados por el gobierno para ayudar a quien quiera asistir a un colegio post-secundario o una universidad. A continuación se enumeran algunos de ellos.

El **Programa Colegial de Estudio y Trabajo (Work/Study Program)** ofrece trabajo por horas a estudiantes que necesitan ayuda financiera para sufragar el costo de sus estudios post-secundarios. Para ser elegibles, los estudiantes deben mantener calificaciones satisfactorias, demostrar su necesidad financiera, no deber otros préstamos estudiantiles y cumplir con los requisitos de ciudadanía o residencia.

El **Programa Federal de Préstamos Stafford** cuenta con préstamos para estudiantes que necesitan asistencia para completar sus estudios en un colegio post-secundario o una universidad. El criterio de elegibilidad requiere que el estudiante demuestre su necesidad y mantenga calificaciones satisfactorias.

Nellie Excel está disponible para estudiantes que asisten a una institución de educación post-secundaria. Este programa ofrece préstamos para cubrir el costo de la matrícula y los libros de texto. Los préstamos son de intereses bajos y eximen al estudiante de hacer pagos mientras demora para conseguir trabajo después de graduarse.

La **Donación Pell** y otras donaciones (*grants*) a estudiantes no son préstamos, sino regalos del gobierno federal que no necesitan ser devueltos.

PLANIFICACIÓN FAMILIAR

El Departamento de Servicios Sociales y de Salud auspicia proyectos que ofrecen educación, consejería y servicios médicos y sociales para individuos con problemas de planificación familiar. Los servicios de salud del condado también pueden ofrecer información sobre la disponibilidad y ubicación de estos programas.

PROGRAMA DE ESTAMPILLAS PARA ALIMENTOS

El Departamento de Agricultura auspicia el programa de estampillas para alimentos para familias de bajos ingresos. Las familias participantes reciben estampillas o cupones que pueden ser canjeados por alimentos en determinados supermercados. La cuota de estampillas para cada familia está basada en el ingreso y número de personas que viven en el hogar. Este programa también se ofrece a ancianos e incapacitados. El departamento de servicios sociales ofrece más información y tiene disponibles los criterios de elegibilidad.

VIVIENDA

El Departamento de Vivienda y Desarrollo Urbano (*Housing Urban Development*, HUD en inglés) ofrece programas para asistir a personas de bajos ingresos con la compra de una casa, con préstamos hipotecarios, con subsidios de vivienda para familias de bajos ingresos y ancianos, además de asistencia financiera para la renovación de viviendas deterioradas que necesiten reparaciones. Hay seguros disponibles para varios tipos de viviendas a través de los programas de HUD. Para más información, comuníquese con la oficina del HUD más cercana.

DEFENSORES PÚBLICOS (DE OFICIO)

En cualquier juicio de carácter penal, una persona acusada de un delito que no disponga de recursos económicos para contratar a un abogado privado que la defienda, tiene derecho a la defensa pública según el Artículo VI de la Constitución. Tanto el sistema judicial federal como el estatal tienen oficinas de defensores públicos y toda persona que necesite sus servicios puede solicitar a la corte que le nombre uno.

SERVICIOS PÚBLICOS DE SALUD

El gobierno federal ofrece numerosos servicios de salud pública, pero la mayoría de estos programas son administrados por los departamentos de salud del estado o del condado. Las cinco agencias federales dedicadas a la salud son: Alcohol, Abuso de Drogas y Salud Mental; la Administración de Alimentos y Medicinas; Recursos y Servicios de Salud; los Institutos Nacionales de la Salud y los Centros para el Control de Enfermedades. Las páginas amarillas del directorio telefónico tienen los números de estas agencias.

SEGURO DE DESEMPLEO

Los trabajadores que han sido terminados (*laid off*) o despedidos injustamente son elegibles para asistencia económica a través del programa de seguro de desempleo estatal. Las páginas blancas del directorio telefónico tienen el número de las oficinas administrativas bajo "Employment Development Department" y "Unemployment Insurance Claims" en la sección de agencias estatales.

ASISTENCIA DE BIENESTAR PÚBLICO

La asistencia de bienestar público es un programa auspiciado por el gobierno federal y administrado por los estados. Ofrece asistencia a familias necesitadas con niños a través de ayuda económica para satisfacer necesidades básicas, tales como alimentación, vivienda y vestido. Las oficinas de servicio social del condado administran este programa.

PROGRAMA WIC

Las siglas WIC corresponden a *Women, Infants, and Children* (Mujeres, Bebés, y Niños), un programa especial de alimentación suplementaria para mujeres, bebés y niños menores de cinco años de bajos ingresos y que sufren por falta de nutrición y cuidado de salud. Las agencias de servicios sociales locales o del condado tienen información sobre los programas WIC.

RESPONSABILIDADES DE FUNCIONARIOS ELECTOS

Los servicios típicos que un senador estatal ofrece a sus constituyentes son:

1. Análisis legislativo
2. Información sobre proposiciones en la papeleta de votación
3. Historial de votación de los legisladores
4. Información sobre protección del consumidor
5. Publicaciones legislativas
6. Información sobre excursiones a la capital
7. Información sobre programas de ayuda para propietarios de viviendas, ancianos, incapacitados, y de reducción de impuestos
8. Asistencia con la Junta Recaudadora de Impuestos, el Departamento de Vehículos Motorizados, el Departamento de Desarrollo Laboral y planes médicos

Servicios típicos que un asambleísta o representante ofrece a sus constituyentes:

1. Asistencia a los contribuyentes
2. Asistencia con formularios del gobierno estatal
3. Asistencia con la Junta Recaudadora de Impuestos, el Departamento de Vehículos Motorizados y Medicaid
4. Asistencia para sortear la burocracia gubernamental
5. Manejo de las quejas de los consumidores
6. Asistencia con seguros de desempleo e incapacidad

Servicios típicos que un congresista ofrece a sus constituyentes:

1. Representación local como "embajadores" y defensores de las opiniones y necesidades de sus constituyentes en el Congreso
2. Servicio a los constituyentes: asistencia para obtener beneficios y servicios federales y para la solución de problemas actuando como agente entre la ciudadanía y el gobierno federal
3. Supervisión e investigación sobre la rama ejecutiva
4. Educación de los constituyentes sobre actividades gubernamentales

Tabla 6-1: Papeletas o boletas de votación y material de elecciones en un lenguaje que no es inglés

La ley federal de derecho al voto establece que ningún estado o subdivisión política puede ofrecer material de elecciones escrito solamente en inglés, si el censo oficial de dicho estado o subdivisión política muestra que el cinco por ciento de sus ciudadanos son miembros de un grupo que habla un solo idioma que no es inglés.

Arizona   Sigue la ley federal de derecho al voto.

California   Las instrucciones en las papeletas deberán ser en español e inglés.

Florida   El supervisor de elecciones puede solicitar que una papeleta de votación para una elección estatal sea traducida al idioma de un grupo minoritario.

Illinois   Sigue la ley federal de derecho al voto.

Nuevo México Las instrucciones para votar, los avisos, los formularios y las proclamaciones también deberán ser en español.

Tabla 6-1: Papeletas o boletas de votación y material de elecciones en un lenguaje que no es inglés (cont.)

Nueva York	Sigue la ley federal de derecho al voto.
Tejas	Los materiales de votación serán ofrecidos en inglés y español en recintos de votación donde cinco por ciento de los votantes hablen español según el censo federal más reciente.

7

Ética profesional

DEFINICIÓN DE ÉTICA

La ética se define como un sistema de principios morales y reglas de conducta de una persona o de un grupo, como, por ejemplo, los miembros de cierta clase profesional. Aunque la ética es una materia importante en todos los tratos entre individuos, es de particular importancia en las relaciones entre un individuo y otro que se considera a sí mismo experto y en quien el público ha depositado un alto nivel de confianza.

Los abogados, los médicos, los líderes religiosos, los sicólogos y los trabajadores sociales, entre otros, son profesionales en quienes el público deposita gran confianza. Estos profesionales son personas a quienes el público acude cuando están enfermos o tienen problemas emocionales. Una de las razones por la que se espera que estos profesionales rijan sus vidas por un código ético más alto es que el individuo muchas veces está en un estado de confusión y preocupación cuando procura sus servicios. Un individuo que está confundido o agobiado de penas y dolores, por lo general se encuentra en un estado mental vulnerable; por lo tanto, las reglas de ética que rigen a los profesionales están destinadas para proteger a quien se encuentra en este estado.

EL DERECHO A MORIR

Las leyes sobre el derecho a morir han provocado bastante controversia. A estas leyes también se refiere cuando se habla de "muerte piadosa", "eutanasia", "testamento en vida", "poderes perdurables" y "suicidio con asistencia", y tienen por

fin proteger a una persona cuando se convierte en incompetente o queda incapacitada.

La Corte Suprema, en el caso de *Cruzan v. Director of Missouri Health Department* (1990), 110 S.Ct. 2841, decidió que una persona competente, con pleno uso
de sus facultades mentales, tiene el derecho, protegido por la Constitución, de
rehusar todo tratamiento médico.

Sin embargo, este derecho no es absoluto, especialmente cuando la persona no
es competente. Según la cláusula del debido procedimiento de ley de la Constitución, cualquiera de los estados puede exigir que el deseo de una persona no
competente a que se le retire todo tratamiento médico que le conserve la vida sea
probado por medio de evidencia clara y concluyente, porque un estado tiene el
interés legítimo de proteger y preservar la vida humana. El estado puede incluso
negarse a tomar una decisión sobre la calidad de vida que esta persona pudiera
obtener y simplemente ejercer su interés legítimo de preservar la vida, el cual
sería comparado con el interés constitucionalmente protegido de la persona.

Un *testamento de vida* (*living will*) es un documento legal que debe ser redactado solamente por un profesional con experiencia en estos asuntos. El documento
establece los deseos de la persona en caso de que en el futuro sea necesario some-
terla a tratamientos para mantenerla viva si llegara a un estado de incompetencia
o incapacidad por causa de una enfermedad o un accidente.

Un *poder perdurable* (*durable power of attorney*) es un documento similar al testamento de vida en el sentido de que da poder a otra persona para que autorice
tratamientos para mantener vivo al paciente. La persona a quien se le otorga el
poder es la que toma decisiones, las cuales tienen el mismo efecto legal como si
las hubiera tomado el mismo paciente.

CONSULTORES EN ASUNTOS DE INMIGRACIÓN

Para proteger a los consumidores de sufrir ciertos daños, algunos estados, incluyendo
California e Illinois, exigen que los consultores en asuntos de inmigración estén autorizados por el estado. Las disposiciones más comunes en estos estados exigen que
los consultores usen un contrato aprobado por el estado que enumere los servicios
que ofrecen y los costos. Además, el contrato deberá tener una cláusula en la que se
notifica que éste puede ser cancelado por el cliente por escrito en cualquier
momento. Si el cliente cancela el contrato dentro de las setenta y dos horas después
de que lo firma, el consultor deberá reembolsar todo el dinero que el cliente haya
pagado y no será responsable por ningún otro costo. Después de setenta y dos horas,
el cliente pagará la cantidad completa del contrato, si el consultor cumple con todo
lo acordado. Si el consultor hace parte del trabajo acordado, el cliente sólo pagará el
valor razonable de los servicios prestados.

Es más, los documentos que se hayan presentado para respaldar una solicitud para visa de no inmigrante, inmigrante o de persona naturalizada no pueden ser retenidos por ningún motivo por el consultor, ni siquiera para exigir el pago de sus servicios.

Por otra parte, en Illinois, un consultor que no es abogado con licencia para ejercer y que anuncia sus servicios en otro idioma, deberá publicar el aviso en inglés y en el otro idioma, incluyendo la siguiente declaración: "No soy abogado licenciado para practicar leyes y no puedo prestar asesoramiento legal ni aceptar pagos por asesoramiento legal". Además, la traducción literal de la palabra *licensed* a otro idioma que no sea inglés está totalmente prohibida. Esto se refiere específicamente al uso de la palabra "licenciado", que significa *licensed*, que en algunos países es sinónimo de "abogado", entre otros significados.

Cuando el consultor y el cliente completan y firman el contrato, se deberá entregar una copia a cada una de las partes. También se requiere que el consultor le dé al cliente una copia del contrato en inglés y otra en su idioma natal, si no lee ni entiende inglés. El consultor no puede cobrar por darle una copia traducida del contrato. La traducción debe aparecer al reverso del contrato en inglés.

Los consultores en asuntos de inmigración son regulados en Arizona, California, Illinois y Nuevo México. Por lo general, un consultor en asuntos de inmigración se define como toda persona que presta servicios a un cliente, incluyendo el de completar formularios y solicitudes, si dichos servicios están relacionados con el deseo del cliente de modificar o afectar su clasificación (*status*) legal de inmigración o de naturalización. Un asunto de inmigración o de naturalización incluye toda ley, acción legal, solicitud o procedimiento relacionado con la *clasificación migratoria* o a la ciudadanía en los Estados Unidos.

Las personas privadas que prestan servicios de inmigración tienen un impacto considerable en la habilidad de sus clientes para permanecer en los Estados Unidos, ya sea como residentes y/o para trabajar. En consecuencia, los procuradores generales de varios estados han establecido leyes para promover la honestidad e integridad de los servicios que estos consultores proveen. Para alcanzar tales metas, la ley establece límites sobre quiénes pueden prestar estos servicios.

Las personas que procuran servicios de inmigración y naturalización en **Arizona** pueden solicitar los servicios de:

1. Abogados licenciados
2. Estudiantes de leyes que estén inscritos a una facultad de leyes acreditada o de un graduado de leyes que aún no ha sido admitido a la barra o al colegio de abogados del estado
3. Individuos de buena reputación y buen carácter
4. Personas que representan a una entidad acreditada por la Junta de Apelaciones de Inmigración y que hayan sido acreditadas por la Junta de Inmigración

5. Funcionarios públicos del gobierno estadounidense a quienes el inmigrante debe lealtad, si actúan solamente en su capacidad oficial

Una persona que procura servicios de inmigración y naturalización en **California** puede solicitar los servicios de:

1. Abogados licenciados
2. Personas autorizadas por la ley federal para representar a personas ante la Junta de Apelaciones de Inmigración o el Servicio de Inmigración y Naturalización
3. El Servicio de Inmigración y Naturalización

Una persona que procura servicios de inmigración y naturalización en **Illinois** puede solicitar los servicios de:

1. Abogados licenciados
2. Internos legales
3. Organizaciones sin fines de lucro reconocidas por la Junta de Apelaciones de Inmigración
4. Toda organización que emplea o desea emplear a un extranjero o extranjero no inmigrante y que sus empleados o agentes prestan asistencia en asuntos de inmigración a empleados extranjeros o extranjeros no inmigrantes, aunque sea sin compensación

Toda persona que procura servicios de inmigración y naturalización en **Nuevo México** puede solicitar los servicios de:

1. Abogados licenciados
2. Estudiantes de leyes de último año de en una universidad acreditada o de un graduado de leyes que aún no ha sido admitido a la barra del estado
3. Individuos de buena reputación y de buen carácter moral
4. Personas que representan una entidad acreditada por la Junta de Apelaciones de Inmigración y que hayan sido acreditadas por la Junta de Inmigración
5. Funcionarios públicos del gobierno estadounidense a quienes el inmigrante debe lealtad, si actúan solamente en su capacidad oficial

En la mayoría de los estados, se prohíbe que los consultores en asuntos de inmigración garanticen o hagan declaraciones engañosas o promesas a un cliente; además, se les prohíbe dar garantías o hacer promesas, a menos que sea por escrito y a menos que puedan comprobarlas antes de hacerlas. También es ilícito que un consultor haga declaraciones diciendo que puede o va a obtener beneficios especiales o que va ejercer influencia sobre el Servicio de Inmigración y Naturalización.

En California, es ilícito cobrar por referir un caso y tal prohibición deberá exhibirse visiblemente en la oficina del consultor.

Es ilegal que quienes no estén autorizados para practicar leyes, o no estén autorizados por la ley federal, representen a individuos en asuntos de inmigración u provean servicios que constituyan la práctica ilegal de las leyes de inmigración y naturalización o que violen la práctica de éstas. En Arizona, California, Illinois, y Nuevo México dicha práctica se consideraría un delito menor (*misdemeanor*).

EL NOTARIO PÚBLICO

Es importante hacer notar que existe una diferencia marcada entre un ***notario público*** (*notary public*) en los Estados Unidos y un *notario público* en América Latina.

En los Estados Unidos un notario público puede ser toda persona confiable que pase un examen sencillo. Es común que en los Estados Unidos un oficinista o empleado del correo sean comisionados como notarios públicos. Su trabajo es certificar que la persona que está firmando un documento importante haya comprobado adecuadamente su identidad ante él. Un documento importante, tal como una escritura para la transferencia de bienes inmuebles, necesita ser notarizado por un notario antes de que pueda ser registrado por el registrador del condado en la matrícula oficial correspondiente. Una persona que desee obtener un documento notarizado o reconocido (*acknowledged*) necesita solicitar los servicios de un notario. Éste generalmente requiere que la parte que va a firmar compruebe su identidad con una licencia de conductor con su fotografía o con un pasaporte vigente. El notario mantiene un libro en el cual registra el nombre, la dirección y la identificación utilizada por cada persona a quien certifica la firma. La parte que firma el documento debe también firmar el libro de registro del notario al lado de su nombre y su firma debe ser igual a la que aparece en el documento.

Aunque *notary public* se traduce como *notario público* en español, la diferencia entre los dos es enorme. En México, por ejemplo, en la mayor parte de las jurisdicciones, toda persona que es nombrada notario debe ser abogado licenciado y tiene que aprobar una serie de exámenes rigurosos para llegar a serlo. Solamente un número selecto de individuos pueden llegar a ser notarios y cuando lo logran se convierten en funcionarios cuasi gubernamentales. En México, además, el notario está autorizado por ley para resolver disputas legales y arbitrar en asuntos judiciales.

Es por esta diferencia tan grande entre *notary public* y notario público que la ley en muchos estados, tales como California, Florida e Illinois, prohíbe que un notario público use la traducción en español del término. Incluso si la mayoría de sus transacciones se hacen en español, un notario en estos estados puede usar solamente el título o designación de *notary public* en inglés y nunca *notario público* en español.

Los notarios en Arizona, Illinois, Nuevo México y Nueva York son nombrados por el secretario de estado, mientras que en Florida y Tejas son nombrados por el gobernador. En Arizona, Florida, Illinois y Nuevo México los notarios ocupan el cargo durante un período de cuatro años y en Tejas durante dos.

Por lo general, los notarios administran juramentos, toman y certifican reconocimientos de documentos por escrito, toman y certifican declaraciones orales bajo juramento y hacen certificaciones y protestas.

8

Bancarrota (quiebras)

En los últimos años la compra a crédito se ha convertido en una práctica común en los Estados Unidos. Cuando los fundadores de esta nación se establecieron aquí, en Europa era muy común encarcelar en una prisión para deudores a quienes no podían pagar sus deudas. Los firmantes de la Constitución procuraron una manera para que los deudores pudieran resolver sus problemas de crédito sin ser encarcelados; por eso incluyeron en ella disposiciones para la bancarrota (o quiebra) (Artículo I, Sec. 8 [4]): "El Congreso tendrá el poder de . . . establecer leyes uniformes tocantes a la Bancarrota por todos los Estados Unidos".

CRÉDITOS Y DEUDAS

En las primeras transacciones comerciales, una parte proveía mercancía y servicios a otro, dependiendo de las promesas de que se le pagara en el futuro. Por ejemplo, un agricultor proporcionaba paja para el ganado vacuno y el dueño del ganado prometía darle leche y carne cuando el ganado fuera llevado al matadero.

Cuando el intercambio de terrenos por mercancía y servicios se convirtió en práctica común en Europa, el concepto de crédito se formalizó todavía más para permitir que los antiguos esclavos de la nobleza compraran terrenos para sus familias. Desde aquellos tiempos, nos hemos convertido en una sociedad en la cual el crédito es un componente básico de nuestras vidas. Compramos casas y vehículos a crédito, pagamos nuestra educación a crédito y, muy a menudo, utilizamos tarjetas de crédito para obtener productos y servicios.

La industria del crédito se ha convertido en una importante fuerza en la economía estadounidense. Las compañías financieras que emiten tarjetas de crédito le cobran al consumidor (tarjeta habiente) intereses si la deuda no es pagada en su totalidad dentro de un término de días después de haber enviado la factura. Además, estas compañías le cobran una cuota al comerciante que acepta la tarjeta como forma de pago. Puesto que los intereses que cobran las compañías financieras son por lo general bastante elevados—de dieciocho a veinte por ciento anuales—ellas procuran adquirir tarjeta habientes con trabajos estables que han demostrado ser responsables y puntuales en sus pagos.

Frecuentemente, este arreglo es ventajoso para la compañía que emite las tarjetas y para el consumidor. El dueño de un negocio paga una pequeña cuota a dicha compañía, la cual corre con el riesgo de darle crédito al consumidor. El consumidor tiene la oportunidad de comprar productos y servicios a su conveniencia. Por ejemplo, él compra un artículo en una venta especial y luego envía el pago correspondiente cuando su empleador le pague el salario.

INCUMPLIMIENTO DE OBLIGACIONES DE CRÉDITO

Cuando uno no cumple con sus obligaciones de crédito, se dice está en mora o en incumplimiento. Esto puede suceder debido a la pérdida de empleo, a una enfermedad grave o a un accidente, pero también puede ser por el uso irresponsable del crédito.

Cuando los problemas que impiden que el deudor pague sus cuentas son temporales, como por ejemplo un período corto de enfermedad, lo mejor es comunicarse con los acreedores para pedir una extensión para hacer los pagos. Si las circunstancias no son muy estables pero el deudor cree que puede pagar las cuentas, lo más prudente es comunicarse con una agencia de asesoramiento en finanzas y crédito. Si el consumidor debe más de lo que cree que puede pagar, entonces debe consultar con un abogado que se especialice en bancarrotas (quiebras) y solicitar asesoramiento legal sobre cómo liberarse de algunas o de todas las deudas de crédito.

AGENCIAS DE CONSEJERÍA SOBRE DEUDAS DE CRÉDITO

Si el deudor se ha comunicado con sus acreedores y no ha podido hacer otros arreglos de pago, puede procurar los servicios de una agencia de consejería sobre deudas de crédito. Es muy importante saber que estas agencias cobran una cuota por sus servicios.

Si el deudor procura asesoramiento de una agencia sobre su crédito, es sumamente importante que se cerciore de que sea legítima y esté propiamente licenciada. Una de las organizaciones nacionales que es recomendada frecuentemente por varias asociaciones legales estatales es *Consumer Credit Counselors* (*Consejeros de Crédito del Consumidor*). Ésta es una organización sin fines de lucro, auspiciada por bancos y tiendas por departamentos. Incluso si el deudor no ha podido llegar a un acuerdo con sus acreedores, una agencia profesional de consejería sobre crédito puede obtenerle un plan de pagos más adecuado.

BANCARROTA (QUIEBRAS)

Un deudor que no ha podido llegar a un acuerdo sobre el pago de sus deudas con sus acreedores debe procurar la asesoría de un abogado que se especialice en bancarrotas. La barra de abogados del estado, a través de su servicio de referencias, tiene una lista de abogados especializados.

La bancarrota es asunto federal; por lo tanto, las peticiones de bancarrota se presentan ante cortes federales de bancarrota ubicadas convenientemente en todo el país. Sin embargo, las leyes estatales pueden afectar las exenciones que el deudor pueda reclamar.

Existen tres clasificaciones básicas, conocidas como capítulos, creadas para la protección del individuo que se declara en bancarrota:

El **Capítulo 13** ofrece un plan de pago y requiere que el deudor deba menos de $350,000 en deudas con garantías, como préstamos hipotecarios o préstamos para la adquisición de automóviles, y tener menos de $100,000 en otras deudas, como cuentas de tarjeta de crédito y deudas médicas.

El **Capítulo 11** también es un plan de pago, pero se aplica a deudores que deben más de $350,000 en deudas con garantía, o más de $100,000 en otras deudas.

El **Capítulo 7** es el que comúnmente se llama bancarrota directa. Conforme a éste, los deudores que no pueden cumplir con sus deudas pueden, con algunas excepciones, ser exonerados de ellas por la corte de bancarrota.

Aunque un deudor puede presentar su petición de bancarrota bajo el Capítulo 13 o el Capítulo 7, la corte tiene la discreción de decidir cuál de los dos es el más apropiado.

VENTAJAS DE PRESENTAR UNA PETICIÓN DE BANCARROTA

Después de que una persona presenta su petición de bancarrota en la corte, sus acreedores son notificados. De ahí en adelante, ellos están obligados a seguir las instrucciones de la corte. Si el peticionario está representado por un abogado, sus acreedores serán propiamente informados y únicamente podrán comunicarse con el peticionario a través de él. Los acreedores no podrán llamarlo a su domicilio o al trabajo. Si el peticionario ha sido demandado y se ha expedido una sentencia por daños económicos en su contra, los alguaciles no pueden apoderarse de sus bienes para venderlos y satisfacer la sentencia, excepto como lo indique el juez de la corte de bancarrota.

EXENCIÓN DE PROPIEDADES

Cuando un deudor presenta una petición de bancarrota, se le exige completar una lista de propiedades exentas como parte de su declaración de bienes. Las propiedades consideradas exentas no estarán sujetas a embargo. En un caso de bancarrota conforme a las estipulaciones del Capítulo 11 o del Capítulo 13, el peticionario puede conservar la mayor parte de las propiedades que no estén garantizando otras deudas. Sin embargo, en la bancarrota conforme al Capítulo 7, el fideicomisario (*trustee*) de la corte está autorizado para vender toda propiedad que no esté exenta y usar las ganancias para pagar a los acreedores.

Por lo general, un peticionario en bancarrota tiene dos opciones para determinar qué propiedades se consideran exentas. El primer método de exención es el mismo que se utiliza para prevenir que ciertas propiedades puedan ser embargadas para satisfacer una sentencia por daños económicos. En California, por ejemplo, estas exenciones cubren hasta $50,000 del valor líquido de la vivienda ($75,000 si el peticionario es jefe de familia y $100,000 si tiene más de sesenta y cinco años de edad o está incapacitado, o si tiene cincuenta y cinco o más años de edad, está incapacitado y tiene bajos ingresos); hasta $1,900 del valor líquido de vehículos; hasta $5,000 del valor de herramientas u otros artículos necesarios para su trabajo; hasta $5,000 del valor de joyas, prendas heredadas y artículos de arte; pólizas de seguros de vida contra las cuales se pueden obtener préstamos hasta $8,000; hasta $2,000 en una cuenta bancaria donde se depositen directamente sus cheques del Seguro Social; muebles y vestuario para él y su familia; un lote de cementerio y parte o todos sus fondos de retiro por incapacidad y seguro médico; compensación al trabajador; beneficios de bienestar público, desempleo o sindicato y otros beneficios necesarios para sostener a su familia. Esta alternativa de exención es favorecida por los peticionarios cuya residencia tiene un valor líquido.

La segunda opción de exención en California permite al peticionario conservar hasta $15,000 del valor líquido de su vivienda o lote de cementerio. Si no es propietario de una vivienda o un lote de cementerio, los $15,000 se pueden aplicar hacia otras propiedades que de otra manera quedarían designadas como no exentas. También se le permite una exención flotante de $800 que puede aplicarse a propiedades no exentas; hasta $2,400 del valor líquido de un vehículo; cualquier artículo con valor hasta de $400 bajo las categorías de muebles del hogar y otros artículos, vestuario o aparatos o enseres eléctricos, libros, animales, cosechas e instrumentos musicales; $1,000 en joyas; $1,500 de valor en libros y herramientas necesarias para ganarse la vida; una póliza de seguro de vida; y beneficios del Seguro Social y de veteranos, seguro de desempleo y pensión, y planes de participación en las ganancias del empleador.

DEUDAS CON GARANTÍA V. DEUDAS SIN GARANTÍA

Una **deuda sin garantía** (*unsecured debt*) es aquella donde no existe un contrato por escrito en el que se da en prenda una propiedad como colateral contra la deuda. Un ejemplo de una deuda sin garantía es la compra hecha con una tarjeta de crédito, una cuenta médica o todo préstamo en el que no se haya ofrecido ninguna propiedad como garantía del pago total del préstamo.

Una **deuda con garantía** (*secured debt*) es aquella que permite al prestamista tomar posesión de la propiedad dada en prenda si el préstamo no se paga de acuerdo a los términos del contrato. Un acuerdo de garantía debe ser realizado por escrito y firmado por el deudor. Un acuerdo de crédito para comprar una casa o un automóvil está garantizado, por lo general, por la misma propiedad. Otros acuerdos de crédito, como para la compra de electrodomésticos, pueden ser garantizados si el contrato específicamente permite que el prestamista pueda tomar posesión de ellos si la deuda no se paga.

Si la deuda está garantizada, el deudor deberá entregar la propiedad al acreedor o acordar en continuar el pago de ésta hasta que sea cancelada. Si el acreedor reposee la propiedad y la vende para cancelar el préstamo, puede demandar al deudor para reclamar la diferencia si el precio obtenido con la venta no cubre la deuda en su totalidad.

DEUDAS QUE NO PUEDEN SER CANCELADAS POR BANCARROTA

Cuando la corte federal de bancarrota exonera de sus deudas a un peticionario, emite una decisión legalmente exigible declarando que el deudor o peticionario no está obligado a pagar la deuda. Aunque el propósito de la bancarrota es darle una oportunidad al peticionario para comenzar de nuevo, hay algunas deudas de las cuales el deudor no se puede liberar, tales como:

1. Deudas garantizadas
2. Deudas a acreedores que no fueron incluidas en la petición de bancarrota

3. Impuestos y multas (en la mayoría de los casos)
4. Préstamos estudiantiles
5. Manutención conyugal y de menores
6. Sentencias adeudadas por haber sido condenado por manejar embriagado o bajo la influencia de las drogas
7. Deudas contraídas a través de fraude o por declaraciones falsas a los acreedores, y
8. Deudas contraídas inmediatamente antes de presentar la petición de bancarrota

Si el acreedor comprueba que el deudor hizo declaraciones falsas respecto a sus bienes o que está ocultando propiedades para evitar que sean embargadas para pagar las deudas, la corte puede negar la cancelación de las deudas y desestimar el caso. Si esto ocurre, el acreedor puede entonces presentar una demanda contra el deudor y embargar las propiedades no exentas para satisfacer la sentencia.

PETICIÓN DE BANCARROTA POR DOS CÓNYUGES

Un esposo o una esposa pueden presentar una petición de bancarrota por separado. Sin embargo, el cónyuge no peticionario puede considerarse responsable parcial o totalmente de la deuda del peticionario si la deuda contraída fue para cubrir necesidades, tales como alimentos, vivienda o vestido. Un cónyuge no puede transferir todos los bienes de la pareja al otro para evitar que sean embargados para pagar las deudas. Tal transacción podría considerarse fraudulenta y podría causar que la corte desestime la petición de bancarrota.

PAGO DE DEUDAS CONFORME AL CAPÍTULO 13

El Capítulo 13 fue creado para permitir que un deudor pague su deuda total o parcialmente durante un período de tres a cinco años. Los pagos mensuales se hacen regularmente a través de un fideicomisario—síndico (*trustee*) de la corte de bancarrota—que luego distribuye los fondos disponibles entre los acreedores. Al terminar el período estipulado por la corte—de tres a cinco años—el juez de la corte de bancarrota emite su sentencia declarando que el deudor no está obligado a pagar ninguna cantidad adicional si éste ha efectuado los pagos según lo acordado. Para aprovechar el plan de pagos conforme al Capítulo 13, el deudor deberá adeudar menos de $350,000 en deudas con garantías, tales como un préstamo hipotecario o un préstamo de automóvil, y tener menos de $100,000 en otras deudas, tales como cuentas de tarjetas de crédito y cuentas médicas. El deudor deberá tener una fuente estable de ingresos, como un empleo fijo o ingresos de una cuenta fiduciaria. Si el peticionario no tiene una fuente estable de ingresos, será inelegible para acogerse a la protección del Capítulo 13 y tendrá que presentar su petición conforme al Capítulo 7.

BANCARROTA CONFORME AL CAPÍTULO 7

Si un accidente, una enfermedad o la pérdida del empleo obligan al peticionario a solicitar protección bajo las leyes de bancarrota, puede ser mejor que el peticionario presente una petición conforme al Capítulo 7 para exonerar o liberarse de todas sus deudas sin la obligación de hacer pagos. Ya que los bienes o propiedades no exentas pueden ser embargados y vendidos para satisfacer las deudas conforme al Capítulo 7, es importante procurar asesoramiento legal competente antes de presentar la petición.

BANCARROTA COMO ÚLTIMO RECURSO

La bancarrota es un asunto bastante serio y debe ser considerada sólo después de agotar todas las otras alternativas para resolver problemas de crédito. Cuando la petición de bancarrota es presentada, las agencias que suministran información de crédito, tales como TRW y Equifax, incluyen la petición en el historial de crédito del peticionario. Por lo general, la información sobre bancarrota se mantiene en el archivo de crédito durante diez años. Aunque algunos acreedores les dan crédito a algunos deudores que se han declarado en bancarrota, éstos usualmente pagan intereses más altos y la mayoría de los prestamistas más reconocidos probablemente les negarán préstamos hipotecarios. Si el deudor ha presentado una petición de bancarrota debido a un accidente o enfermedad, algunos acreedores pueden tomar esas circunstancias en consideración cuando solicita crédito. Es importante notar que no se puede presentar una petición de bancarrota más de una vez cada seis años.

ENTREVISTA CON UN ABOGADO DE BANCARROTA

Para que un abogado pueda asesorar a un deudor sobre cuestiones de bancarrota, deberá, primero, evaluar los documentos financieros del deudor. Es muy importante mantener buena documentación y asegurarse de que los documentos que se le den al abogado estén completos y sean precisos. Existen recursos legales por los cuales un deudor puede convertir bienes no exentos en bienes exentos antes de presentar una petición de bancarrota, pero el deudor necesita atenerse a los consejos de su abogado. Las cortes velan cuidadosamente por indicios de transferencias fraudulentas de bienes antes de la presentación de una petición de bancarrota. Un peticionario que hace declaraciones falsas o que "olvida" enumerar todos sus bienes, puede hacer que el caso sea desestimado y puede incluso que sea enjuiciado por fraude.

Como parte de la preparación para entrevistarse con el abogado, el deudor debe compilar una lista de todos sus acreedores y sus direcciones, números de cuentas, cuánto se debe, cuántos pagos se han hecho y, además, documentación de conversaciones telefónicas o cartas referentes a su situación financiera. La información sobre conversaciones telefónicas debe ser por escrito, incluyendo la fecha y hora de la llamada, con quién habló y qué se dijo. Si el deudor escribe cartas al acreedor, éste debe conservar fotocopias de cada una. Si el acreedor se opone a una petición, el deudor se puede beneficiar si le demuestra a la corte que trató de establecer un plan de pagos antes de presentar la petición.

Cuando el deudor se entrevista con un abogado, necesita mostrarle copias de recibos o talonarios de sus cheques de salario, todo contrato relacionado con su trabajo, libros y estados de cuentas bancarias, contratos hipotecarios e historial de pagos o contrato de renta, contratos de deudas garantizadas (tal como el de un automóvil) y toda correspondencia que haya recibido por parte de los acreedores; además, el deudor también debe enumerar todos sus bienes. Una vez la lista esté completa, el abogado podrá determinar cuáles bienes están exentos y cuáles pueden ser embargados y vendidos por el síndico de la corte de bancarrota para pagar a los acreedores.

CUOTAS A LA CORTE Y HONORARIOS DE ABOGADO

Las cuotas de la corte para presentar peticiones de bancarrota son establecidas por estatutos y varían dependiendo del Capítulo del Código de Bancarrota que el peticionario utiliza. Actualmente, la cuota para presentar una petición conforme al Capítulo 7 es de $175, y conforme al Capítulo 13 es de $150. Además de las cuotas para presentar peticiones, el abogado también cobra honorarios por su asistencia para preparar y procesar la petición, notificar a los acreedores, comparecer en las audiencias de bancarrota y negociar con los acreedores cuando sea necesario. Dependiendo de la complejidad de la situación financiera del cliente, el abogado puede cobrar entre $500 y $5,000 por sus servicios. Por lo general, el peticionario está obligado a pagar los honorarios del abogado antes de presentar la petición de bancarrota. Si no puede pagar los honorarios, entonces debe solicitar ayuda financiera a través de una oficina de asistencia legal u otras organizaciones que cobran según una escala y su capacidad para pagar.

BANCARROTA VOLUNTARIA V. BANCARROTA INVOLUNTARIA

Cuando una persona se declara en bancarrota como deudor, la acción se conoce como *petición voluntaria* (*voluntary bankruptcy*). Sin embargo, un acreedor también puede iniciar una acción de bancarrota contra su deudor. Si el acreedor presenta la petición de bancarrota, esto se conoce como *petición involuntaria* (*involuntary bankruptcy*). Sin importar si el deudor presenta la petición voluntariamente o es forzado a declarar bancarrota a través de una acción involuntaria, los requisitos y procedimientos son básicamente los mismos. Si a un deudor se le notifica de que su acreedor ha presentado una petición involuntaria de bancarrota en su contra, es esencial que procure asesoría legal de un abogado inmediatamente.

EL PROCESO DE BANCARROTA, LA AUDIENCIA Y LA CANCELACIÓN DE DEUDAS

La bancarrota es un asunto federal y cada estado tiene por lo menos una corte federal dedicada a cuestiones de bancarrota. El abogado presenta la petición en la corte que atiende la zona donde reside el peticionario. Después de que se presenta la petición, se fija la fecha para una audiencia. El deudor y su abogado comparecen a ella para contestar las preguntas del juez de bancarrota y de los acreedores. En la audiencia inicial, un síndico (*trustee*) es asignado al caso. La responsabilidad suya es investigar la validez de la información dada por el deudor y de proteger los intereses de los acreedores. Si un deudor presenta su petición conforme al Capítulo 11 o al Capítulo 13, los pagos son depositados con el síndico, que los distribuye a los acreedores, según lo determine el juez. Como funcionario de la corte, el síndico tiene ciertos derechos y poderes y es muy importante que el deudor coopere de buena voluntad. El deudor que no esté seguro cómo responder a la solicitud de información por parte del síndico debe consultar el asunto con un abogado.

A los acreedores se les notifica de la hora y el lugar de la audiencia, y tienen derecho a estar presentes en ella. Sin embargo, por lo general no asisten a menos que se trate de una suma considerable de dinero o que se opongan a la petición por sospecha de fraude.

Después de que un deudor presenta la petición de bancarrota conforme al Capítulo 11 o al Capítulo 13, el juez le exige al peticionario que deposite ciertas cantidades con el síndico cada vez que reciba ingresos. Durante la audiencia el juez decide durante cuánto tiempo será necesario que el deudor haga tales pagos—usualmente tres años—pero puede extender el período de pagos hasta cinco años. Al final del período determinado, si el deudor ha hecho todos los pagos según las instrucciones de la corte, el juez emitirá una orden de descargo.

Aun si el deudor no ha pagado a todos sus acreedores, pero ha pagado las cantidades estipuladas por la corte, la orden de descargo o liberación cancelará todo
balance pendiente. Si el juez determina que el deudor no tiene suficiente dinero
disponible después de pagar gastos básicos y esenciales, podrá ordenar que la
petición conforme al Capítulo 13 sea convertida en una petición conforme al
Capítulo 7.

Cuando el deudor presenta una petición de bancarrota conforme al Capítulo
7, el juez puede solicitarle al síndico que embargue y venda todos los bienes no
exentos y distribuya las ganancias entre los acreedores. Si el deudor no tiene
bienes disponibles para la venta, la corte le concederá tiempo a los acreedores
para presentar sus protestas, usualmente seis meses. Si no se presenta ninguna
objeción por parte de los acreedores o del síndico, la corte descargará o liberará
las deudas objeto de la petición al final del período de espera. Si se presentan objeciones, la corte tendrá una audiencia para oírlas y decidir. Después de que las
objeciones han sido resueltas, la corte emite una orden de descargo de las deudas. Una vez que el descargo es ordenado por la corte, el peticionario no está obligado a pagar las deudas que han sido canceladas. Si el juez determina que el
peticionario tiene la capacidad de pagar sus deudas parcialmente o totalmente,
la corte puede convertir la petición de Capítulo 7 a una de Capítulo 11 o de Capítulo 13.

Por lo general, la descarga de deudas es aprobada durante la segunda audiencia. El abogado del peticionario le informará si es necesario presentarse a ella.

Los casos de bancarrota son complicados y por eso siempre debe consultarse
con un abogado antes de proceder.

Tabla 8–1: Exención de la residencia principal (Homestead)

Cantidad máxima protegida bajo la exención de la residencia principal:

Arizona	$100,000
California	$75,000 si el jefe de familia tiene menos de sesenta y cinco años de edad; $100,000 si uno de los cónyuges tiene sesenta y cinco años o más o está incapacitado y no puede trabajar la mayor parte del tiempo, o si tiene cincuenta y cinco años o más y su salario en bruto es menos de $15,000 y la venta es involuntaria, o si el deudor tiene cincuenta y cinco años o más y es casado; $5,000 cualquier otra persona.
Florida	$10,000 si el propietario tiene más de sesenta y cinco años; $9,5000 si está incapacitado y ha sido residente permanente durante los últimos cinco años antes de presentar el reclamo;

$5,000 cualquier otra persona.

Illinois $7,500

Nuevo México $30,000

Nueva York $10,000

Tejas   La casa principal de residencia está protegida contra la venta forzosa para el pago de deudas, con excepción de todo o parte del dinero utilizado para la compra de la casa, impuestos adeudados o por la mano de obra y materiales usados en la construcción o mejoramiento de la casa.

9

Testamentos, fideicomisos y verificación de testamentos

TESTAMENTOS

Un testamento es un documento mediante el cual una persona dispone la distribución de sus bienes muebles e inmuebles después de su muerte. Toda persona competente y mayor de edad puede disponer de dichos bienes por separado por medio de un testamento. Cada estado tiene sus propias leyes sobre testamentos (*wills*), fideicomisos (*trusts*) y verificación de testamentos (*probate*). Por consiguiente, toda persona que prepare un testamento o fideicomiso debe cerciorarse de que esté redactado conforme a la ley del estado donde reside.

BENEFICIOS DEL TESTAMENTO

Tener un testamento válido ofrece muchos beneficios y ventajas. El beneficio más importante es el saber que después de morir la propiedad del testador va a pasar a manos de las personas nombradas en el testamento. Además, un testamento preparado cuidadosamente facilita que los herederos y los beneficiarios puedan concluir todos los asuntos tocantes al patrimonio o herencia del testador.

CLASES DE TESTAMENTOS

Existen diferentes clases de testamentos, pero la ley actual requiere que para ser válido, un testamento, por lo general, deberá estar por escrito. Un testamento redactado a mano se conoce como ***testamento hológrafo***. Para que un testamento hológrafo sea válido, tiene que estar escrito totalmente a mano por el testador y ser legible. Además, el testador deberá explicar claramente qué es lo que quiere dejar y a quién. Las instrucciones en el testamento tienen que ser sumamente claras, de tal manera que los amigos, la familia y el juez de la corte testamentaria entiendan fácilmente los deseos del testador. El testamento deberá estar fechado y firmado por éste. No tiene que estar notarizado o atestiguado, pero sería prudente que fuera atestiguado por una persona que no es beneficiaria en él.

Un ***formulario para testamentos*** permite que quien lo utilice llene simplemente los espacios en blanco. Este formulario es válido como testamento en la mayoría de los estados, siempre y cuando sea utilizado por un padre o una persona casada cuya herencia no es muy grande. Existen dos tipos de formularios para testamentos: el testamento *común* (*standard will*) y el testamento con *fideicomiso* (*will with trust*). Por medio de cualquiera de estos dos formularios un padre puede dejar una herencia a sus hijos o a su esposa, y puede dejarle dinero a otras personas o entidades caritativas de su elección. Una persona casada puede distribuir su herencia de la misma forma. Con cualquiera de los dos formularios el testador puede nombrar a un guardián o tutor para sus hijos menores; también puede nombrar a un albacea o ejecutor testamentario.

Un testamento con *fideicomiso* le permite al testador depositar su herencia en un fondo especialmente creado para la manutención y cuidado de sus hijos hasta que cumplan veintiún años de edad o para el beneficio de toda persona o entidad que el testador elija.

TESTAMENTOS PREPARADOS POR ABOGADOS

Las leyes que gobiernan los testamentos, fideicomisos y verificación de testamentos son muy complejas, y están sujetas a otras leyes, como las que han sido promulgadas por el Código Fiscal Federal. La preparación de testamentos es un asunto igualmente complejo, pero hay abogados y contadores públicos que se dedican exclusivamente a esta especialidad.

Toda persona que tenga una herencia (por más modesta que sea) debe consultar con un abogado antes de hacer un testamento para cerciorarse de que sea preparado correctamente y exprese sus verdaderas intenciones. Un abogado que se especializa en la preparación de testamentos puede asesorar al cliente sobre las consecuencias de los impuestos fiscales en la estructuración de un testamento o fideicomiso con el fin de encontrar la alternativa más ventajosa para el testador y sus herederos.

La firma de un testamento deberá ser presenciada por dos testigos que no son herederos en el testamento, que también deberán firmar como testigos. Un testamento preparado por un abogado debe estar escrito a máquina o ser impreso.

TESTAMENTOS INDIVIDUALES PARA CÓNYUGES

Cada cónyuge deberá elaborar su propio testamento, incluso si la mayor parte de la propiedad de la pareja es propiedad comunitaria. Puesto que es imposible saber cuál de los cónyuges morirá primero, el testamento de cada uno deberá asumir que ese testador será el primero en morir; además, cada testamento deberá incluir disposiciones separadas para la distribución de la herencia en caso de que uno de los cónyuges muera treinta días después del otro.

MODIFICACIÓN DE UN TESTAMENTO

Un testamento puede ser modificado y debe ser actualizado cada vez que el testador tenga cambios significativos en la herencia o en la situación familiar, o después de la muerte o incapacidad de la persona nombrada como ejecutor del mismo.

Para hacer modificaciones menores a un testamento, el testador debe elaborar un documento legal llamado *codicilio* (*codicil*), que se adjunta al testamento original después de ser preparado. El testador nunca debe tachar ni hacer cambios al testamento original. El codicilio debe ser escrito y atestiguado de la misma forma que el testamento original. Las personas que atestiguan la firma del codicilio pueden ser diferentes a las que atestiguaron la firma del testador en el testamento original.

La persona que hace y firma el testamento se llama testador. Si el testador desea hacerle modificaciones considerables al testamento, un abogado puede aconsejar que revoque el testamento previo y elabore uno nuevo. Para que el testamento previo sea revocado debidamente, la revocación se debe mencionar en el nuevo o ser destruido completamente por la persona que lo hizo.

Una persona que hace un testamento y después es declarada incapacitada no puede cambiar los términos de su último testamento (el que fue escrito antes de ser declarada incapacitada). Si la incapacidad cesa, el testador puede entonces modificar el testamento.

Notificación del testamento a otros

La única persona que deberá saber de la existencia de un testamento es el abogado que lo prepara. Sin embargo, el testador debe notificar a la persona nombrada como ejecutor del testamento que él ha sido designado para manejar la herencia y la sucesión del testador cuando muera.

Para asegurarse de que los deseos respecto al entierro o la cremación de una persona sean cumplidos por sus herederos, toda persona que hace un testamento debe informar de la existencia del documento y dónde se encuentra guardado a un miembro de la familia o a un amigo cercano en quien confía.

Cuando no existe testamento

Cuando una persona muere sin un testamento válido, las leyes del estado determinan quién obtendrá su propiedad. Cuando una persona muere sin un testamento, se dice que murió *intestada* (*intestate*). Como una persona que muere intestada no ha preparado un testamento o no ha nombrado un ejecutor, la corte nombra un administrador para atender los asuntos de la herencia.

El administrador es responsable de preparar una lista de los bienes del fallecido y localizar todos los herederos que puedan tener interés en la herencia. El administrador debe presentar una planilla de impuestos pendientes y pagar impuestos u otras deudas con los bienes del fallecido y distribuir el resto de los bienes según las leyes estatales referentes al *derecho de sucesión intestado* (*intestate succession*) y bajo la supervisión de la corte testamentaria. Un administrador tiene derecho al pago de sus servicios según cuotas establecidas por la corte.

Derecho de sucesión testamentaria

El derecho de *sucesión testamentaria* (*probate law*) se refiere al traspaso de la propiedad de un fallecido a sus herederos o beneficiarios. El proceso de sucesión testamentaria incluye verificar y confirmar la validez del testamento, pagar los gastos de la sucesión y distribuir los bienes según se instruye en el testamento.

Cuando una persona ha hecho un testamento antes de morir, se dice que murió *testada* (*testate*). El fallecido debe haber nombrado un ejecutor del testamento para manejar sus asuntos. Los deberes del ejecutor son semejantes a los del administrador de una sucesión intestada.

FIDEICOMISOS

Un *fideicomiso* (*trust*) es un instrumento que crea una relación fiduciaria—una relación de confianza—en la que una persona o institución mantiene o administra la propiedad de otra persona para beneficio de una tercera persona o personas llamadas *beneficiarios* (*beneficiaries*). La persona que administra la propiedad en un fideicomiso se llama *fideicomisario* (*trustee*). La persona que el fideicomisario contrata para manejar la propiedad se llama *fideicomitente* (*trustor*).

FIDEICOMISO EN VIDA

Algunas personas optan por traspasar la propiedad de su herencia a un fideicomiso mientras están vivas. Para que una persona pueda traspasarla y todavía mantener control sobre los bienes, la ley provee un instrumento llamado *fideicomiso en vida* (*living trust*). La persona cuyos bienes son puestos en fideicomiso retiene control sobre ellos mientras vive, con una disposición por medio de la cual la administración del fideicomiso se transfiere a un sucesor depositario nombrado en el instrumento de fideicomiso. Una persona que tiene un fideicomiso en vida debe también tener un testamento que se incorpora a dicho instrumento.

TUTELA

Un fideicomiso creado en beneficio de un menor, o de una persona incapacitada, se llama *tutela* (*guardianship*). El tutor puede ser un individuo o una institución, tal como un banco, nombrados por la corte para proteger los intereses del menor o del beneficiario incapacitado.

FIDEICOMISO SUPERVISADO

Un *fideicomiso supervisado* (*totten trust*) se crea cuando se establece una cuenta bancaria de ahorros para beneficio de un menor, y la persona que establece la cuenta permanece como fideicomitente. Un menor en un fideicomiso supervisado es el beneficiario, y el banco es el depositario o síndico.

PROPIEDAD NO INCLUIDA EN UN TESTAMENTO

Toda propiedad que no haya sido incluida específicamente en un testamento deberá pasar a los herederos del fallecido según las disposiciones del *derecho suce-*

sorio (*laws of succession*). La sucesión se refiere al traspaso de bienes muebles o inmuebles de una persona fallecida a las personas con derecho legal a heredarlos. En la mayoría de los estados, un niño adoptado legalmente es considerado por el derecho sucesorio de la misma manera que un hijo natural del fallecido, y un hijo tiene derecho a heredar bienes de cualquiera de los padres aunque éstos nunca se hayan casado.

Toda persona que quiera hacer un testamento o crear un fideicomiso debe consultar con un abogado que se especialice en el manejo de bienes, obligaciones y otros asuntos financieros.

10

Derechos del empleado y el empleador en el lugar de trabajo

En los Estados Unidos existen oportunidades de empleo en una amplia variedad de campos y toda persona con derecho legal para trabajar en el país tiene derecho a obtener el trabajo que le interese. Sin embargo, el empleador o patrón, tiene derecho a examinar las habilidades y aptitudes del candidato para dicho trabajo. En la mayoría de los trabajos el empleador puede pedir permiso al aspirante para comunicarse con sus previos patrones y obtener referencias sobre su confiabilidad, honestidad, integridad y hábitos en el desempeño de su trabajo; si el aspirante no autoriza investigar estos particulares, el empleador puede negarle el empleo. Los empleadores también pueden exigir al aspirante que se someta a pruebas para determinar el uso de drogas ilícitas y alcohol y a un examen físico (pagado por el empleador) para determinar también si está en buen estado físico para desempeñar sus labores.

El empleador deberá darle a cada empleado una descripción de sus responsabilidades laborales, y el trabajo que se le exija deberá ser esencialmente igual al descrito. Una vez que el aspirante es contratado, tiene la obligación de cumplir con los deberes del trabajo.

En general, las leyes laborales de los diferentes estados cubren los mismos conceptos básicos. Estas leyes usualmente establecen que un empleado deberá seguir sustancialmente todas las instrucciones del empleador respecto al servicio que está prestando, excepto cuando el cumplimiento de éstas es imposible, contra la ley o impone nuevas y excesivas cargas.

RESTRICCIONES DE HORARIO

En la mayoría de los estados, un día de trabajo consiste en ocho horas de labor, a menos que el empleado y empleador acuerden términos diferentes expresamente por medio de un contrato. En toda ocupación los empleados usualmente tienen derecho a un día de descanso cada siete días. Sin embargo, un empleador y un empleado pueden acordar otro horario por medio de un contrato. En muchos estados, si a un empleado se le paga por hora, el empleador tiene que pagarle a tiempo y medio de su compensación por hora por el tiempo trabajado después de las ocho horas en un lapso de veinticuatro horas y por el tiempo trabajado en exceso de las cuarenta horas en un período de siete días.

Tabla 10-1: Día legal de trabajo y requisitos para entregar el último cheque de sueldo (cheque final)

El día legal de trabajo es el número de horas que un empleado es requerido trabajar cada día para ganarse su salario regular. El tiempo trabajado en exceso del día legal de trabajo deberá ser pagado a una escala de salario más alta, usualmente a tiempo y medio. Además, la mayoría de los estados ha establecido un límite de horas que el empleado puede trabajar durante una semana para obtener un salario, usualmente cuarenta horas, con aumentos semejantes por horas en exceso.

ARIZONA

Día legal de trabajo	Ocho horas.
Plazo para la entrega del último cheque	Si es por despido, dentro de tres días; de otra manera, el próximo día normal de pago.

CALIFORNIA

Día legal de trabajo	Ocho horas.
Plazo para la entrega del último cheque	Si es por despido, inmediatamente; de otra manera, dentro de sesenta y dos horas.

FLORIDA

Día legal de trabajo	Ocho horas.
Plazo para la entrega del último cheque	El próximo día normal de pago.

ILLINOIS

Día legal de trabajo	Ocho horas.
Plazo para la entrega del último cheque	El próximo día normal de pago.

NUEVO MÉXICO

Día legal de trabajo	Ocho horas.
Plazo para la entrega del último cheque	Si es por despido, dentro de cinco días; de otra manera, el próximo día normal de pago.

NUEVA YORK

Día legal de trabajo	Ocho horas.
Plazo para la entrega del último cheque	El próximo día normal de pago.

TEJAS

Día legal de trabajo	Ocho horas.
Plazo para la entrega del último cheque	Si es por despido, dentro de seis días; de otra manera, el próximo día normal de pago.

SERVICIO EN UN JURADO

Algunos empleados temen perder su empleo si se les exige que comparezcan ante una corte como testigos o como miembros de un jurado, pero la mayoría de los estados tienen leyes que protegen al empleado en estos casos. En la mayoría de ellos, un empleador no puede despedir a un empleado ni discriminar contra él por ausentarse del trabajo para servir como miembro de un jurado o comparecer en una corte como testigo, siempre y cuando notifique razonablemente a su patrón por adelantado. A toda persona que sea notificada por medio de una orden de citación judicial se le exige comparecer en la fecha, hora y lugar indicados. El incumplimiento de dicha orden puede resultar en el arresto y encarcelamiento del empleado.

En Arizona, Nuevo México, Nueva York y Tejas un empleador no puede amenazar con despedir a un empleado porque esté obligado a servir como miembro de un jurado. En California, Florida e Illinois todo empleado que sea despedido, reciba amenazas de despido, sea degradado, suspendido o discriminado por haber sacado tiempo para comparecer en una corte o servir en un jurado tendrá derecho a ser reinstalado nuevamente y a que se le devuelvan los ingresos y beneficios perdidos.

DISCRIMINACIÓN SALARIAL Y SALARIO MÍNIMO

Sin importar el género, la raza o la nacionalidad, todos los empleados que desempeñen el mismo trabajo tienen derecho a que se les pague equitativamente. Es contra la ley que un empleador le pague a un empleado una cantidad menor de la que le paga a otro del sexo opuesto que trabaja en el mismo establecimiento y que desempeña el mismo trabajo en labores que requieren la misma capacidad, responsabilidad y esfuerzo bajo condiciones de empleo similares. Una escala de salario basada en antigüedad, méritos, calidad o cantidad de producción o por otro factor válido (*bona fide*), excluyendo género sexual, es legal y puede resultar en salarios diferentes para diferentes empleados que desempeñen sustancialmente el mismo trabajo.

Existen varias medidas de protección de salarios que son administradas y aplicadas por la División Federal de Normas Laborales, una división del Departamento del Trabajo. Todo empleado que recibe en pago una cantidad menor a la que tiene derecho a recibir puede presentar una acción civil o demanda contra el empleador por salarios adeudados, más costos legales y honorarios de abogado asociados con la demanda. Todo empleador deberá cumplir con las leyes de salario mínimo. En los estados con leyes más estrictas, el empleador también deberá cumplir con las leyes estatales.

La ley limita la cantidad que un empleado puede recibir en una demanda por discriminación salarial. Debido a que frecuentemente las leyes estatales y federales rigen el mismo asunto, el empleado sólo puede recibir compensación por daños conforme a uno de los dos sistemas. Si el empleado recibe compensación conforme al sistema federal y más tarde es compensado nuevamente conforme al sistema estatal, deberá devolver al empleador la cantidad menor de las dos sentencias.

Una demanda civil entablada para recuperar salarios deberá ser presentada dentro de un término de tiempo específico después de que ocurre el hecho que da lugar a la demanda. En caso de una infracción intencional por parte del empleador, el límite es usualmente más largo.

DESPIDO POR EMBARGO SALARIAL

Si una corte emite una sentencia contra un empleado que da como resultado el embargo del salario, el empleador no puede usar esta orden para despedirlo. La ley federal tiene protecciones similares para empleados cuyos salarios han sido embargados, y además, protege a los empleados de despedidos por haberse declarado en bancarrota.

REQUISITOS DE SALARIO MÍNIMO

El Departamento Federal del Trabajo publica escalas de salarios mínimos, las cuales son ajustadas periódicamente debido a la inflación. Un empleado a quien se le paga una cantidad menor al salario mínimo, o a quien no se le paga el salario mínimo legal por horas extras (*overtime*), tiene derecho a recuperar el balance de lo que se le adeuda, más costos legales. Un empleado no puede acordar trabajar por una cantidad menor al salario mínimo y si se le paga por hora, el empleador en muchos estados tiene que pagarle una tarifa de tiempo y medio por toda hora de trabajo que exceda las ocho horas en un período de veinticuatro horas.

Cada estado tiene un departamento responsable de cerciorarse de que a los empleados se les pague según los reglamentos salariales. Para cumplir con esta responsabilidad, estos departamentos hacen investigaciones sobre cada empleador para asegurarse de que está cumpliendo con los requisitos de salario mínimo. Las quejas contra un empleador que no paga el salario mínimo deben ser presentadas ante la División Federal de Normas Laborales o ante las agencias de bienestar industrial del estado. El Departamento del Trabajo (*Department of Labor*, DOL en inglés) investiga todas las quejas e inicia la acción necesaria para hacer cumplir el pago según la ley.

EL ÚLTIMO CHEQUE DE SUELDO (CHEQUE DE LIQUIDACIÓN FINAL)

Conforme a las leyes estatales, si un empleado abandona su trabajo, su último cheque de trabajo usualmente vence y es pagadero a más tardar setenta y dos horas después de que renuncia. Si el empleado ha notificado previamente sus intenciones de dejar su trabajo como es requerido, por lo general tiene derecho a recibir el último cheque el último día de trabajo.

Un empleado que no está contratado por un período específico de tiempo es un trabajador *por jornada* (*at will employee*). Todo trabajador por jornada que es despedido o renuncia, tiene derecho a que se le compense por los servicios prestados hasta el momento que termina su trabajo. Si un empleador despide a un empleado, el salario ganado y adeudado al momento de la terminación usualmente vence y es pagadero inmediatamente. Cuando un grupo de empleados es terminado o suspendido (*laid off*) debido a que la temporada de trabajo concluye, los salarios vencen y son pagaderos a más tardar setenta y dos horas después de dicha terminación. Si un empleado solicita que se le envíe el salario por correo y le da la dirección al empleador, la mayoría de los estados exigen que éste haga el pago según lo solicitado.

PAGO POR VACACIONES

Cuando un contrato de empleo ofrece vacaciones pagadas y un empleado es despedido o terminado sin haber usado el tiempo de vacaciones acumulado, ese tiempo deberá ser pagado como salario, basado en la tarifa salarial más reciente. Sin embargo, es legal un contrato de empleo en el que se acuerda la cancelación de vacaciones acumuladas al momento de la terminación.

REPORTE DE PRÁCTICAS ILÍCITAS DE EMPLEO

Los gobiernos estatales y el federal tienen disposiciones que prohíben prácticas injustas de empleo. El Título 29 del Código de los Estados Unidos y la ley sobre prácticas justas de empleo del estado son ejemplos de leyes que protegen contra aquellas.

DISCRIMINACIÓN DE EMPLEO POR INCAPACIDAD FÍSICA O MENTAL

Las leyes federales y estatales prohíben que un empleador discrimine contra empleados incapacitados. La Ley Federal de Rehabilitación de 1973 requiere que los empleadores que hacen negocios con el gobierno estadounidense tomen acción afirmativa para cerciorarse de que las personas incapacitadas tengan las mismas oportunidades de empleo de otros. No obstante, un empleador puede negarle empleo a un candidato que no pueda desempeñar con seguridad las funciones que el trabajo requiere.

DISCRIMINACIÓN POR RAZONES MÉDICAS

La mayoría de los estados han declarado que es ilegal que un empleador se niegue a contratar un aspirante a empleo o se niegue a promover a un empleado o a despedirlo a causa de su situación médica, a menos que ésta ponga en peligro la salud y seguridad suya y de otros empleados o que le impida desempeñar sus funciones.

Discriminación por SIDA/HIV

La propagación del Síndrome de Inmuno Deficiencia-Adquirida (SIDA) es alarmante. Las investigaciones actuales indican que el SIDA no se propaga por medio del contacto casual en una relación normal de trabajo. Puesto que actualmente el SIDA se considera como una condición médica, las personas con SIDA o que tienen el virus de ésta (HIV en inglés) están protegidas por la Ley de Rehabilitación y la Ley de Americanos Incapacitados. La discriminación contra las personas con SIDA está prohibida, pues se considera una incapacidad física. En algunos casos en que el portador puede poner en peligro la salud de otras personas, las cortes han determinado que un empleador puede negarle empleo a un candidato o negarse a retenerlo. En un caso específico, a un cirujano le fue negado empleo debido al peligro potencial de transmitir el virus del SIDA a un paciente.

Varios estados han establecido leyes que limitan el uso de pruebas de SIDA para seleccionar empleados. Ya que ésta es una cuestión legal nueva, toda persona involucrada en una controversia relacionada con exámenes de SIDA debe consultar con un abogado para que sea asesorada sobre sus derechos.

Acoso sexual

El acoso sexual es un tema prominente en el lugar de trabajo y en la sociedad. El *acoso* se define como toda proposición sexual no deseada, solicitación de actividad sexual o toda conducta física o verbal de naturaleza sexual no deseada. Debido al daño que puede ocasionar, el acoso sexual es una cuestión sensible y muy importante en el lugar de trabajo y la ley requiere que el empleador tenga responsabilidad especial para cerciorarse de que el ambiente en el lugar de trabajo esté libro de acoso sexual. Si el empleador no toma medidas para eliminarlo, puede ser responsabilizado por daños económicos, junto con la persona responsable de los actos de acoso.

Si un supervisor o empleador le expresa a un empleado, directa o indirectamente, que su empleo o promoción depende de que participe en un acto sexual con él, esto constituye un caso claro de acoso sexual. Sin embargo, muchas veces el acoso es más sutil. Prácticas que en el pasado quizás eran aceptables y que hoy tal vez son aceptables en otras culturas, no son permitidas bajo las leyes de este país.

Es contra la ley referirse a la anatomía de otra persona usando lenguaje sexual. Hacer chistes o bromas ofensivas, contar cuentos, mostrar caricaturas o fotografías de naturaleza sexual explícita es ilegal. Referirse incluso a una mujer como "muñeca" o "mamacita" puede resultar en una demanda de acoso sexual si al autor de los comentarios se le ha dicho o sabe que la mujer a quien van dirigidos los encuentra ofensivos y continúa con su conducta. El propósito de la legislación sobre acoso sexual en el lugar de trabajo es crear un ambiente en el que hombres y mujeres puedan trabajar juntos y ganarse su sueldo sin intimidación, conducta sexual ofensiva y hostilidad. Hoy en día, hombres y mujeres trabajan juntos en toda clase de oficios. Las mujeres trabajan como ensambladoras en fábricas y como médicos, en tanto que hay hombres que son enfermeros y maestros de escuela. Otras mujeres trabajan en barcos de la marina junto a hombres y como colegas de otros en vuelos espaciales, y frecuentemente son el sostén principal o único de sus familias.

La ley promueve una política estricta de no tolerancia *(zero tolerance)* en relación al acoso sexual en el lugar de trabajo. Para crear un ambiente productivo allí, es esencial que los empleados demuestren tolerancia, si no respeto, por su compañeros, sin importarles el sexo a que pertenecen.

Hoy en día la filosofía prevalente es que la soberanía del individuo se basa en su habilidad de desempeñar su trabajo y que la retención o promoción de un empleado debe basarse en su desempeño o rendimiento. La ley reconoce que cada persona, sin importar su género, tiene el derecho fundamental de trabajar en un ambiente libre de temor y de atropellos a su persona y su dignidad.

El papel del empleador para prevenir el acoso sexual es muy importante. La ley le impone la responsabilidad de poner en práctica una política efectiva que prohíba este tipo de acoso en el lugar de trabajo. Para asegurar su cumplimiento, el empleador deberá proveer entrenamiento para todos los empleados para que se concienticen de lo que constituye acoso sexual y de la acción que la empresa tomará contra el empleado que acose a otro empleado sexualmente. Las sanciones pueden incluir despido o democión de puesto. Los empleadores deberán poner en práctica un sistema para investigar quejas sobre acoso sexual y dicho sistema deberá estar planeado para proteger al reclamante. Todas las quejas deberán ser tratadas seriamente e investigadas inmediatamente, y se deberán aplicar sanciones efectivas para eliminar toda conducta de acoso sexual que haya sido comprobada. Una empleada que se queje de haber sido víctima de acoso sexual no puede ser despedida, degradada o sancionada por haber presentado una queja. Si el incidente no es resuelto en forma rápida, la empleada afectada puede presentar una demanda civil contra el empleado infractor, sus supervisores y el empleador que no impidió que dicha conducta tuviera lugar.

Una demanda de acoso sexual es un asunto civil, pero las penalidades contra el empleador pueden ser severas. Si una empleada es despedida porque presenta una demanda civil, puede ser compensada por daños económicos, incluyendo salario retroactivo y salarios por toda promoción que pudiera haber anticipado antes de la terminación. Como estos casos frecuentemente demoran años para llegar a la corte, al empleador se le puede exigir que compense a la empleada por los meses o años que no trabajó. La corte también puede exigir que el empleador pague daños punitivos por la humillación y las angustias mentales sufridas por la empleada por no cerciorarse de que el lugar de trabajo no fuera hostil u ofensivo.

En ningún momento un empleador puede acosar sexualmente a ninguno de sus empleados. Los empleados están protegidos contra este tipo de abuso por las leyes federales y estatales, y los empleadores pueden ser responsabilizados por tal conducta. Toda solicitación explícita de favores sexuales o de conducta sexual que cree un ambiente hostil y de tensión en el lugar de trabajo constituye acoso sexual.

Todo empleado tiene derecho a reportar cualquier conducta de acoso y de que su queja sea investigada por el empleador. El empleado debe estar preparado para ofrecer prueba válida que respalde su reclamo. Sería ventajoso si otra persona es testigo de dichos actos de acosamiento y conserva un diario registrando la fecha, hora y lugar de cada incidente, incluyendo todas las personas participantes.

Discriminación sexual

La discriminación sexual está prohibida por el Título VII de la Ley Federal de Derechos Civiles de 1964, la cual se aplica a empleadores con quince o más empleados en cada una de veinte o más semanas en el presente año calendario o en el anterior. La ley (42 U.S.C.S. §2000[e]) establece que "Será contra la ley toda práctica laboral que permita que un empleador le niegue empleo o despida a un individuo o que discrimine contra un individuo, en relación a su salario, términos, condiciones o privilegios de empleo por razones tales como su raza, color, religión, sexo u origen nacional".

El Consejo de Igualdad de Oportunidades de Empleo (*Equal Employment Opportunity Commission*, EEOC en inglés) ha establecido reglas que son neutrales en relación al género sexual para que sean seguidas por los empleadores. Además de las leyes federales, los estados y municipalidades también han establecido leyes que prohíben este tipo de discriminación.

La discriminación sexual ocurre cuando un empleador discrimina contra un empleado o un candidato a un empleo debido a su género sexual. Tradicionalmente, la discriminación en el lugar de trabajo ha sido contra las mujeres. Un empleador no puede tomar decisiones laborales respecto a mujeres basadas en estereotipos o suposiciones. Estos estereotipos pueden incluir la idea que ellas son capaces solamente de desempeñar funciones secretariales o de oficina, que son emocionalmente inestables o que abandonan el trabajo más frecuentemente y tienen más número de ausencias por embarazo.

Conforme al EEOC y las leyes estatales, un empleador tiene que ofrecerles las mismas oportunidades a hombres y mujeres. Esto quiere decir que deben publicarse anuncios de empleo y procedimientos de examinación que son neutrales en género y no puede usarse el género como base para contratar, despedir o promover a empleados. Las mujeres también deberán recibir los mismos beneficios marginales, tales como seguro médico, retiro, repartición de utilidades (*profit sharing*), días personales y de enfermedad, además de derechos por antigüedad, como los hombres.

No es contra la ley que un empleador aplique diferentes escalas de compensación o diferentes términos, condiciones o beneficios de empleo según un sistema basado en antigüedad o mérito, siempre y cuando ese sistema no esté basado en discriminación por razones de raza, religión, sexo u origen nacional (42 U.S.C.S. §2000[h]).

Un empleador puede discriminar por razones de género cuando existe una **calificación ocupacional de buena fe** (*bona fide occupational qualification,* o BFOQ). En términos prácticos, estas calificaciones por lo general no son sostenidas por las cortes, porque el empleador tiene que mostrar prueba basada en hechos que uno de los dos géneros no puede desempeñar dicho trabajo. Si es sostenida, el empleado puede argumentar que la BFOQ es realmente un pretexto para discriminar sexualmente. Entre los trabajos que *no* han sido sostenidos como BFOQs están los de vicepresidente de operaciones internacionales, conductor de camión, conductor de autobús, guía masculino de turistas, supervisor de desarrollo infantil y asistentes de vuelo.

EL EMBARAZO COMO UNA CALIFICACIÓN OCUPACIONAL DE BUENA FE

Un empleador, sin embargo, puede discriminar por razones de embarazo si se puede demostrar que no estar embarazada es una *calificación ocupacional de buena fe*. Además, se le puede imponer una ausencia forzada a una mujer embarazada conforme al concepto de calificaciones de buena fe si su médico y el empleador creen razonablemente que no puede desempeñar el trabajo por estar embarazada. Por ejemplo, a una asistente de vuelo en los últimos meses de embarazo se le puede pedir que se ausente temporalmente porque su trabajo incluye velar por la seguridad de los pasajeros y su embarazo puede impedir el cumplimiento de sus responsabilidades.

Bajo 42 U.S.C.S. §2000(e)(k), conocida como la Ley sobre Discriminación por Embarazo (*Pregnancy Disability Act*, PDA en inglés), un empleador no puede prohibirle a una mujer embarazada que trabaje en un ambiente que pueda exponer al feto a materiales peligrosos. Esta circunstancia no es considerada como calificación de buena fe. La empleada decidirá si trabaja o no bajo estas condiciones porque todos tienen el derecho a la igualdad de oportunidades en el lugar de trabajo, a pesar de consideraciones de seguridad.

DISCRIMINACIÓN POR ESTADO CIVIL (MARITAL)

Todo tipo de discriminación por estado civil es ilegal, no importa quién se beneficie. Típicamente, ocurre cuando una mujer casada es tratada de manera diferente a un hombre casado. Sin embargo, también existe contra hombres casados. La discriminación por estado civil está prohibida como discriminación sexual bajo el Título VII de la Ley de Derechos Civiles de 1964 y puesta en práctica por el EEOC. Por ejemplo, una aerolínea que solamente emplea mujeres solteras como asistentes de vuelo y les exige que se retiren cuando se casen, está violando la ley si emplea a hombres como asistentes de vuelo sin importar su estado civil.

ABORTO

Las leyes del aborto son bastante controversiales y cambian constantemente. Incluso los estados están divididos en cuanto a estas leyes. El aborto es la palabra que se usa cuando una mujer le pone fin al embarazo antes de que el feto pueda sobrevivir por sí solo.

El caso de aborto más conocido es el de *Roe v. Wade* (1973), 410 U.S. 113. En ese caso, la Corte Suprema decidió que la mujer tenía derecho al aborto y que los estados no podían imponer sanciones por tener o causar un aborto, si éste se realiza antes de que el feto sea viable. La viabilidad no se determina fácilmente. No existe una definición clara de viabilidad; cada caso es determinado individualmente por el médico de la mujer. La Corte Suprema también decidió que el feto no es una persona y no tiene el derecho a los beneficios de igual protección bajo la Decimocuarta Enmienda.

Aunque la Corte Suprema ha decidido que una mujer tiene derecho a un aborto, cada estado puede establecer limitaciones a los abortos porque tiene interés en brindar seguridad a la mujer y proteger una posible vida humana. Un estado puede:

1. Regular un aborto cuando el feto es viable
2. Requerir el consentimiento prestado con conocimiento
3. Requerir un período mandatorio de veinticuatro horas de espera
4. No proveer financiamiento para abortos
5. Requerir que un médico tenga privilegios profesionales en un hospital antes de realizar un aborto
6. Regular los establecimientos donde se realizan abortos mientras que la regulación no interfiera con el derecho a tener un aborto

Un estado debe tener cuidado al imponer ciertas restricciones. Un estado no puede:

1. Prohibir abortos dentro del primer trimestre
2. Regular un aborto en el segundo trimestre, excepto cuando es para proteger la salud de la madre
3. Imponer requisitos de residencia para mujeres que tienen abortos
4. Impedir que un doctor practique un aborto legal
5. Requerir que un doctor tenga ciertas calificaciones, pero puede exigir ciertos privilegios profesionales

SEGURIDAD EN EL LUGAR DE TRABAJO

Los actos violentos en el lugar de trabajo han aumentado recientemente y han llegado a preocupar a empleados y empleadores. Algunos son perpetrados por empleados antiguos descontentos que se quieren vengar contra sus antiguos patronos por haberlos despedido. Otros actos de violencia son perpetrados por personas que utilizan el lugar de trabajo como campo para solucionar pleitos personales o matrimoniales.

Es importante que cada empleado conozca el plan que su empresa ha establecido para manejar actos violentos. Un empleado que sabe o sospecha que un antiguo empleado está planeando un ataque violento contra un compañero de trabajo debe comunicar su preocupación a la administración inmediatamente. Un empleado que ha sido amenazado por un amante o cónyuge y tiene miedo de que la persona trate de hacerle daño donde trabaja, debe también hacérselo saber a su supervisor y al personal de seguridad de la empresa.

A un empleador no se le exige que proteja a los empleados de riesgos imprevistos pero sí que brinde seguridad adecuada para que cada empleado pueda desempeñar su trabajo sin miedo de ataques violentos la azar. El empleado que le informa a su empleador de la posibilidad de actos violentos se protege a sí mismo y a sus compañeros de trabajo.

Todo empleado que obtiene una orden judicial contra otra persona debe informarle de la situación a su supervisor. Al conceder una orden judicial, la corte ha llegado a la conclusión de que la persona a quien se está protegiendo realmente está en peligro. El departamento de policía del lugar donde el empleado trabaja debe tener una copia de la orden judicial para poder actuar rápidamente si es necesario.

En California existen leyes, tales como la Ley de Derechos Civiles Ralph (CC §51.7) y la Ley de Derechos Civiles Bane (CC §52.1), que prohíben los actos y las amenazas de violencia y la violación de los derechos constitucionales o estatutorios de una persona por medio de amenazas de violencia.

DERECHO DE AUSENCIA PARA LA FAMILIA

Las leyes de ausencia para la familia son parte de la Ley de Ausencia Médica Familiar (*Family and Medical Leave Act,* FMLA en inglés). A nivel estatal, las leyes de derechos familiares tratan el mismo tema general de las leyes federales y de las leyes sobre incapacidad por embarazo.

Hoy en día, el embarazo de empleadas se clasifica como una incapacidad en la mayoría de los estados y a los empleadores son requeridos otorgar permisos de ausencia sin pago a quienes estén embarazadas. Si a una empleada embarazada se le ha otorgado permiso de ausencia, tiene derecho a ser reintegrada a una posición equivalente cuando regrese y a los mismos beneficios, salario y otras condiciones de empleo (29 U.S.C.A. §2614).

Las leyes federales y estatales requieren que los empleadores otorguen doce semanas de ausencia en un período de doce meses. El programa federal concede el permiso de ausencia por condiciones serias de salud del empleado o para el cuidado de un padre, un esposo o un hijo que esté enfermo, o para dar a luz o para el cuidado de un niño recién adoptado o de un hijo de crianza. Los estados siguen las reglas federales y disposiciones estatales de incapacidad de embarazo, que conceden hasta cuatro meses adicionales de ausencia sin pago por incapacidades relacionadas al embarazo, nacimiento o problemas médicos. Aunque las reglas federales se aplican sólo a empleadores de cincuenta o más empleados, las reglas estatales, que son más estrictas, pueden exigir que un empleador con apenas cinco empleados, de jornada completa o parcial, cumpla con esta ley. Conforme a las leyes federales, el empleador tiene que continuar brindándole beneficios de salud al empleado durante el período de ausencia bajo las mismas condiciones como si el empleado estuviera trabajando. Sin embargo, al empleador por lo general no se le requiere brindar beneficios de salud durante los cuatro meses de incapacidad de embarazo, si éstos son además de las doce semanas de permiso de ausencia bajo las leyes federales.

DISCRIMINACIÓN POR EMBARAZO

Según la ley sobre discriminación por embarazo, todo empleado deberá ser tratado igual. La ley prohíbe la discriminación "por razones de sexo" o " género sexual". "Esto incluye discriminación a causa de embarazos, partos o situaciones médicas relacionadas; las mujeres afectadas por dichos embarazos, partos o situaciones médicas relacionadas deberán ser tratadas equitativamente en todo lo relacionado con el empleo, incluyendo el recibo de beneficios bajo los programas de beneficios suplementarios". Esto no incluye romances o atracción sexual entre empleados y patrones (*Cairo v. O.H.* [1989] 7100 F. Supp. 1069). Una infracción a esta sección ocurre cuando hay discriminación entre mujeres embarazadas y no embarazadas.

Un empleador no puede negarle empleo o despedir a una mujer por estar embarazada. El empleador no puede establecer reglas arbitrarias que requieran que las mujeres embarazadas dejen su trabajo o tomen tiempo libre. Una mujer embarazada tiene derecho a trabajar durante el embarazo y no tiene que tomar un período de ausencia por maternidad, y tiene el derecho a su trabajo después del parto.

Aunque no se menciona explícitamente en el Título VII del PDA, los empleadores deben darle a la mujer embarazada tiempo libre por embarazo y otras situaciones familiares siempre y cuando sea tratada equitativamente en comparación con otros empleados. Se prohíbe que los empleadores determinen una cantidad específica de tiempo para ausencias por embarazo, si otras incapacidades no son restringidas similarmente. Una mujer tiene derecho a la misma posición cuando regresa al trabajo.

Los empleadores no están obligados a ofrecerles el mismo tiempo libre a empleados varones. Los empleadores deben darles a las esposas de los empleados varones los mismos beneficios de seguro médico por circunstancias relacionadas a un embarazo igual que a las empleadas.

La mayoría de las leyes estatales de incapacidad por embarazo requieren que un empleador con cinco o más empleados les permita tomar hasta cuatro meses de permiso de ausencia por embarazo y necesidades relacionadas con el parto. Si el empleador concede más de cuatro meses de ausencia por otras clases de incapacidades, también deberá conceder el mismo tiempo de ausencia por incapacidad de embarazo. Los cuatro meses no tienen que tomarse al mismo tiempo.

Cuando una mujer regresa al trabajo después de un permiso de ausencia de trabajo por incapacidad relacionada a un embarazo, tiene derecho a la misma posición que tenía cuando comenzó la ausencia. Si el trabajo que tenía no está disponible por razones económicas, el empleador deberá ofrecerle uno similar al antiguo en términos de sueldo, lugar, tareas, responsabilidades y oportunidades de ascenso.

Si el empleado ausente por una incapacidad de embarazo es reemplazado por uno temporal, el empleador deberá permitir que dicho empleado regrese a su antigua posición, incluso si cree que el temporal es más competente.

Un empleador con quince o más empleados debe ofrecer seguro médico por embarazo bajo los mismos términos que para otras incapacidades.

Una mujer puede solicitar el uso de su tiempo acumulado de vacaciones o de enfermedad durante el período de incapacidad, pero el empleador no puede forzarla a hacerlo. Si ella así lo solicita, el empleador deberá permitir que utilice el permiso de ausencia permitido por ley para incapacidad por embarazo y dejar que el tiempo acumulado para vacaciones o enfermedad continúe acumulándose para el futuro.

La empleada debe notificar al empleador de forma razonable su intención de usar su tiempo de ausencia de trabajo por incapacidad de embarazo, pero la ley permite que modifique sus planes, según su situación médica lo dicte.

COMPENSACIÓN POR ACCIDENTES DE TRABAJO

Los beneficios de compensación para el trabajador están disponibles para la mayor parte de las personas que se lesionan en actividades relacionadas con su trabajo. Todos los estados tienen leyes sobre la compensación de trabajadores que reglamentan la clase, la cantidad y la duración de los beneficios, así como los requisitos, las condiciones y las limitaciones que determinan la elegibilidad y otros asuntos relacionados.

Aunque las leyes varían con frecuencia de estado a estado con relación a aspectos secundarios del programa de compensación para el trabajador, el concepto básico y la metodología aplicada para otorgar los beneficios son similares. Esencialmente, la compensación para los trabajadores es un sistema que no asigna culpa, en el cual se otorgan beneficios médicos y económicos a trabajadores que han sido lesionados y son elegibles, sin importar quién causó la lesión. La ventaja para el trabajador es que no tiene que probar que el accidente o la lesión fueron causados por su empleador o que él no causó o contribuyó al accidente. Desafortunadamente, los trabajadores lesionados no pueden recibir compensación por dolor y sufrimiento (daños generales), que por lo general es la porción más grande de la compensación concedida en casos de lesiones.

COBERTURA

En la mayoría de los estados todo "empleado" está cubierto, con excepción de trabajadores domésticos o agricultores. Los socios o propietarios de la empresa usualmente no están cubiertos, ya que no se consideran empleados en la mayoría de los estados. Además, los trabajadores que son contratistas independientes no se incluyen en la definición de empleados y, por lo tanto, no tienen derecho a los beneficios de compensación al trabajador. La determinación de si una persona es o no es empleado o contratista independiente puede ser un asunto muy significativo y controversial, ya que son miles, y tal vez cientos de miles de dólares en beneficios que pueden estar en juego.

A medida de que se ejerce mayor control sobre un trabajador, mayor es la probabilidad de que éste se considere empleado. Los factores que tienden a indicar que el trabajador es un contratista independiente incluyen que sea dueño de sus propias herramientas, que haya sido entrenado y que puede desempeñar sus funciones con poca o ninguna supervisión y que es remunerado por cada proyecto y no por hora. Si lo que el trabajador hace es proveer servicios que ayudan al empleador a desempeñar las funciones normales de la empresa, por lo general se considera empleado. Los contratos que dicen que el trabajador es un contratista independiente tienen poco o ningún efecto, y la determinación dependerá siempre de las circunstancias de la relación laboral, descritas anteriormente. Por otra parte, en la mayoría de los estados, las personas que hacen trabajo voluntario no son elegibles para beneficios de compensación al trabajador a menos que reciban algún tipo de pago, tal como comidas o dinero para la gasolina.

Lesiones o lastimaduras

Las antiguas leyes de compensación al trabajador solamente les extendían protección a trabajadores por lesiones recibidas como resultado de un accidente. Sin embargo, las leyes han ido cambiando a través de los años y hoy incluyen otros tipos de lesiones e incluso ciertas enfermedades relacionadas con el trabajo.

La lesión que se cubre más comúnmente es la *lesión específica* (*specific injury*), que se puede identificar con un lugar y hora en particular; por ejemplo, una persona resbala y se cae mientras mueve unas cajas en el trabajo y se rompe una pierna. Estas lesiones también pueden resultar de un accidente automovilístico mientras que el empleado maneja o es pasajero durante el desempeño de su trabajo.

La lesión conocida como *trauma continuo* (*continuing trauma*) es la que resulta con el paso del tiempo y afecta una parte del cuerpo en particular. Un albañil puede presentar una lesión en la espalda después de años de estar levantando cargas pesadas; un cajero puede desarrollar una lesión en la muñeca después de años de mover comestibles y operar la caja registradora.

Hoy en día, debido al ritmo tan acelerado en el ambiente de trabajo, los trabajadores pueden presentar altos niveles de tensión que pueden causar problemas del corazón y angustias emocionales y hasta sicológicas. Algunos estados incluyen estas lesiones como lesiones cubiertas por el programa de compensación al trabajador, aunque existen procedimientos rigurosos para determinar si son resultado del trabajo o de la vida diaria.

Recientemente, la mayoría de los estados han aceptado ciertas lesiones ocupacionales como elegibles para compensación al trabajador. Esto pudiera incluir a un doctor o a un dentista que adquiere el virus HIV mientras trata a un paciente, o a un conserje que presenta una enfermedad de la piel como resultado del contacto con químicos de limpieza.

Transcurso y alcance del trabajo

El accidente, la lesión o la enfermedad deberán ser el resultado y ocurrir dentro del transcurso y alcance del trabajo. Si un empleado es atacado por una amante airada, esto por lo general no se considera como una lesión relacionada con el trabajo, ya que estar en el trabajo no es la causa de la lesión. Sin embargo, un gerente de hotel que ha terminado su turno y que trata de poner fin a un altercado en el hotel se considera, en la mayoría de los estados, que lo hace en el transcurso de su trabajo. Esto resulta porque si el gerente no hubiese trabajado en ese lugar, lo más probable es que no se hubiera inmiscuido. Los trabajadores que se involucran en juegos de manos por lo general no se consideran estar dentro del transcurso de su empleo, aunque algunos estados lo han incluido como parte de la realidad humana.

Las lesiones que ocurren mientras un trabajador se transporta de la casa al trabajo, y viceversa, usualmente no están dentro del transcurso del trabajo. El resultado sería diferente si el empleado no tiene un local fijo de trabajo, o cuando está promoviendo el negocio de su empleador. Muchos estados descalifican a trabajadores que se lesionan como resultado de su propia conducta ilícita o intencional. Además, los trabajadores que desobedecen intencionalmente las reglas de seguridad del trabajo o que están intoxicados al momento de lesionarse, usualmente son descalificados, como también lo son los que se suicidan.

Muchos estados tienen un sistema separado para la compensación de trabajadores lesionados que trabajan para el gobierno estatal o para el municipal; el gobierno federal tiene su propio sistema para los empleados federales.

Los empleadores que tienen conocimiento de condiciones peligrosas de trabajo y no las corrigen, pueden ser multados si ocurre una lesión. Por ejemplo, en California los empleadores deben pagar una cantidad adicional al empleado equivalente al cincuenta por ciento del valor de los beneficios. Además, las leyes de compensación al trabajador prohíben que un empleador tome represalias contra un empleado que presente un reclamo de compensación al trabajador. Si un empleador toma represalia despidiendo a un empleado, puede ser forzado a reincorporarlo y pagarle sueldos adeudados y beneficios perdidos, además de ser multado hasta $10,000.

Los beneficios que se le pagan a trabajadores lesionados provienen del seguro de compensación al trabajador que paga el empleador. Las penalidades y multas impuestas contra empleadores que no obtienen este seguro son altas, ya que es un seguro obligatorio. Para proteger al trabajador lesionado, existe un fondo estatal para el pago de beneficios a trabajadores cuyos empleadores no están asegurados. Por lo general, no hay períodos de espera antes de que un trabajador lesionado pueda ser elegible para recibir beneficios, aunque el primer cheque de beneficios puede tardar más para ser procesado y entregado al trabajador que los cheques siguientes.

BENEFICIOS DISPONIBLES

GASTOS MÉDICOS

El seguro de compensación para trabajadores paga todos los gastos médicos que son necesarios y apropiados para atender a un trabajador lesionado. Esto incluye el costo de la ambulancia, del hospital, de los exámenes de laboratorio, de los rayos X, de la enfermera, de los médicos y asistentes especializados, de instrumentos y otros productos, y de materiales y servicios relacionados.

La selección del médico principal es un asunto de suma importancia para el trabajador lesionado que desea ser atendido por un médico independiente para evitar el riesgo de que no se le someta a tratamiento necesario sólo por ahorrar dinero. La compañía de seguros, por otro lado, prefiere seleccionar al médico para poder cerciorarse de que los servicios médicos sean mantenidos al mínimo. Algunos estados permiten al empleado que escoja su propio médico y otros incluso permiten que obtenga un segundo dictamen. Unos estados exigen que el trabajador recurra al médico del empleador, por lo menos durante un período determinado (usualmente treinta días), antes de visitar a uno de su predilección. Otros estados permiten que el trabajador escoja a su médico de una lista de profesionales que han sido aprobados. El tratamiento médico deberá continuar durante el tiempo que sea requerido, incluso de por vida, si es necesario. A los trabajadores se les reembolsan los gastos de transporte para visitar los establecimientos médicos, los cuales usualmente toman la forma de reembolso por millas viajadas. Los trabajadores lesionados deberán cerciorarse de mantener un registro o listado donde anotan las millas viajadas para recibir servicios médicos.

COMPENSACIÓN POR INCAPACIDAD TEMPORAL

Un trabajador que no pueda trabajar por una lesión relacionada con el trabajo según lo certifique un médico, tiene derecho a recibir compensación por incapacidad temporal. La cantidad varía de estado a estado, pero usualmente se paga entre el sesenta por ciento y ochenta por ciento de su salario semanal bruto hasta la cantidad máxima legal. Estos pagos continúan hasta que el trabajador puede regresar al trabajo o hasta que su situación se haya estabilizado permanentemente.

COMPENSACIÓN POR INCAPACIDAD PERMANENTE

Si la lesión resulta en incapacidad permanente, el trabajador puede recibir pago de beneficios por incapacidad permanente. La cantidad de este beneficio es prescrita por ley y se paga después de que el trabajador se encuentra en una situación estable y permanente o después de que haya completado un programa de rehabilitación vocacional. El alcance de la incapacidad es medido y cada punto de porcentaje de incapacidad aumenta el valor del beneficio. Los empleadores están requeridos de proveer funciones de trabajo modificadas o ayudar al empleado a encontrar un trabajo diferente, si la lesión imposibilita que desempeñe sus funciones normales de trabajo. El trabajador deberá solicitar estos beneficios para poder recibirlos.

BENEFICIOS POR MUERTE

Los beneficios por muerte se pagan a los dependientes de un trabajador que muere como resultado de lesiones relacionadas con su trabajo. La cantidad por lo general se limita a la cantidad que recibiría si hubiera vivido y hubiera estado completa y permanentemente incapacitado. Los dependientes, en la mayoría de los estados, deberán ser familiares y haber sido dependientes suyos al momento de su muerte.

Muchos estados suspenden el pago mensual de beneficios por muerte a un cónyuge que se casa nuevamente. Esto se puede evitar en los estados que permiten un pago total de beneficios por muerte. Por lo general, las personas que viven juntas pero que no están casadas no son elegibles para beneficios por muerte; sin embargo, algunos estados permiten el pago si las partes vivieron juntas durante un tiempo determinado (uno o dos años), estaban viviendo juntos al momento de la muerte y tuvieron un hijo. Los beneficios de compensación al trabajador también incluyen el pago de los gastos del funeral.

RESOLUCIÓN DE DISPUTAS

Si el trabajador lesionado y la compañía de seguro de compensación al trabajador no pueden llegar a un acuerdo sobre uno o más de los asuntos claves, el trabajador puede insistir en un juicio ante una junta de compensación al trabajador o una junta de relaciones industriales. El juicio en estos casos es bastante informal. No hay jurado y la prueba se presenta sin prestarle mucha atención a las reglas de evidencia usadas en las cortes. Los casos son procesados y decididos en juicios administrativos por comisionados que no son jueces. Aunque el trabajador no tiene que tener abogado, por lo general es buena idea que contrate uno, ya que la compañía de seguros sin duda estará representada. Es muy común encontrar que la compañía de seguro trata de reducir o negar los beneficios a un trabajador lesionado, alegando que no era empleado en el momento que ocurrió la lesión, que no se lesionó, que el tratamiento médico no era necesario o que fue excesivo. Ellas también alegan rutinariamente que la lesión ocurrió mientras el empleado no estaba en el transcurso de su trabajo o que la lesión fue el resultado de un acto ilícito intencional. Las compañías de seguro pueden exigir (y muy a menudo lo hacen) que un empleado lesionado se someta a uno o más *exámenes médicos independientes* (*independent medical examinations*, IMEs en inglés). Estos IMEs son hechos por médicos seleccionados y pagados por la compañía de seguros. Un abogado que representa al empleado tenazmente puede limitar el número de estos exámenes y ayudar a asegurar que los informes sean justos y precisos.

Los abogados también pueden ayudar a los empleados a comprobar cuando son falsas estas alegaciones. A los abogados se les paga en base a honorarios contingentes (condicionales), lo que significa que sólo reciben dinero si logran obtener beneficios para el empleado. Los honorarios son aprobados por un funcionario de vistas y se basan en la cantidad y calidad de los servicios del abogado, y frecuentemente el resultado de los servicios también se toma en consideración. Los honorarios por lo general varían entre el diez y el quince por ciento de la cantidad concedida al trabajador por una incapacidad permanente. Los abogados también pueden ayudar a presionar a la compañía de seguros para que tomen una decisión más rápida respecto a la elegibilidad y pago de los beneficios.

Una de las quejas más comunes de los trabajadores lesionados es que la compañía de seguros demora demasiado para tomar decisiones y pagar beneficios. Sin la ayuda de un abogado para hacerlas cumplir con su responsabilidad y, si es necesario, llevarlas ante una junta, estas compañías ignoran, cuando pueden, a los trabajadores. En muchos estados los abogados pueden solicitar que el funcionario de la vista fije una fecha para una *vista acelerada* (*expedited hearing*) para exponer todo atraso injusto por parte de la compañía de seguros y para obtener una orden de pago inmediato de beneficios para el trabajor lesionado.

Los trabajadores lesionados deben notificar siempre a su supervisor inmediatamente después de lesionarse o sufrir una enfermedad relacionada con el trabajo. Las leyes de todos los estados requieren notificación inmediata al empleador (usualmente de diez a treinta días). Además, todos los estados han establecido plazos límites para presentar una solicitud formal para beneficios con la agencia apropiada, llamada generalmente junta de compensación al trabajador o junta de relaciones industriales.

RECLAMOS CONTRA TERCERAS PERSONAS

Si un trabajador es lesionado por una persona que no es su empleador o colega de trabajo, también puede tener una reclamo por daños basado en las leyes de negligencia. Esto puede ocurrir cuando el trabajador lesionado está manejando como parte del trabajo y tiene un accidente. Los reclamos por negligencia también están disponibles cuando el trabajador es lesionado por una máquina o un producto defectuoso, o por el acto negligente de una persona que trabaja para otro empleador, tal como un contratista en una obra de construcción.

Los reclamos contra terceras personas pueden ser beneficiosos para un traba-jador lesionado, ya que pueden resultar en grandes cantidades de dinero que no están disponibles bajo las leyes de compensación al trabajador. Por ejemplo, un reclamo contra una tercera persona permite que el reclamante reciba compensa-ción por *dolor y sufrimiento* (*pain and suffering*) que frecuentemente puede resul-tar en millones de dólares. Además, el reclamante y su cónyuge pueden recibir cantidades sustanciales por *pérdida del consorcio conyugal* (*loss of consortium*), o sea la pérdida del placer en su relación conyugal a causa de la lesión.

El pago de gastos médicos futuros puede obtenerse tanto en casos de reclamos de compensación al trabajador como de reclamos contra terceras personas, pero en éste último el reclamante puede recibir cantidades considerables por la pér-dida de ingresos futuros. Además, en casos contra terceras personas, el recla-mante puede ser compensado por la pérdida de ingresos durante el período de incapacidad a razón del accidente. En casos contra terceras partes, el reclamante debe tener en cuenta siempre que existen diferentes plazos límites para diferen-tes reclamos, y si la parte negligente es una entidad gubernamental, tal como un distrito escolar, un departamento de tránsito o un departamento de policía el plazo límite puede ser bastante corto (cien días o menos). En algunos casos, si el trabajador lesionado recibe una cantidad considerable a razón de un arreglo con terceras personas, deberá reembolsar a la compañía de seguros por la cantidad de dinero que haya recibido. A menudo, la cantidad reembolsada puede redu-cirse considerablemente a favor del trabajador.

Un trabajador lesionado en los Estados Unidos puede recibir varios tipos de beneficios, pero el sistema puede ser bastante complicado y burocrático. Las extremas demoras y pagos de beneficios insuficientes son por lo general la regla, y los empleadores, las compañías de seguros e incluso quienes que prestan servi-cios médicos a menudo actúan en forma adversa hacia el trabajador. Los traba-jadores lesionados deben siempre procurar la asistencia de abogados que estén altamente especializados en las leyes de compensación al trabajador.

11

Relaciones entre arrendador y arrendatario

Existen varias fuentes de leyes que definen los derechos y responsabilidades de arrendadores propietarios y arrendatarios (inquilinos). La relación legal entre propietarios e inquilinos es afectada por leyes estatales de vivienda, por el derecho sobre bienes inmobiliarios, por leyes contractuales, por leyes estatales sobre actos ilícitos civiles, por códigos estatales y locales de construcción, por códigos estatales de salud y de seguridad, por reglamentos urbanísticos y, en algunos casos, por la ejecución de códigos locales.

Hoy día, en los Estados Unidos existe escasez de vivienda a bajo costo, especialmente en áreas urbanas. Debido al alto costo de la vivienda, la mayoría de las familias de bajos ingresos o moderados alquilan propiedades. Para proteger a los arrendatarios y para cerciorarse de que los propietarios también estén protegidos (con el propósito de estimular la inversión en este mercado), cada estado de la Unión ha desarrollado un sistema de leyes que define los derechos y responsabilidades de propietarios y arrendatarios, basado en la creencia de que todo residente de los Estados Unidos debe vivir en un hogar decente, saludable y seguro.

CONTRATOS DE ALQUILER Y DE ARRENDAMIENTO

Tanto un contrato de alquiler como uno de arrendamiento son convenios contractuales en los cuales el propietario, o arrendador, acuerda ceder al inquilino, o arrendatario, los derechos exclusivos de posesión de una casa o departamento, y el inquilino o arrendatario acepta pagar alquiler y atenerse a otras condiciones del contrato.

Un arrendamiento es un contrato por un período específico de tiempo—por ejemplo, de uno o cinco años—y vence automáticamente en una fecha predeterminada. Un arrendamiento es ventajoso para el arrendatario porque puede establecer un pago de alquiler mensual y estipular que no puede aumentar durante la duración del arrendamiento. Otra ventaja es que el arrendador no puede terminar el contrato a menos que el arrendatario o inquilino haya violado las condiciones del contrato. Una desventaja para el arrendatario es que está obligado legalmente a pagar durante el término completo del contrato, incluso si desaloja la vivienda antes de la fecha de vencimiento del contrato. Si el arrendamiento es por un año o más, deberá ser por escrito para cumplir los requisitos de la Ley contra Fraudes.

La diferencia más notable entre un contrato de alquiler y uno de arrendamiento es que por lo general el de alquiler es de mes a mes, aunque puede ser de semana a semana o cualquier otro período específico de tiempo. Conforme a un contrato de alquiler, la renta se paga por adelantado durante un tiempo determinado (un mes o una semana), y tanto el propietario como el inquilino pueden terminarlo notificando a la otra parte por escrito con treinta días de anticipación, siempre y cuando que las razones para la cancelación no infrinjan ninguna ley. Un contrato de alquiler debe ser por escrito y debe tener la fecha y la firma del inquilino o inquilinos, y del propietario o propietarios. Sin embargo, un contrato verbal puede hacerse valer, si las condiciones pueden comprobarse adecuadamente por otros medios.

DOCUMENTOS DE ALQUILER

La mesa directiva de corredores de bienes raíces, o de la asociación de dueños de departamentos, tienen formularios ya redactados para cumplir con las leyes locales y estatales, los cuales pueden ser completados y firmados por inquilinos y propietarios. En las papelería también se pueden adquirir formularios pre-impresos de alquiler o arrendamiento. Sin embargo, por lo general el propietario provee el formulario para la firma del inquilino. Los formularios de renta o arrendamiento no son uniformes y pueden variar considerablemente. Por esta razón, es muy importante que el futuro inquilino lea el contrato cuidadosamente y en su totalidad, y sepa a lo que se está comprometiendo antes de firmarlo.

Aunque algunas cláusulas en un contrato pueden ser inválidas por ser ilegales, las otras partes de éste son obligatorias. El incumplimiento de algunas de las condiciones del contrato puede resultar en el desalojo del inquilino y su familia, y la corte también puede ordenarle al inquilino que pague cantidades adicionales al propietario por daños económicos.

Algunas de las restricciones que son comunes en los contratos de alquiler o de arrendamiento incluyen la prohibición de tener animales dentro de la propiedad, limitaciones sobre subarriendo de la vivienda, limitación del número de ocupantes que pueden vivir en la misma y la exigencia de que todos los inquilinos cumplan con las reglas que se aplican a las áreas comunes.

RESPONSABILIDAD DE MANTENIMIENTO POR PARTE DEL PROPIETARIO

Las leyes de California ofrecen un buen ejemplo de la manera cómo la mayoría de los estados regulan a los propietarios. En ese estado, el propietario no puede alquilar una casa o un departamento que no cumpla con los siguientes requisitos:

1. El exterior deberá proteger adecuadamente de la condiciones del tiempo y el agua, y no deberá tener ventanas o puertas rotas.
2. La plomería y el sistema eléctrico deberán estar en buenas condiciones y deberá incluir fregadero en la cocina, un inodoro, una ducha o una bañera y luz eléctrica.
3. Deberá haber agua fría y caliente, y la plomería deberá estar conectada a un buen sistema de desagüe.
4. Deberá haber un sistema de calefacción adecuado.
5. El propietario deberá proveer receptáculos para la basura, que deberán serán mantenidos en buenas condiciones.
6. Los pisos, las escaleras y las barandas deberán estar en buenas condiciones.
7. Las áreas comunes deberán mantenerse limpias y sin roedores y sabandijas.

El propósito primordial de la ley es de asegurar que la vivienda esté lo suficientemente segura para prevenir todo tipo de peligro, ya sea a la propiedad, a la salud, a la seguridad y al bienestar de los ocupantes y del público en general. No se requiere que los edificios más antiguos cumplan con los requisitos de los códigos de construcción actuales, siempre y cuando los componentes que fueron aprobados durante su construcción hayan sido mantenidos en buenas condiciones.

Los peligros o los riesgos estructurales, tales como pisos pandeados, techos con goteras, paredes o techos interiores combados, chimeneas con desperfectos, yeso deteriorado o suelto, acumulación de yerbas o desechos en el exterior que pueden crear un peligro a la salud o riesgo de incendios, basura almacenada en la propiedad, agua estancada y humedad en cuartos habitables se consideran inseguros y deberán ser corregidos y mantenidos por el dueño de la propiedad.

El propietario no tiene obligación de ofrecerle al inquilino un lugar estéticamente placentero. No tiene que haber pintado la vivienda recientemente ni la alfombra tiene que ser nueva, pero sí debe cerciorarse de que el lugar esté limpio y seguro en el momento que el inquilino lo ocupe.

Incumplimiento de la garantía implícita de habitabilidad

En los arrendamientos residenciales existe una *garantía implícita de habitabilidad* (*warranty of habitability*) que se desprende de la ley tradicional (*common law*). Esta garantía significa que el propietario promete que el lugar arrendado para la vivienda se conservará de manera habitable durante la vigencia del arrendamiento. Toda parte del contrato de arrendamiento o de alquiler en el cual el inquilino acuerde renunciar a esta responsabilidad del propietario es nula, si el propósito de dicha renuncia es obligar al inquilino a vivir en un lugar inhabitable. No obstante, el inquilino y el propietario pueden acordar que el inquilino será responsable de las mejoras, reparaciones y mantenimiento de toda o parte de la vivienda como parte de la contraprestación para el arrendamiento.

En algunos estados, las leyes permiten que el inquilino y el propietario acuerden que el inquilino aceptará ciertas condiciones de inferioridad en la vivienda. Pero todo detalle del cual el propietario no va a ser responsable deberá expresarse específicamente en un contrato escrito.

Se considera que el propietario ha violado esta garantía si observa en persona o tiene conocimiento por medio de una carta o por teléfono de que hay condiciones inhabitables en la vivienda que no fueron causadas por el inquilino. El hecho de que los inquilinos continúen viviendo en un lugar inhabitable después de darse cuenta de los defectos no significa que el propietario queda absuelto de la responsabilidad de corregirlos.

Si el propietario no cumple con la garantía de habitabilidad y luego trata de desalojar al inquilino que no ha pagado alquiler acordado en el contrato de arrendamiento, el inquilino tiene una base o recurso legal para oponerse al desalojo si puede comprobar ante la corte que el propietario violó la ley. Este derecho del inquilino se basa en que su obligación de pagar alquiler depende a su vez del cumplimiento de la garantía de habitabilidad por parte del propietario. Si el inquilino puede comprobar que el propietario violó dicha garantía, puede mostrar de esta manera que no pagar el alquiler está justificado y que no está obligado a pagar alquiler adicional al propietario. Bajo estas circunstancias, el propietario no puede desalojar al inquilino porque el propietario mismo no tiene derecho a la posesión de la vivienda.

Para cerciorarse de que está cumpliendo con la ley, el inquilino deberá seguir el siguiente procedimiento:

1. El inquilino deberá notificar de los defectos al propietario.

2. Si el propietario no repara los defectos en un tiempo razonable, el inquilino puede dejar de pagar alquiler.

3. El propietario entonces deberá notificar oficialmente al inquilino por medio de la notificación de tres días para pagar alquiler o desalojar.

4. Cuando el inquilino no desaloja la vivienda, el propietario puede presentar una demanda de desalojo por falta de pago de alquiler.

5. El inquilino luego presenta su contestación, con la notificación correspondiente del propietario, donde alega los hechos que constituyen el incumplimiento de la garantía de habitabilidad.

El incumplimiento de la garantía de habitabilidad también puede ser reclamado por el inquilino en una demanda independiente contra el propietario para descontar el alquiler o para ser indemnizado.

RESPONSABILIDADES DEL INQUILINO

El inquilino tiene la responsabilidad de mantener su parte de la propiedad lo más limpia e higiénica que sea razonablemente posible. Toda la basura y desperdicios deberán ser desechados de una manera limpia y sanitaria, y deberá usar y operar los aparatos eléctricos, de gas y de plomería apropiadamente y los mantendrá lo más limpios e higiénicos que pueda. También es responsable de cerciorarse de que ni él ni ningún visitante o miembro de su familia destruya, desfigure o dañe alguna parte de la vivienda o algún aparato o equipo dentro de ella. Además, la ley establece que el inquilino deberá usar las diferentes áreas de la vivienda sólo para los propósitos para los cuales fueron diseñados. La sala no puede convertirse en un dormitorio adicional permanente y solamente se puede cocinar en la cocina.

El inquilino es responsable de reparar daños que no sean ocasionados por el desgaste normal de la vivienda. Las puertas, las paredes, las ventanas, las telas metálicas y los aparatos que se dañen debido al abuso o descuido suyo, de su familia y de visitantes deberán ser reparados por él. Si el inquilino no cumple con la obligación de mantener la vivienda de forma razonable, el propietario puede solicitar la asistencia de la corte para desalojarlo y puede solicitar indemnización para reparar cualquier daño causado por él. Además, al inquilino no se le permitirá presentar una demanda contra el propietario alegando que no mantiene la vivienda en forma habitable si él mismo no ha cumplido con mantenerla limpia, sanitaria y sin daños. Si el inquilino desaloja la vivienda, el propietario puede retener todo o parte del depósito de seguridad suyo para pagar las reparaciones (vea la sección de Depósitos de Seguridad abajo).

El acuerdo de alquiler o de arrendamiento puede contener otros requisitos específicos que el inquilino deberá cumplir. El contrato puede limitar el número de personas que pueden ocupar la vivienda y prohibir que el inquilino tenga animales mientras la ocupa.

SUBARRIENDO

Una restricción común en un contrato de alquiler es la que prohíbe el subarriendo. Esto significa que el inquilino que firma el contrato con el propietario no puede desalojar la vivienda y dejar que otra persona se mude y asuma los pagos de renta sin que el propietario lo apruebe. Esto también significa que el inquilino original no puede dejar que otra persona se mude para compartir el pago de alquiler si el otro individuo no figura en el contrato original o no tiene permiso del propietario. Un inquilino que firma un contrato de renta que prohíbe el subarriendo viola el contrato si comete algunas de la acciones que están prohibidas y el propietario puede proceder a desalojarlo por incumplimiento del acuerdo.

DEPÓSITOS DE SEGURIDAD

En el momento en que el inquilino y el propietario cierran un contrato de alquiler o de arrendamiento, el propietario por lo general le exige al inquilino que pague un *depósito de seguridad* (*security deposit*). Este depósito es dinero que guarda el propietario mientras el inquilino ocupa la vivienda y puede ser usado por el propietario para pagar daños que ocasione el inquilino, para compensar al propietario por el alquiler adeudado por aquél al momento de mudarse, para limpiar la vivienda al momento de desalojarla y para reparar o remplazar la propiedad personal o muebles que hayan sufrido daño o desgaste más allá de lo ordinario. El propietario no puede retener ninguna porción del depósito como compensación por desgaste ordinario.

Dentro de un plazo específico (usualmente tres semanas) después de que el inquilino haya desalojado la vivienda, el propietario está obligado por ley a darle al inquilino un recibo detallado indicando la cantidad y razón por la cual no le está devolviendo parte del depósito. Toda cantidad adeudada deberá serle devuelta al inquilino con dicho recibo dentro del plazo especificado. El propietario está obligado a enviar el recibo y el depósito al inquilino por correo o entregárselo personalmente.

Si un propietario se niega a devolver el depósito o una porción al inquilino como exige la ley, éste puede presentar una demanda en la corte de reclamos menores y puede obtener un fallo por los daños sufridos más, según el estado, indemnización por retención maliciosa del depósito . En la mayoría de los estados, ningún contrato de alquiler o de arrendamiento puede tener cláusulas de depósitos no reembolsables.

En California existen limitaciones estrictas a los depósitos de seguridad. La cantidad de depósito que cobra un propietario no puede exceder dos meses de alquiler por una vivienda no amueblada y tres meses por una amueblada.

DISFRUTE EFECTIVO Y DESALOJO IMPLÍCITO

Cuando un inquilino alquila una vivienda, se dice que se le ha concedido el derecho al *disfrute efectivo* (*beneficial enjoyment*) de ella. Este disfrute incluye poder vivir en una vivienda que está en buenas condiciones, como también vivir en ella sin ser acosado por el propietario. Si el propietario viola la ley, está privando al inquilino de su disfrute efectivo. Esta situación conduce a lo que se conoce como *desalojo implícito* (*constructive eviction*) porque tal violación hace imposible la permanencia del inquilino. Por ejemplo, si el inquilino notifica al propietario que la calefacción no funciona y éste no la repara rápidamente, el inquilino puede considerar esta falta de acción como un desalojo implícito. En este caso, el inquilino puede desalojar la vivienda y demandar al propietario por el reembolso del alquiler pagado desde que el propietario no reparó la calefacción. Por lo general, este tipo de reclamo se presenta en la Corte de Reclamos Menores.

Sin embargo, si el inquilino no notifica al propietario del problema y no desaloja la vivienda después de un tiempo razonable, se puede considerar que ha renunciado a su derecho a reclamar desalojo implícito y no tendrá derecho al reembolso de rentas pagadas desde la fecha en que comenzó el desalojo.

MEDIDORES DE GAS Y DE ELECTRICIDAD

Si el inquilino tiene que pagar los servicios públicos a las compañías de gas y electricidad directamente, el propietario debe por ley de avisarle si el medidor está sirviendo a otra vivienda u otra área. Por ejemplo, si las luces del pasillo de un edificio de departamentos se miden con el medidor del inquilino, se le deberá informar antes de que acepte el contrato de alquiler o de arrendamiento.

RESPONSABILIDAD DEL PROPIETARIO POR NEGLIGENCIA

Un propietario es responsable por toda lesión causada por no proceder con cuidado o no tener la habilidad apropiada para manejar la propiedad.

DISPOSICIONES INVÁLIDAS EN CONTRATOS DE ARRENDAMIENTO

Ciertas condiciones en los contratos de arrendamiento son inválidas por ley, incluyendo toda condición de arrendamiento residencial o acuerdo de alquiler por el cual el inquilino acepta modificar o renunciar a cualquiera de los siguientes derechos:

1. El derecho o los remedios que regulan el depósito de seguridad pagado por el inquilino o que requieren que el propietario dé notificación o aviso adecuado antes de entrar a la vivienda
2. El derecho a presentar una acción legal o demanda que pudiese surgir en el futuro contra el propietario
3. El derecho a una notificación o audiencia requerida por ley
4. Los derechos procesales en un litigio sobre sus derechos y obligaciones como inquilino
5. El derecho a que el propietario cumpla con el deber de actuar con prudencia para evitar lesiones personales y daños a la propiedad personal
6. Toda disposición de un contrato de alquiler o arrendamiento por la cual el arrendador acepta modificar o renunciar a un derecho estatutario

CUÁNDO PUEDE UN PROPIETARIO ENTRAR A LA VIVIENDA

Típicamente, un propietario puede entrar a una vivienda sólo en los siguientes casos:

1. En una emergencia
2. Para hacer reparaciones, decoraciones, modificaciones o mejoras necesarias o acordadas, para proveer servicios necesarios o acordados, para mostrar la vivienda a compradores posibles o reales, a acreedores hipotecarios, a inquilinos, a obreros o a contratistas
3. Cuando el inquilino ha desalojado la vivienda
4. Cuando está autorizado por una orden de la corte

Exceptuando casos de emergencia, el propietario no puede entrar a la vivienda si no es durante horas normales de trabajo, a menos que el inquilino acepte otro arreglo.

Un aviso con veinticuatro horas de anticipación se considera razonable.

Es contra la ley que un propietario acose a un inquilino entrando a la vivienda sin autorización.

Derecho del inquilino a hacer reparaciones o desalojar

La mayoría de los estados tienen leyes semejantes a las de California referentes a reparaciones. Si el propietario no hace las reparaciones, el inquilino puede hacerlas si el costo no sobrepasa un mes de alquiler. El inquilino puede entonces deducir los costos de reparación del alquiler del mes siguiente. Antes de que el inquilino proceda, deberá notificar al propietario de las reparaciones necesarias y darle tiempo razonable para hacerlas. Treinta días se considera tiempo razonable, aunque menos tiempo puede considerarse apropiado si las circunstancias lo requieren. Por ejemplo, si la calefacción no funciona y hace mucho frío, el incumplimiento del propietario para hacer las reparaciones rápidamente permitiría que el inquilino las hiciera para proteger su salud y su seguridad. Sin embargo, las reparaciones deben ser del tipo que serían la responsabilidad del propietario y no ocasionadas por el inquilino. El inquilino puede proceder de esta forma solamente dos veces durante un período de doce meses.

El inquilino puede, si desea, desalojar la vivienda y la corte lo exoneraría de toda obligación de pagar alquiler o cumplir otras obligaciones del contrato.

Desalojo como represalia

Si el inquilino presenta una queja contra el propietario por no mantener la vivienda en condición habitable, el propietario no puede vengarse desalojándolo, aumentándole el alquiler o reduciéndole un servicio. Si el propietario procede para desalojar al inquilino, aumentarle el alquiler o negarle servicios dentro de los ciento ochenta días de que éste presente la queja, será responsable por daños, incluyendo daños efectivamente sufridos por el inquilino, tales como el costo de mudanza o pagos por servicios sustitutos, además de daños punitivos y los honorarios razonables de un abogado.

En una demanda de desalojo en represalia, el inquilino deberá comprobar que no debía renta alguna al momento en que el propietario tomó la represalia. Toda renuncia por parte del inquilino de sus derechos en relación a este asunto será inválida.

Derecho de cancelar el arrendamiento
con notificación de treinta días

Un contrato de alquiler por tiempo indefinido (usualmente de mes a mes o de semana a semana) se considera renovado al final del plazo, a menos que una parte notifique a la otra por escrito de su intención de terminarlo. Esta notificación deberá ser hecha por lo menos durante un plazo de tiempo anticipado igual al plazo indefinido del contrato, pero no mayor de treinta días. Un contrato de mes a mes puede ser cancelado por cualquiera de las partes con un aviso de treinta días en cualquier momento y el alquiler vencerá y será pagado hasta la fecha en que venza el contrato.

La notificación deberá ser por escrito y puede enviarse a la otra parte por correo registrado o certificado. Además, el inquilino puede hacer la notificación enviando una copia por correo certificado o registrado a la dirección del agente del propietario a quien el inquilino le pagó la renta del mes anterior a la fecha de la notificación o entregándole una copia personalmente.

NOTIFICACIÓN QUE EL PROPIETARIO REQUIERE
PARA EJERCITAR SU DERECHO A RETOMAR POSESIÓN

Cuando se le concede a un propietario el derecho a retomar posesión en un contrato de arrendamiento o en cualquier otro documento, la reposesión puede hacerse en cualquier momento después de que el propietario notifica por adelantado, como lo requieren las leyes estatales. Por otra parte, una acción para retomar posesión de un inmueble (como en una demanda de desalojo) que se arrienda con el derecho a retomar posesión puede llevarse a cabo sin notificación alguna.

CANCELACIÓN DE SERVICIOS PÚBLICOS
Y OTROS ACTOS INTENCIONALES

A un propietario se le prohíbe interrumpir los servicios públicos de un inquilino con la intención de que termine el arrendamiento. Esta prohibición se aplica tanto a los servicios provistos por el mismo propietario como a aquellos que las compañías de servicios públicos cobran directamente al inquilino.

Es ilícito que un propietario le impida al inquilino acceso a su casa o departamento cambiando las cerraduras o haciéndolas inoperables.

También es ilícito que el propietario quite puertas o ventanas o saque de la vivienda propiedad personal del inquilino sin permiso previo *por escrito* de éste o sin una orden judicial.

Todo propietario que no cumpla con esta condición es responsable ante el inquilino por los daños efectivos sufridos por él, tal como sería el costo de alojarse en un hotel o motel durante el tiempo que el incumplimiento continúe, más una multa mínima de $250 o hasta $100 por día en algunos estados. El inquilino también puede solicitar una orden judicial (*injunction*) contra un propietario que infrinja estas condiciones. El inquilino también puede presentar una demanda en la Corte de Reclamos Menores para recuperar pérdidas económicas, aunque en esta corte no se podría solicitar la *orden judicial*.

RESPONSABILIDAD CIVIL DEL PROPIETARIO A TERCERAS PERSONAS

Un propietario tiene el deber de actuar con cuidado y diligencia con inquilinos, visitantes o invitados.

EVICCIÓN: EL PROCESO DE DESALOJO

Una demanda de desalojo o evicción por *retención ilícita* (*unlawful detainer*) es el proceso para desalojar permanentemente a un inquilino de la propiedad alquilada o arrendada, y puede ser iniciado por el propietario por falta de pago de alquiler o por incumplimiento del contrato de alquiler o de arrendamiento. Aunque el desalojo es usualmente consecuencia del incumplimiento del contrato por parte del inquilino, no siempre es el caso.

El proceso de desalojo requiere que las dos partes observen ciertas reglas específicas. Si a una persona se le notifica oficialmente que un proceso de desalojo ha sido iniciado contra de ella, es muy importante que esta notificación inicial no sea ignorada. Existen varias vías legales que el inquilino puede utilizar para proteger sus intereses, pero el plazo para presentar una contestación o respuesta a la demanda de desalojo es bastante corto. De no responder dentro del plazo fijado, el propietario obtendrá un *fallo por falta de comparecencia* (*default judgment*) contra el inquilino y el alguacil será finalmente autorizado para sacarlo físicamente y sacar sus artículos personales de la vivienda.

Los pasos típicos de una demanda de desalojo siguen un procedimiento determinado en la mayoría de los estados.

1. El propietario presenta al inquilino una *notificación de tres días para pagar o desalojar la unidad* (*three-day notice to pay or quit*).
2. Si el inquilino paga el alquiler como se le exige, volverá a la situación anterior y no se tomará otra medida.
3. Si el inquilino no paga, el propietario presenta *una demanda de desalojo (complaint of unlawful detainer)* en la corte. La demanda puede presentarse en una corte municipal o de semejante competencia que cubra la jurisdicción de la propiedad.
4. Después de que la demanda se presenta en la corte, una copia de ella y una *citación* (*summons*) ordenando la comparecencia del inquilino a una audien-

cia deberán ser notificadas oficialmente. Esta notificación se hace preferiblemente por medio de un alguacil o un funcionario notificador profesional.

5. Si el funcionario notificador no puede entregar la demanda personalmente al inquilino, la mayoría de los estados permiten que se le notifique dejando una copia de la citación y de la demanda con una persona de edad apropiada donde reside, colocando una copia de ella visiblemente en el edificio o la entrada y enviándole copias por correo registrado a la dirección de la propiedad.

6. El funcionario notificador deberá presentar una *verificación de notificación* (*proof of service*) en la corte declarando que la citación y demanda fueron hechas debidamente, así como la fecha, hora y otros detalles de la notificación.

7. El inquilino usualmente tiene cinco días, incluyendo sábados y domingos, pero excluyendo los días feriados de la corte, para presentar la contestación en ésta. Si tiene una buena razón para pedir más tiempo para presentar la contestación, la corte puede concedérselo. La contestación del inquilino puede ser en forma de una defensa, tal como una declaración de que pagó el alquiler pero el propietario perdió el cheque. La citación también puede incluir defensas afirmativas. Una *defensa afirmativa* (*affirmative defense*) pudiera ser que el inquilino no debe estar obligado a pagar el alquiler porque el propietario no ha mantenido la vivienda en condiciones habitables. Otras defensas que el inquilino puede utilizar son que el propietario no cumplió con los requisitos para presentar la notificación de tres días para pagar o desalojar o que la notificación de la demanda no fue adecuada.

8. Si el inquilino presenta una *contestación* (*answer*), la corte señala la fecha para una audiencia.

9. Si el inquilino no presenta una contestación o si no asiste a la audiencia después de registrar la contestación, el propietario solicitará a la corte que emita un fallo a su favor y que registre un *fallo por falta de comparecencia* (*default judgment*). El juez, o el secretario de la corte, registrará inmediatamente un fallo para la devolución de la vivienda y autorizará un *mandamiento de ejecución* (*writ of execution*). El propietario también solicitará a la corte que emita un fallo por pérdidas económicas contra el inquilino, exigiéndole que pague todo alquiler que deba, todo daño causado por éste y los honorarios de abogados y los costos de la corte que el propietario hizo para presentar la demanda de desalojo.

10. El secretario de la corte enviará luego la decisión del juez al propietario y al inquilino por correo a la dirección de la propiedad en cuestión. Si el inquilino rehúsa desalojar la propiedad voluntariamente después de ser notificado del mandato de ejecución y sentencia, el propietario puede ponerse en contacto con el alguacil para que saque físicamente al inquilino y saque sus pertenencias de la vivienda.

11. Incluso después de que el inquilino haya sido desalojado, el propietario puede tomar medidas para tratar de cobrar la sentencia por daños económicos emitida por la corte.

Si el inquilino no ha violado las condiciones del contrato de arrendamiento y ha pagado el alquiler según lo acordado, el propietario puede iniciar una demanda de desalojo enviándole por correo certificado o registrado una notificación de treinta días para desalojar si tiene un contrato de alquiler de mes a mes. Debido a que no se le está dando oportunidad al inquilino para corregir un incumplimiento, como sería pagar el alquiler atrasado, el propietario no está obligado, en este caso, a darle una notificación de tres días.

En algunas circunstancias, la ley ofrece protección especial a familias de personal militar. Según la Ley de Asistencia Civil para Soldados y Marineros (50 USC App. §510 et seq.), el personal militar activo y sus familias pueden recibir tiempo adicional para pagar alquiler atrasado. En estos casos, el Código Federal para Militares y Veteranos §399.5 reemplazará las leyes estatales y deberá ser seguido por las cortes.

Una demanda de desalojo es un asunto serio y es importante que la persona que sea notificada oficialmente con una demanda de este tipo la conteste inmediatamente. Existen recursos legales para evitar el desalojo de un inquilino, pero no contestar la demanda usualmente tiene como consecuencia el desalojo del inquilino y da lugar a que se expida un fallo contra él, lo que puede afectar su historial de crédito durante diez años o más.

12

Derecho de familia:
Matrimonio, divorcio, custodia
de menores, violencia doméstica,
adopción y responsabilidad
de los padres

La Décima Enmienda a la Constitución permite que cada uno de los estados establezca sus propias leyes pertinentes a matrimonios, divorcios, custodia de menores y otros asuntos referentes a relaciones de familia. La cláusula de reconocimiento y mérito en la Constitución exige a cada estado que reconozca y acepte las leyes, sentencias y decretos de los otros estados. Un hombre y una mujer que contraen matrimonio de acuerdo a la ley en Nueva York se consideran casados legalmente en todos los estados de la unión; asímismo, una adopción en un estado es reconocida en los demás.

La naturaleza, alcance y continua validez de este principio se ha puesto a prueba en Hawai, el primer estado que permite el matrimonio entre homosexuales. Por consiguiente, el gobierno federal podría tomar medidas para hacer posible que cada estado evite tener que reconocer y aceptar el matrimonio entre ellos. Si la Corte Suprema federal así lo confirma, será un cambio sumamente drástico en la interpretación del requisito que exige cada estado respete las leyes, sentencias y decretos de cada uno de los demás estados.

Sin embargo, existen otras leyes federales creadas para proteger a menores de edad que se encuentren en disputas sobre su custodia y para ayudar a los padres que tienen la custodia de un hijo menor para que obtengan el pago de manutención correspondiente del padre ausente. Antes de que se promulgaran leyes que exigen la cooperación entre estados para hacer cumplir sentencias de divorcio, de custodia y de manutención, una de las partes en la disputa podía mudarse a un estado donde la sentencia o decreto no sería reconocida.

EL ABOGADO DE DERECHO EN ASUNTOS DE FAMILIA

El campo del derecho de la familia es complicado y por lo general abarca la preparación de documentos legales de gran complejidad. Para asegurarse de que un asunto de derecho de familia sea manejado apropiadamente, los interesados deben discutir ampliamente los detalles pertinentes con un abogado que se especialice en esta rama.

MATRIMONIO

DEFINICIÓN LEGAL DE MATRIMONIO

Cada uno de los estados establece sus propias leyes referentes a matrimonios, divorcios, manutención de cónyuges o menores, custodia de menores y otros asuntos concernientes a la familia. La mayoría de los estados define el matrimonio como "una relación personal que surge de un contrato civil entre un hombre y una mujer, que requiere el consentimiento de ambas partes". Sin embargo, el consentimiento por sí solo no constituye matrimonio; se necesita luego la expedición de una licencia y la solemnización del casamiento como lo autoriza la ley.

EDAD MÍNIMA PARA CONTRAER MATRIMONIO

Cada estado determina la edad mínima para que un hombre y una mujer puedan consentir al matrimonio. Un hombre o una mujer que no tengan la edad mínima pueden casarse, siempre y cuando si uno o los dos padres de ellos, o su guardián legal, registre su consentimiento por escrito ante un funcionario público autorizado para expedir la licencia. Si una persona que no tiene la edad mínima para contraer matrimonio no tiene un padre que pueda registrar su consentimiento, la corte superior tiene el poder de otorgar permiso para que se case, ordenando su propio consentimiento para que se le expida la licencia.

En la mayoría de los estados, la corte se reserva el derecho a exigir que las partes se sometan a una orientación prematrimonial sobre sus responsabilidades personales, sociales y económicas antes de expedir la licencia. (vea la tabla sobre la edad mínima para casarse en diferentes estados, página 156.)

CERTIFICADOS DE MATRIMONIO DE OTROS ESTADOS Y DE PAÍSES EXTRANJEROS

Existen ciertos requisitos básicos para que un matrimonio realizado en el extranjero sea reconocido.

Las personas que consideran casarse "a la ligera" en un país extranjero deben tener en cuenta que ese matrimonio tal vez no sea reconocido en los Estados Unidos. Por ejemplo, para que un matrimonio celebrado en México sea reconocido en los Estados Unidos, la pareja deberá haber cumplido con todos los requisitos de las leyes mexicanas.

ACUERDOS PREMATRIMONIALES

Un acuerdo prematrimonial es aquel que contempla el matrimonio entre futuros cónyuges y entra en vigencia al efectuarse el matrimonio.

Los acuerdos prematrimoniales son regidos por el Acta Uniforme sobre Acuerdos Prematrimoniales (*Uniform Premarital Agreement Act*). Un acuerdo que cumple con los requisitos de esta acta es válido y define los derechos legales sobre los bienes de los cónyuges.

Un acuerdo prematrimonial puede ser inscrito en la oficina del registrador del condado donde fue firmado, pero si no se registra no es inválido.

Un menor puede realizar un acuerdo prematrimonial, siempre y cuando esté emancipado o tenga la capacidad legal para contraer matrimonio. El consentimiento de los padres y de la corte son elementos necesarios para que un menor pueda ejecutar un acuerdo prematrimonial válido.

Los acuerdos firmados antes del 1ero. de enero de 1986 pueden estar sujetos a diferentes reglas. Toda persona que tenga preguntas sobre uno de estos acuerdos debe consultar con un abogado especializado en derecho de familia.

El acuerdo prematrimonial deberá ser por escrito y estar firmado por ambas partes. No es necesaria la contraprestación de un beneficio para validar un acuerdo prematrimonial (vea el capítulo de Contratos, página 55, donde se habla de la contraprestación).

Un acuerdo de este tipo puede definir la autoridad de un cónyuge para vender, arrendar o hipotecar una propiedad; definir otros derechos y obligaciones personales; determinar la forma en que los bienes personales y comunitarios de las partes serán usados durante el matrimonio; y cómo se manejaría la disposición de dichos bienes en caso de divorcio o de la muerte de una de las partes. Sin embargo, no se puede renunciar al derecho al sostenimiento de un menor por medio de un acuerdo prematrimonial.

Después de que un matrimonio se realiza, el acuerdo puede ser modificado o revocado si ambas partes así lo acuerdan por escrito.

Requisitos para un acuerdo prematrimonial válido

Para que el acuerdo sea válido, las partes deberán haberlo firmado voluntariamente. Si la corte determina que un acuerdo prematrimonial es opresivo porque antes de firmarlo una de las partes no reveló sus bienes u obligaciones financieras adecuadamente a la otra parte, no será legalmente exigible.

Acuerdos prematrimoniales y la anulación de matrimonios

En caso de que un tribunal anule un matrimonio, el tribunal sólo hará cumplir aquella parte del acuerdo prenupcial necesaria para hacer justicia.

Divorcio, anulación y separación legal

Divorcio

En algunos estados el divorcio también se conoce como *disolución*. En la mayoría de los estados, el divorcio es un asunto regido por el tribunal superior. Cuando la sentencia de divorcio es final y firme, cada una de las partes regresa al estado civil de soltero.

El tribunal tiene la autoridad para determinar el estado legal del matrimonio, la custodia de hijos menores, la distribución de bienes, la manutención de hijos y cónyuges y el pago de costos legales y honorarios de abogados.

Causas legales para el divorcio o la separación legal

El divorcio o la separación legal pueden estar basados en diferencias irreconciliables o en la enfermedad mental incurable de una de las partes.

Las *diferencias irreconciliables* (*irreconciliable differences*) se definen como las razones que han causado el fracaso de un matrimonio, de tal manera que no debe continuar.

Toda petición de divorcio basada en la causa legal de *enfermedad mental incurable* (*incurable insanity*) requiere que un médico calificado testifique que la persona sufría de demencia en el momento en que se presentó la petición de divorcio y que la enfermedad es incurable. El tribunal puede exigirle a la persona sana la manutención de la demente.

Requisitos de residencia para el divorcio

La ley requiere que una de las partes haya residido en el estado por tiempo determinado (usualmente seis meses) y en el condado donde se presenta la petición por un período específico inmediatamente previo a la presentación de ella. Si se presenta una petición de divorcio pero los requisitos de residencia no se cumplen, las partes pueden presentar una petición enmendada cuando transcurra el tiempo necesario.

Procedimientos ante la corte

Después de que la petición o demanda de divorcio y los emplazamientos necesarios hayan sido propiamente notificados y la prueba de la notificación haya sido archivada con el secretario del tribunal, el demandado tiene un término de tiempo específico para contestar la petición en la corte. Si contesta a la demanda, la corte celebrará una audiencia donde se podrá ordenar, en forma provisional, la manutención temporal de un cónyuge y de los hijos menores y la distribución de bienes, permitiendo, por ejemplo, que la esposa e hijos permanezcan en el hogar hasta que la corte pueda hacer una investigación sobre la condición financiera de las partes y pueda tomar una decisión justa sobre la distribución de bienes y manutención conyugal o de menores.

Si se determina que existen diferencias irreconciliables entre las partes, el tribunal pronunciará una sentencia de disolución o divorcio. En la mayoría de los estados el fallo no se convierte en final y firme hasta que transcurra un período de espera de seis meses a partir de la fecha del emplazamiento de la petición de divorcio o de la fecha en que el demandado responda en la corte. La fecha en que la sentencia se convierte en final y firme se especifica en el documento que expide la corte. Si las circunstancias lo ameritan, el término de espera de seis meses puede ser extendido.

Si se determina que existe la posibilidad de que las partes interesadas puedan resolver sus diferencias, la corte puede prolongar el procedimiento de divorcio.

Si las partes todavía no pueden reconciliarse, cualquiera de las dos puede solicitar a la corte que conceda la sentencia de divorcio después del término prescrito.

Separación de cuestiones o bifurcación

En peticiones de divorcio que abarcan asuntos complejos sobre finanzas o distribución de bienes, las partes pueden solicitar que la corte conceda la sentencia de divorcio mientras se resuelven las otras cuestiones de distribución de bienes y de manutención conyugal o de menores. En estos casos, el juez emite órdenes provisionales sobre la distribución de bienes y manutención. Al recibir la sentencia de divorcio, cada una de las partes regresa al estado de soltero, pero quedan bajo la jurisdicción o competencia de la corte para la resolución de las cuestiones financieras pendientes.

Pago de honorarios de abogado

La corte ordenará a las partes pagar los honorarios de abogado conforme a su capacidad económica y necesidades. El interés de la corte es asegurar que cada una de las partes tenga acceso a representación legal. Para tal fin, generalmente ordena que la parte con más recursos económicos pague lo honorarios de la otra. Los bienes inmuebles de la sociedad conyugal pueden ser hipotecados para pagar los honorarios de abogado cuando las partes carecen de otra forma para hacerlo.

Separación legal

Las causas para una separación legal son las mismas que para una disolución o divorcio. No obstante, una persona puede presentar una petición para separación legal sin reunir los requisitos de residencia para un divorcio. La petición para esta separación requiere la misma información que la petición de divorcio y puede ser convertida en disolución cuando una de las partes reúne los requisitos de residencia.

Restablecimiento del apellido de soltera

En el proceso de divorcio, la esposa puede solicitar que la corte le restablezca el nombre previo o apellido de soltera y la ley requiere que la corte conceda dicha solicitud, excepto cuando constituya fraude.

Anulación de matrimonio

Bajo algunas circunstancias se le puede solicitar a la corte la anulación del matrimonio. Algunas de las razones son:

1. Una de las partes no tenía la capacidad legal para consentir al matrimonio cuando se realizó.
2. La otra parte todavía estaba casada cuando este matrimonio se realizó.
3. El cónyuge de la otra parte se había presumido muerto en la fecha del matrimonio, pero fue hallado vivo posteriormente.
4. Una de las partes sufría de una enfermedad mental en la fecha del matrimonio.
5. El consentimiento de una de las partes fue obtenido mediante fraude o coerción.
6. Una de las partes estaba físicamente incapacitada para consumar el matrimonio y la incapacidad continúa y parece ser incurable.

Una parte que alega una de estas razones para la nulidad debe actuar dentro de los límites de tiempo especificados por la ley. Si una de las partes no tiene objeción al matrimonio después de descubrir las razones que lo harían anulable y sigue conviviendo, la corte puede concluir que el matrimonio se ha ratificado y podrá negar la solicitud de anulación.

EL CÓNYUGE PUTATIVO

Si la corte determina que un matrimonio es nulo o anulable y una o las dos partes creían que era válido, la corte clasificará como cónyuge putativo al que solicita la anulación. La corte considera que un cónyuge putativo ha actuado de buena fe y, por lo tanto, tiene los mismos derechos bajo la ley como si el matrimonio fuera válido. La distribución de propiedad comunitaria, la manutención y custodia de menores y la manutención conyugal serían determinadas por la corte de la misma forma que los asuntos de divorcio.

MATRIMONIOS NULOS

Un matrimonio incestuoso es nulo por ley; consiste en la unión entre padres e hijos, hermanos y hermanas (incluso hermanos medios), tíos y sobrinas, y tías y sobrinos. Por ser nulo, no es reconocido por la ley y las partes no gozan de los derechos legales ni de las responsabilidades asociadas con el matrimonio.

CUSTODIA DE HIJOS MENORES

En divorcios en los que las partes tienen hijos menores de edad, la corte determina en qué forma los padres van a cuidarlos, y quién va a tener los derechos y responsabilidades para tomar las decisiones sobre su salud, educación y bienestar. La custodia puede ser física, legal, o ambas, y puede ser exclusiva o conjunta.

CUSTODIA CONJUNTA

Cuando los dos padres están presentes y son capaces de asumir el cuidado de los hijos, la corte por lo general concede custodia conjunta o compartida a los dos. Conforme a esto, tanto el padre como la madre tienen custodia física y legal. En casos en los cuales sólo uno de los padres tiene la capacidad para el cuidado físico de un menor, la corte puede otorgarle la custodia física y legal a ambos. En este caso, un hijo vive con el padre que tiene la custodia física, pero el otro padre comparte el derecho de tomar decisiones sobre su salud, educación y bienestar.

Al otorgar custodia legal conjunta, la corte especificará las circunstancias en que se necesitará el consentimiento de los dos padres y las consecuencias de no cumplir los requisitos. Las situaciones o asuntos que no son especificados por la corte pueden ser decididos por cualquiera de los padres.

Custodia exclusiva

En casos cuando uno de los padres está ausente o existe la sospecha de maltrato o el abuso continuo de alcohol o drogas, la corte puede otorgar al otro padre la custodia legal exclusiva del menor. Un padre con esta custodia tiene el derecho y la responsabilidad de tomar las decisiones relacionadas a su salud, bienestar y educación.

Frecuentemente, la corte otorga la custodia física exclusiva al padre más responsable. En este caso, el menor reside con el padre más responsable y queda bajo su supervisión, pero la corte retiene el derecho a conceder derechos de visita al otro padre.

Derechos de custodia

El padre y la madre de un menor tienen el mismo derecho a su custodia. Si uno de los padres ha fallecido, no puede o rehúsa asumir la custodia, el otro tiene derecho a ésta.

Factores que determinan quién asumirá la custodia

Al determinar a cuál de los padres se le va a otorgar la custodia de un menor, la corte hace un estudio para evaluar los mejores intereses del menor. Al hacer esto, la corte tiene en cuenta lo siguiente:

La salud, seguridad y bienestar del menor

Antecedentes de maltrato de un padre contra el menor o contra el otro padre

La naturaleza y cantidad de interacción con cada padre

Las alegaciones de maltrato deberán ser verificadas y comprobadas por la corte. En la mayoría de los estados, la ley permite que la corte imponga multas a toda persona que acuse falsamente a otra de maltrato o abandono de sus obligaciones como padre durante un procedimiento de custodia.

Derechos de visita

A menos que se compruebe que una visita pudiera ser detrimental para el niño, la corte le puede conceder derechos de visita a los padres o a otra persona que tenga interés en el bienestar del menor como, por ejemplo, sus abuelos, un tío o un ex padrastro. En los casos en que la visita pudiera exponer al niño a cierto peligro, la corte puede conceder el derecho a visitas supervisadas por terceras personas. Si ha habido acusaciones de actos de violencia doméstica, la corte emitirá una orden detallando cómo y cuándo se puede trasladar al menor para visitar al otro padre, teniendo en cuenta la seguridad de las partes. Si uno de los padres está hospedado en un refugio para víctimas de violencia doméstica, la orden deberá proteger la confidencialidad sobre la ubicación del lugar.

DERECHO DE VISITA DE LOS ABUELOS

La corte puede conceder derecho de visitas a los abuelos de un menor si son beneficiosas para el niño. No obstante, si los padres del menor concuerdan en que las visitas no redundan en beneficio suyo, la corte considerará tal solicitud cuidadosamente. No obstante, si la corte determina que previamente ha existido un vínculo entre el menor y sus abuelos, estudiará los intereses de las partes y tomará la decisión basada en los mejores intereses del niño.

DESIGNACIÓN DE UN ABOGADO PARA REPRESENTAR A UN MENOR

La corte puede nombrar un abogado para que represente a un menor en un asunto de custodia o visitas, si determina que los intereses de éste pueden perjudicarse sin un asesor jurídico. La corte puede ordenar que las partes en la petición de custodia o de visitas paguen los honorarios del abogado del menor.

Tabla 12-1: Matrimonio—Edad legal

ARIZONA

Con consentimiento de los padres	Dieciséis años de edad
Sin consentimiento de los padres	Dieciséis años de edad
Con consentimiento de la corte	Menores de dieciséis años de edad

CALIFORNIA

Con consentimiento de los padres	No hay límite de edad
Sin consentimiento de los padres	Dieciocho años de edad
Con consentimiento de la corte	Menores de dieciocho años de edad

FLORIDA

Con consentimiento de los padres	Dieciséis años de edad

Sin consentimiento de los padres	Dieciocho años de edad
Con consentimiento de la corte	Menores de dieciocho años de edad

ILLINOIS

Con consentimiento de los padres	Dieciséis años de edad
Sin consentimiento de los padres	Dieciocho años de edad
Con consentimiento de la corte	Menores de dieciséis años de edad

NUEVO MÉXICO

Con consentimiento de padres	Catorce años de edad
Sin consentimiento de los padres	Dieciocho años de edad
Con consentimiento de la corte	Menores de dieciocho años de edad

NUEVA YORK

Con consentimiento de los padres	Catorce años de edad
Sin consentimiento de los padres	Dieciocho años de edad
Con consentimiento de la corte	Menores de dieciséis años de edad

TEJAS

Con consentimiento de los padres	Catorce años de edad
Sin consentimiento de los padres	Dieciocho años de edad
Con consentimiento de la corte	Menores de dieciséis años de edad

MANUTENCIÓN DE HIJOS MENORES

DECLARACIÓN DE PATERNIDAD DE PADRES SOLTEROS

Cuando una mujer soltera da a luz, el personal médico que prepara la partida de nacimiento solicita a la madre y a quien haya sido identificado como el padre que completen una declaración de paternidad. Esta declaración se archiva con la partida de nacimiento. La declaración crea la obligación legal del hombre de mantener al hijo y puede ser usada para determinar asuntos de custodia o de manutención. Un hombre que firma esta declaración pero luego se entera de que tal vez no es el padre biológico del niño o un hombre que cree que tal vez es el padre pueden solicitar que la corte ordene un examen de sangre o un examen genético para determinar la paternidad. Toda objeción a la declaración de paternidad deberá ser hecha dentro del plazo prescrito por la ley.

RAZONES PARA ESTABLECER LA PATERNIDAD

El establecimiento de la paternidad es muy importante por diversas razones. La ley requiere que el padre mantenga a sus hijos si tiene la capacidad financiera para hacerlo. Sin embargo, existen también otros contextos en que la paternidad es de vital importancia. Un padre tiene los mismos derechos a la custodia de un menor que la madre, así como tiene derechos relacionados con el consentimiento para la adopción. Como consecuencia del establecimiento de una relación legal entre un padre y un hijo, éste puede adquirir derechos de herencia y a reclamar otros beneficios como los del Seguro Social, que pueden corresponderle a un hijo cuyo padre fallece cuando·está pequeño.

DETERMINACIÓN DE LA CANTIDAD DE MANUTENCIÓN PARA MENORES

Cada padre es responsable por la manutención de sus hijos y cada estado tiene sus propias leyes que rigen la manutención de menores. En general, los siguientes factores son considerados al determinar la cantidad de manutención que un padre deberá pagar:

La capacidad económica de cada padre, incluyendo ingresos y bienes

El nivel de vida de los padres antes del divorcio

Las necesidades del niño, incluyendo la necesidad de servicios médicos o de desarrollo

Las circunstancias particulares de cada caso

Por lo general, el padre que tiene la custodia física del menor durante más tiempo es el que recibe pagos de manutención del otro, a menos que la corte determine que el padre ausente no tiene la solvencia para mantener a sus hijos.

LEY SOBRE INFORMES DE DEMORA EN EL PAGO DE MANUTENCIÓN

California y otros estados requieren que el Departamento de Servicios Sociales reporte demoras en el pago de manutención a las entidades que publican las evaluaciones de crédito del consumidor. Cuando el pago de manutención de un menor se atrasa más de treinta días, el padre que no ha recibido el pago debe reportar y registrar la demora en la corte. Si la cantidad adeudada continúa sin pagarse a partir de los treinta días de que el padre moroso ha sido notificado oficialmente de su demora por la corte, la cantidad acumulará un recargo de seis por ciento mensual por cada mes que permanezca sin ser pagada. El máximo recargo que se puede acumular es setenta y dos por ciento. Los padres que no hayan hecho pagos debido a enfermedad, desempleo u otra emergencia pueden solicitar a la corte que no les imponga recargos.

Ley uniforme de reciprocidad en el cumplimiento de obligaciones de manutención
(*Uniform Reciprocal Enforcement of Support Act*)

Si la corte estatal donde se otorga una orden de manutención tenía la competencia judicial necesaria para hacerlo, entonces esa orden es válida y exigible incluso si las partes se mudan a otro estado. El no hacer los pagos de manutención que ordena el tribunal puede resultar en sanciones tanto civiles como penales al padre moroso.

Sanciones penales para hacer cumplir obligaciones de manutención

Un padre a quien la corte le ordena hacer pagos de manutención y abandona el estado para evitarlos, puede ser extraditado bajo las mismas leyes que rigen la extradición de criminales en otros asuntos.

Obligación de padrastros para la manutención de menores

Por lo general, los padrastros no son responsables ni legal ni económicamente por la manutención de sus hijastros. Sin embargo, si un padrastro adopta a su hijastro, entonces podría ser responsable por su manutención.

Orden de asignación de ingresos (embargo de salarios) para satisfacer pagos de manutención

Una orden de manutención emitida por una corte puede incluir una orden de asignación de ingresos, conocida también como **embargo de salarios** (*garnishment of wages*). Esta orden permite que un padre que recibe pagos de manutención para un menor pueda exigir que el empleador o patrón del padre deudor deduzca el pago de su salario y lo entregue a la corte cuando éste se atrasa en los pagos. Una vez notificado, el empleador deberá comenzar a retener los pagos del salario del empleado. El patrón puede cobrarle una cuota por el procesamiento de ellos. La orden de embargo emitida por la corte también incluye a todo futuro empleador del padre deudor. Si el empleado puede comprobar en la corte que cumplirá con los pagos según lo ordenado, puede solicitar a la corte que elimine la orden de embargo. Un empleador que no cumple con la orden de la corte de retener los pagos del salario de un empleado, es responsable legalmente por ese pago ante el padre a quien le corresponde y puede ser acusado de desacato contra el tribunal.

DISTRIBUCIÓN DE DEUDAS Y DE BIENES EN EL DIVORCIO

La forma cómo se distribuyen los bienes y se asignan las deudas en un divorcio se rige por las leyes del estado donde se presenta la petición de divorcio y del estado donde los bienes están situados. California y ocho estados consideran la propiedad conyugal como bienes comunes. Conforme al sistema de bienes comunes, los ingresos de cada cónyuge, al igual que los bienes y las deudas adquiridas durante el matrimonio, les pertenecen en partes iguales a los dos cónyuges. El resto de los estados son jurisdicciones de *ley tradicional* (*common law*). En el sistema de ley civil tradicional, cada cónyuge es dueño de lo que gana.

DEUDAS CONTRAÍDAS ANTES DEL MATRIMONIO

Las deudas contraídas por los cónyuges antes del matrimonio son la responsabilidad del cónyuge que las contrajo; el otro cónyuge no está obligado a pagarlas.

DEUDAS CONTRAÍDAS DURANTE EL MATRIMONIO

Una persona casada es responsable de las deudas del cónyuge durante el matrimonio si se contrajeron para gastos de primera necesidad. Esta responsabilidad también puede aplicarse cuando los cónyuges viven separados.

DEUDAS CONTRAÍDAS DESPUÉS DE LA SEPARACIÓN PERO ANTES DE LA SENTENCIA DE DIVORCIO

Las deudas contraídas después de la separación pero antes de la sentencia firme y final de un divorcio y que son para gastos de primera necesidad de uno de los cónyuges o de los hijos, son responsabilidad de los dos según las necesidades y capacidad de pago de cada uno. Las deudas para gastos que no son de primera necesidad serán responsabilidad del cónyuge que las contrajo.

Los gastos de primera necesidad por lo general incluyen alimentos, vestido, cuidado médico y vivienda adecuados. Sin embargo, la corte determinará lo que es de primera necesidad, basándose en el estilo de vida de las partes antes de la separación y puede extender tal definición a gastos que son apropiados según la posición social del individuo. Para la mayoría de las personas, un automóvil se consideraría necesario, así como lo sería el teléfono e incluso el servicio de televisión por cable.

BIENES SEPARADOS

Los bienes que cada cónyuge posee antes de casarse se consideran propiedad separada de cada uno y no pasan a ser parte de los bienes comunes del matrimonio.

BIENES COMUNES

En estados en donde los bienes matrimoniales se consideran comunes, los salarios de ambos esposos constituyen parte de la sociedad conyugal. Cada cónyuge es dueño de la mitad de los salarios del otro.

En estos estados la corte asigna un valor financiero a los bienes adquiridos durante el matrimonio y cada cónyuge tiene derecho a la mitad del valor de tal propiedad. La ley exige que la corte divida el valor de la sociedad conyugal en partes iguales.

Cuando las circunstancias económicas lo ameriten, la corte puede otorgar cualquiera de los bienes a una de las partes, con las condiciones apropiadas para efectuar una distribución justa y razonable de la propiedad. De la porción que le corresponde a una de las partes, la corte puede otorgar a la otra las cantidades que determine que hayan sido apropiadas por una de ellas indebidamente.

No obstante, cada cónyuge tiene derecho a mantener sus bienes por separado. Los bienes separados incluyen los que los cónyuges trajeron consigo al matrimonio y los que les hayan sido obsequiados específicamente por separado durante el matrimonio o los que una de las partes haya heredado en cualquier momento.

La corte le pedirá a las partes una lista de sus bienes, tanto comunes como separados, y dividirá los bienes comunes entre los cónyuges. Si los cónyuges no pueden llegar a un acuerdo sobre cómo distribuirlos, la corte puede ordenar su venta y distribución de la ganancia. Es recomendable hacer un verdadero esfuerzo para llegar a un acuerdo sobre la distribución de los bienes antes de presentar la petición de divorcio. La corte hará lo posible por respetar el acuerdo de los cónyuges.

MANUTENCIÓN CONYUGAL

OBLIGACIÓN DE MANTENER AL CÓNYUGE

La ley reconoce que un cónyuge tiene la obligación de mantener al otro cónyuge.

MATRIMONIOS DE LARGA DURACIÓN

Un matrimonio de duración especificada, usualmente de diez años o más, se considera en las cortes de muchos estados como de larga duración. Esta designación es un factor importante al determinar la manutención conyugal, ya que la corte tiene el poder de modificar, terminar o extender esa obligación cuando el matrimonio se considera de larga duración. En algunos casos, la corte puede clasificar como de larga duración a un matrimonio que no cumpla el tiempo especificado, si los principios de justicia y equidad lo justifiquen.

FACTORES PARA ESTABLECER MANUTENCIÓN CONYUGAL

En casos de divorcio, el tribunal considera los siguientes factores para decidir si uno de los cónyuges debe recibir manutención del otro cónyuge y por cuanto tiempo:

La capacidad de ingreso de cada cónyuge y el nivel de vida durante el matrimonio

La capacidad laboral del cónyuge con menos recursos para mantenerse y la demanda laboral para esas habilidades

El tiempo y gastos requeridos para obtener la capacitación o entrenamiento del cónyuge sin empleo o sujeto a subempleo en ocupaciones de mayor demanda

Hasta qué grado se vio afectada la capacidad del cónyuge sin empleo o sujeto a subempleo para trabajar hoy o en el futuro debido a períodos de desempleo durante el matrimonio por dedicarse a los quehaceres del hogar

Hasta que punto uno de los cónyuges contribuyó a la educación o al desarrollo profesional del otro

La capacidad del cónyuge con empleo para hacer pagos de manutención según su capacidad de ingresos, bienes y nivel de vida

Las necesidades de cada cónyuge según el nivel de vida establecido durante el matrimonio

Las deudas y bienes, incluyendo propiedades por separado de los cónyuges

La duración del matrimonio

La capacidad de la parte sin empleo o sujeta a subempleo para trabajar a tiempo completo sin interferir indebidamente con las necesidades de los hijos menores bajo su custodia

La edad y estado de salud de los cónyuges

Las consecuencias de los impuestos respecto a cada cónyuge

Otro factor que la corte determine justo y equitativo

VIOLENCIA DOMÉSTICA

MALTRATO A MENORES, DESCUIDO Y ABANDONO

Muy frecuentemente los niños son víctimas de maltrato y descuido. Las leyes han cambiado recientemente en el país para hacer más fácil reportar el maltrato a menores y ofrecer asistencia a las víctimas y los padres transgresores.

Hoy en día, los cincuenta estados tienen leyes que hacen obligatorio delatar el maltrato a menores. Estas leyes requieren que toda persona que sospeche de maltrato a menores lo reporte a las agencias de protección de menores. Dichos reportes pueden y deben ser presentados a los departamentos de policía o a los alguaciles, o a la agencia de bienestar público (*welfare*) del condado. El incidente será investigado y, si es necesario, el menor será separado de los padres y colocado bajo custodia hasta que se lleve a cabo una investigación detallada.

Las cortes hacen todo lo posible para proporcionarles a los padres, o al padre o madre en cuestión, consejería profesional. Frecuentemente, el maltrato es el resultado de tensión causada por situaciones económicas y emocionales, disatisfacción con el trabajo, pérdida del trabajo y otros factores que el consejero familiar puede ayudar a resolver. Si la solución al problema no es posible, el menor puede ser asignado a una casa de crianza (*foster home*). Y como en los casos de custodia, la corte siempre trata de tener en cuenta los mejores intereses del menor y conformarse a esta meta.

Toda persona que esté bajo tensión y que crea que no puede controlar sus acciones o su comportamiento, debe acudir a las oficinas de bienestar público del condado para recibir ayuda. Existen varios programas de asistencia económica para familias, tales como Asistencia para Familias con Niños Menores (*Aid to Families with Dependent Children*, AFDC en inglés), un programa con apoyo del gobierno federal administrado a través de las oficinas de bienestar público del condado, (vea el Capítulo 5, Ley de protección del consumidor, para más información sobre programas de asistencia del gobierno).

ABUSO CONYUGAL

Casi una tercera parte de todas las llamadas de auxilio hechas a las autoridades policíales se relacionan con la violencia doméstica, especialmente con agresión física contra las esposas. No obstante, el abuso no se limita a mujeres casadas. Las mujeres solteras también son víctimas de maltrato físico por parte de sus novios. Trágicamente, sólo un bajo porcentaje de mujeres que han sido víctimas de abuso demandan a sus atacantes. El no protegerse le hace pensar al atacante que el maltrato es aceptable y que se le permite abusar e interrumpir la paz familiar.

El primer paso es protegerse a sí misma. Las autoridades aconsejan que las víctimas potenciales de abuso deben abandonar el hogar o lugar donde éste está ocurriendo y llamar a las autoridades. Es muy importante que la persona que se vea involucrada en un incidente de esta índole no abandone el lugar o altere o destruya la evidencia que haya.

Todos tenemos derecho, por ley, a protegernos de amenazas de muerte o de graves lesiones físicas, pero hay que tener en cuenta que la defensa propia es una cuestión complicada y controversial. En muchas ocasiones las autoridades policíales tienen dificultad para analizar los hechos y la evidencia en un caso de defensa propia.

Cuando la policía llega al lugar de los hechos, analiza la situación y decide si deja a las partes en libertad o presenta cargos por algún delito ante el fiscal. Si determina que la acción fue en defensa propia, entonces la persona es puesta en libertad sin más investigación. Pero si los hechos no son concluyentes, es muy probable que presente cargos criminales. Si la fiscalía determina que la defensa propia es cuestionable, la persona es llevada ante un juez para una audiencia sobre causa probable. En la audiencia, el juez determina si hay suficiente evidencia que sugiera que se ha cometido un delito y si el caso debe de ir a juicio.

Dependiendo del resultado de la audiencia, el juez exonera al acusado u ordena que se presente a juicio, durante el cual un jurado verá y revisará la evidencia para decidir su inocencia o culpabilidad.

Cada estado establece sus propias leyes sobre la defensa propia. En California, la ley que describe un homicidio justificado expresa en parte lo siguiente:

El homicidio se justifica también cuando es cometido por una persona en los siguientes casos:

Cuando se ofrece resistencia en un atentado para herir a una persona de muerte o cometer un delito que resulte en una lesión seria

Cuando se cometa en defensa del hogar, la propiedad o la persona, contra alguien que manifieste la intención, por medio de violencia o de sorpresa, de cometer un delito grave o que manifieste la intención y el esfuerzo, por medio de violencia, de entrar al hogar de otra persona para cometer un acto de violencia contra uno de sus habitantes

Las leyes que definen y explican la defensa propia son difíciles de comprender. Las cortes hacen muchos esfuerzos para proteger a víctimas inocentes que han recurrido a la fuerza mortal para salvar sus propias vidas, pero también deberán proteger a las personas de una muerte injusta y hacen investigaciones detalladas sobre cada alegato de defensa propia. Siempre que sea posible, es importante que se examinen todas las opciones disponibles antes de recurrir a la fuerza mortal.

Refugio para mujeres víctimas de maltrato físico

Si es posible, la persona que tenga una confrontación familiar debe procurar pasar la noche donde un amigo o una amiga, o alojarse en un centro de refugio. Varias ciudades y condados ofrecen este tipo de programa a través del departamento de Servicios Sociales. El número de teléfono de esta agencia se puede encontrar en las páginas blancas del directorio telefónico bajo "Gobierno Municipal" o "Condado".

Una advertencia sobre los centros de refugio público: en algunos estados, los antecedentes de estadías en estos centros pueden ser presentados en corte bajo una orden judicial (*subpoena*) y usados como evidencia para un juicio. Por consiguiente, una persona que hace comentarios o declaraciones ante un terapista o trabajador social como, "Lo hice enojar" o "Sé que no fue su intención", debe tener presente que tales declaraciones pueden ser utilizadas por el abogado de su cónyuge para su defensa. Es importante procurar socorro y refugio, pero es igualmente importante tener cuidado con lo que se comenta.

Documentación de maltrato físico

Al sufrir cualquier tipo de maltrato físico, la persona debe pedirle a alguien que tome fotografías de las lesiones. En la mayoría de los casos, las fotografías son admisibles en la corte como evidencia para corroborar una demanda.

Muchos centros de refugio toman fotografías de la persona lesionada. Lo ideal es tomar fotografías de la parte lesionada y de la cara de la persona lesionada (que es necesario para propósitos de identificación). Además, la persona fotografiada debe cerciorarse de pedirle al fotógrafo los negativos y las fotografías impresas.

Presentación de cargos penales contra el agresor

Tan pronto como sea posible, la víctima debe comunicarse con un abogado. Es muy importante que toda persona que haya sido víctima de abuso entienda que procurar asistencia legal para resolver el problema no empeorará la situación. A la larga, la intervención legal será beneficiosa para ambos cónyuges. El mismo abogado puede obtener consejería profesional para la familia. Mientras tanto, también puede gestionar una orden judicial para la protección de la víctima y la seguridad de sus hijos. Un cónyuge puede ser arrestado si infringe una orden de protección y continúa con el abuso.

Existen diversos recursos legales para proteger a una persona de violencia doméstica y otros abusos. Utilizar estos recursos y protegerse a sí mismos y a su familia es el derecho y la obligación de todos los afectados.

ADOPCIÓN

El proceso de adopción es un asunto de aspectos legales y emocionales bastante complicados, y no debe de ser considerado sin el asesoramiento de un abogado que se especialice en derecho de familia.

La mayoría de las adopciones se pueden incluir en una de las cuatro siguientes categorías:

Adopción a través de una agencia

Adopción independiente

Adopción por parte de padrastros

Adopción en el extranjero

Además de las adopciones comunes, existen adopciones en las que hay contratos de subrogación (padres o madres sustitutos).

ADOPCIÓN A TRAVÉS DE AGENCIAS

Las agencias de adopciones deben estar debidamente autorizadas y tener licencias apropiadas. Por lo general, son administradas por el departamento de servicios sociales del estado.

CONSENTIMIENTO DE LOS PADRES NATURALES PARA LA ADOPCIÓN

Cuando un menor es adoptado a través de una adopción independiente, los padres naturales deberán dar su consentimiento firmando un acuerdo de colocación adoptiva. Por lo general, el documento de consentimiento no puede ser firmado ni por los padres naturales ni por los adoptivos antes de que la madre natural sea dada de alta del hospital; además, el niño no puede ser entregado a los padres adoptivos hasta que el documento sea firmado y atestiguado por los padres naturales y los adoptivos.

La agencia de servicios de adopciones deberá asesorar a los padres naturales sobre sus derechos por lo menos diez días antes del día en que el niño vaya a ser entregado a los padres adoptivos y deberá también ofrecer servicios de consejería a los padres naturales. Cuando el niño es entregado a los padres adoptivos, la agencia deberá ofrecer una vez más una entrevista a los padres naturales dentro de los diez días. Durante la entrevista, la agencia deberá asesorar nuevamente a los padres naturales sobre sus derechos y deberá obtener un historial social y de salud de ellos.

En la mayoría de los estados, los padres naturales menores de edad pueden firmar un consentimiento para la adopción de su hijo; este consentimiento no será revocable porque los padres naturales sean menores de edad.

Una vez que un padre natural ha dado su consentimiento para la adopción de un hijo, el consentimiento sólo puede ser revocado por medio de una petición ante la corte. Los futuros padres adoptivos y el niño deberán comparecer ante la corte antes de que la adopción concluya.

DERECHO DE LOS PADRES NATURALES A REVOCAR LA COLOCACIÓN ADOPTIVA

Por lo general, los padres naturales tienen un término hasta de ciento veinte días después de la colocación adoptiva para revocar su consentimiento y pedir la devolución de su hijo. La revocación y la petición deberán ser por escrito. Si los padres naturales revocan su consentimiento para la adopción, el niño deberá ser devuelto de inmediato. Incluso si los padres adoptivos creen que el bienestar del niño está en peligro, deberán devolverlo y expresar su preocupación a la agencia de adopciones y a la agencia local de bienestar de menores.

RENUNCIA DE LOS PADRES NATURALES AL DERECHO DE REVOCAR LA COLOCACIÓN ADOPTIVA

Antes de que los ciento veinte días expiren, los padres naturales pueden firmar un documento de renuncia al derecho de revocar su consentimiento a la adopción. Pero la agencia de adopción deberá entrevistarlos antes de que tal documento sea firmado para que sea válido. Con una renuncia válida, la colocación adoptiva se convierte en irrevocable y cesan los derechos y obligaciones de los padres naturales hacia el niño.

ADOPCIÓN POR PARTE DE PADRASTROS

Un padrastro que desee adoptar el hijo de su cónyuge puede presentar su petición en la corte del condado donde reside. La oficina de bienestar público del condado, o un investigador autorizado por la corte, investigará al padrastro y presentará a la corte un informe de sus conclusiones y recomendaciones. El padrastro es responsable por el costo de la adopción hasta una cantidad máxima determinada, aunque pudiera no exigirse si existen dificultades económicas.

ADOPCIÓN DE ADULTOS Y DE MENORES CASADOS

Un adulto o un menor casado pueden ser adoptados por otro adulto. Si el adulto es casado, deberá obtener el consentimiento de su cónyuge para poder ser adoptado y lo mismo deberá hacer un adulto que desee adoptar a otro adulto o a un menor casado. El consentimiento de los padres del adulto o del menor casado que va ser adoptado no es necesario.

Un adulto que es adoptado puede tomar el apellido de sus padres adoptivos.

Tabla 12-2: Compendio multiestatal sobre la adopción

ARIZONA

Padres adoptivos	Todo adulto, sea casado o no.
Persona adoptada	Todo niño o extranjero admitido legalmente, menor de veintiún años de edad.
Residencia	No existe requisito mínimo.
Período de objeción	Cualquier objeción a una adopción deberá hacerse dentro del primer año de ésta.
Consentimiento	La persona adoptada deberá consentir si tiene doce años o más.

CALIFORNIA

Padres adoptivos	Todo adulto que tenga por lo menos diez años más que la persona que está siendo adoptada o es miembro de la familia inmediata u otro familiar cercano.
Persona adoptada	Todo menor que no esté casado.
Residencia	No existe requisito mínimo.
Período de objeción	Las objeciones sobre cuestiones de procedimiento deberán ser presentadas dentro de tres años; cualquier otra objeción deberá ser presentada dentro de los cinco años.
Consentimiento	La persona adoptada deberá consentir si tiene doce años o más.

FLORIDA

Padres adoptivos	Todo adulto puede adoptar. Su cónyuge también deberá adoptar, excepto si es el padre o madre natural, o si está excusado.
Persona adoptada	Toda persona puede ser adoptada.
Residencia	No existe requisito mínimo.
Período de objeción	Cualquier objeción deberá ser presentada dentro del primer año.
Consentimiento	La persona adoptada deberá consentir si tiene doce años o más.

ILLINOIS

Padres adoptivos	Todo adulto puede adoptar. Si es casado, el otro cónyuge también deberá adoptar si no es el padre o la madre natural.
Persona adoptada	Todo niño puedo ser adoptado, al igual que un adulto que haya residido en el hogar por lo menos durante dos años o que sea familiar de los padres adoptivos.
Residencia	Los padres adoptivos deberán haber residido en el estado por lo menos durante seis meses, a menos que sean familiares de la persona adoptada. El personal militar tiene que haber residido en el estado durante noventa días.
Período de objeción	Cualquier objeción legal deberá ser presentada dentro de los cuarenta y cinco días a partir de la adopción.
Consentimiento	La persona adoptada deberá consentir si tiene catorce años o más.

NUEVO MÉXICO

Padres adoptivos	Todo adulto puede adoptar. Si es casado, su cónyuge también deberá adoptar, excepto si está excusado por la corte.
Persona adoptada	Toda persona puede ser adoptada.
Residencia	Los padres adoptivos deberán haber residido en el estado por lo menos durante noventa días si el niño es menor de un año y ciento ochenta si tiene más de un año.

Tabla 12-2: Compendio multiestatal sobre la adopción (cont.)

NUEVO MÉXICO

Período de objeción	Cualquier objeción legal deberá ser presentada dentro de un año.
Consentimiento	La persona adoptada deberá consentir si tiene diez años o más.

NUEVA YORK

Padres adoptivos	Todo adulto casado puede adoptar. Las parejas casadas pueden adoptar si no están separadas. Los cónyuges menores pueden adoptar un niño nacido dentro o fuera del matrimonio.
Persona adoptada	Toda persona puede ser adoptada.
Residencia	Los padres adoptivos deberán haber residido en el estado por lo menos durante seis meses.
Período de objeción	Cualquier objeción legal deberá ser presentada dentro de los cuarenta y cinco días a partir de la adopción.
Consentimiento	La persona adoptada deberá consentir si tiene catorce años o más.

TEJAS

Padres adoptivos	Todo adulto puede adoptar. Si está casado, el otro cónyuge también deberá adoptar.
Persona adoptada	Toda persona puede ser adoptada.
Residencia	Los padres adoptivos deberán haber residido en el estado por lo menos durante seis meses.
Período de objeción	Cualquier objeción legal deberá ser presentada dentro de dos años de la adopción.
Consentimiento	La persona adoptada deberá consentir si tiene doce años o más.

Subrogación

Las parejas que desean tener hijos pero no pueden concebir están optando con más frecuencia por utilizar los servicios de madres sustitutas o portadoras (*surrogate mothers*). Las partes celebran un contrato mediante el cual la madre sustituta acuerda incubar el óvulo fertilizado durante el período de gestación, a cambio de cierta cantidad de dinero. Una parte esencial de este contrato consiste en que la madre portadora renuncie a todo derecho a la criatura después de nacer. En California, la corte suprema del estado ha confirmado la validez de estos contratos y ha dictaminado que no infringen la política pública (*Johnson v. Calvert* [1993], Cal 4th 84, 95–97).

Las leyes sobre este tema forman parte de una rama jurídica naciente. Las leyes que hasta ahora gobiernan estos asuntos fueron establecidas por las cortes en casos particulares utilizando la ley existente respecto al derecho paterno, la adopción y los contratos.

Existen dos tipos de procedimientos en el uso de madres portadoras.

1. El primero es la fecundación *in vitro,* por medio de la cual se utiliza un laboratorio para fecundar el óvulo de una mujer e implantarlo en el útero de otra. En este tipo de procedimiento la criatura está relacionada biológicamente con la madre y no con la portadora. En California no es necesario adoptar a la criatura para validar el procedimiento, y el asunto de parentesco ya se ha decidido a través de la Ley Federal Uniforme de Parentesco (*Uniform Parentage Act*).

2. El segundo tipo de procedimiento es aquel mediante el cual la madre portadora dona un óvulo que es fecundado con la esperma del futuro padre. En este tipo de contrato, la madre portadora es la madre biológica de la criatura, pero ha estado de acuerdo en renunciar a sus derechos paternos sobre la criatura. Para establecer la relación legal entre los futuros padres y la criatura, la madre tiene que adoptar a la criatura por medio del proceso de adopción para madrastras. Debido a que el padre es el padre biológico de la criatura, no necesita participar en el procedimiento de adopción para establecer sus derechos paternos; sin embargo, varios expertos jurídicos recomiendan que sí debe ser incluido en ese proceso debido a las cuestiones legales de paternidad que esto implica y al requerimiento de que la madre portadora reconozca su paternidad, quien así establece definitivamente sus derechos paternos.

Cuando la madre portadora cambia de parecer

La mayor parte de la ley sobre acuerdos con madres portadoras ha sido establecida en casos donde ella rehúsa cumplir con los términos del contrato y le solicita a la corte la custodia de la criatura después del nacimiento. Hasta la fecha, los casos que se han litigado ante la corte sobre la renuncia por parte de la madre portadora al consentimiento de adopción han sido decididos a favor de los futuros padres, basándose en los mejores intereses de la criatura. Sin embargo, una cuestión seria ha surgido: ¿Cuáles derechos deben de prevalecer, los de los padres naturales—en este caso los de la portadora—o las intenciones de las partes, según los términos del contrato? En contratos donde se utiliza la fecundación *in vitro,* por el cual la criatura está relacionada biológicamente con la madre futura, las cortes han respetado y dictaminado como válido el contrato. Los casos en los cuales donde la madre portadora está biológicamente relacionada con la criatura, presentan obviamente consideraciones más profundas con todos sus aspectos emocionales.

Asesoría legal

Es crítico que toda persona con intenciones de realizar un contrato relacionado a padres sustitutos, ya sea como donante o futuro padre o madre, busque la asesoría legal de un especialista en esta rama. Esto es de especial importancia porque este campo está creciendo rápidamente y cambia a diario, pues las cortes establecen nuevos precedentes con cada caso.

Tabla 12–3: Compendio multiestatal sobre el aborto

ARIZONA

Aborto legal	El aborto es legal si es para salvar la vida de la madre.
Sanción por aborto Ilícito	De dos a cinco años en prision estatal.
Consentimiento	El consentimiento de los padres se requiere si se trata de un menor que no está casado. El consentimiento de ellos no se requiere si el aborto es necesario para salvar la vida del menor. La corte también puede autorizarlo sin el consentimiento de los padres.
Requisitos de licencia	No existen requisitos especiales de licencia.

CALIFORNIA

Aborto legal	El aborto es legal si se practica para salvar la vida de la madre o si es necesario para proteger su salud, o si la mujer fue víctima de violación o de incesto.
Sanción por aborto ilícito	Toda persona condenada por practicar un aborto ilícito puede ser enviada a la prisión estatal.
Consentimiento	El consentimiento escrito de los padres se requiere para menores. La corte juvenil puede autorizar abortos de menores sin el consentimiento de los padres.
Requisitos de licencia	El médico debe estar certificado y el hospital o la clínica deben estar aprobados por la junta médica del estado.

FLORIDA

Aborto legal	Ciertos abortos son legales si son hechos en el último trimestre y si son para proteger la salud de la madre o salvar su vida.
Sanción por aborto ilícito	La práctica ilícita de abortos se considera un delito menor y es castigada con multas de $600 y hasta sesenta días de cárcel.
Consentimiento	Se requiere el consentimiento de los padres si la madre menor embarazada no está casada, a menos que obtenga una orden de la corte.
Requisitos de licencia	Los establecimientos médicos deben estar propiamente certificados.

ILLINOIS

Aborto legal	Ciertos abortos son legales es si se hacen antes de que el bebé es viable. El aborto es legal después que el bebé sea viable si se hace para proteger la salud o salvar la vida de la madre.
Sanción por aborto ilícito	Delito grave de segundo grado.
Consentimiento	Se exige el consentimiento de los padres si la madre es menor y no está casada. Un médico puede hacer un aborto si en su opinión es médicamente necesario. Un juez puede autorizarlo por orden de la corte.

Tabla 12-3: Compendio multiestatal sobre el aborto (cont.)

ILLINOIS *(cont.)*

	La menor deberá consentir cuarenta y ocho horas antes del aborto.
Requisitos de licencia	El doctor deberá estar debidamente autorizado para hacer abortos.

NUEVO MÉXICO

Aborto legal	Es legal si es para proteger la salud de la madre o para salvar su vida, o si fue víctima de violencia sexual o de incesto.
Sanción por aborto Ilícito	La práctica de abortos ilegales se considera un delito grave que puede resultar en encarcelamiento en la prisión estatal.
Consentimiento	Si la madre es menor, deberá, junto con sus padres, solicitar el aborto.
Requisitos de licencia	El médico deberá estar debidamente autorizado y los establecimientos médicos certificados.

NUEVA YORK

Aborto legal	Es legal si se hace dentro de las primeras venticuatro semanas o si es necesario para salvar la vida de la madre.
Sanción por aborto ilícito	Los abortos ilícitos se consideran delitos graves que pueden resultar en encarcelamiento en la prisión estatal.
Consentimiento	La madre deberá consentir.
Requisitos de licencia	El médico deberá estar certificado debidamente.

TEJAS

Aborto legal	Es legal si se hace dentro de las primeras veinticuatro semanas, si el médico determina que era razonablemente necesario para salvar la vida de la madre.
Sanción por aborto ilícito	Penalidades civiles, criminales y administrativas.
Consentimiento	La madre deberá expresar su consentimiento.

Requisitos de licencia   El médico deberá estar debidamente autorizado y los establecimientos médicos certificados, a menos que se haga para proteger la salud de la madre o salvar su vida.

Tabla 12-4: Responsabilidad indirecta de los padres

ARIZONA

Los padres o guardianes son responsables por los actos intencionales y voluntarios de menores, incluyendo el robo y el hurto de mercancía en tiendas (*shoplifting*).

CALIFORNIA

La conducta intencional y voluntaria de un menor que resulte en lesiones o muerte, o daños a la propiedad de otro, será atribuida o imputada a sus padres o guardianes.

FLORIDA

Los padres son responsables por los actos intencionales y voluntarios de los hijos menores.

ILLINOIS

La conducta intencional y voluntaria de un menor que resulte en lesiones o muerte, o daños a la propiedad de otro, será atribuida o imputada a sus padres o guardianes.

NUEVO MÉXICO

No tiene disposiciones estatutorias.

NUEVA YORK

La conducta intencional o voluntaria de un menor será atribuida o imputada a sus padres o guardianes.

TEJAS

Los padres son responsables por los daños materiales causados directamente por la conducta negligente del menor. Pueden ser responsables por no cumplir con sus deberes y obligaciones. Son responsables por la conducta intencional y voluntaria de menores de doce a dieciocho años de edad.

Consultas con abogados especializados
en derecho de familia

Al escoger un abogado especializado en derecho de familia, es muy importante que las partes busquen a una persona con conocimiento y experiencia en el asunto particular que necesita atención. Aunque los abogados de derecho de familia manejan una gran variedad de asuntos en este campo, existen algunos que se especializan en divorcios, adopciones o en lo relacionado con madres portadoras. Durante la reunión inicial con el abogado, el cliente debe investigar qué porcentaje de su práctica se dedica a casos relacionados con la especialidad en que se procura asesoría.

A medida de que la sociedad cambia sus costumbres, la ley usualmente cambia para incorporar nuevas situaciones; y es de vital importancia que el abogado conozca suficientemente la materia para estar bien informado de cualquier cambio en la ley y de las leyes más recientes establecidas por la corte.

Cuando un cliente se reúne con el abogado por primera vez, debe traer todos los documentos relacionados con el asunto. Dependiendo del asunto, los documentos pueden incluir el certificado de nacimiento de todos los interesados, incluyendo cónyuges e hijos; certificados de matrimonio; órdenes de pago de manutención de menores de matrimonios anteriores; certificados de adopción; comprobantes de pago de la parte que necesite establecer su necesidad económica o necesite comprobar su capacidad para mantener a otros; documentos que muestren título de propiedad, el valor de la misma y las cantidades adeudadas de préstamos hipotecarios sobre la misma; contratos de alquiler; estados de cuentas de cheques y de ahorros; planes de retiro en los que tengan participación; número de seguro social de todas las partes; dirección y número de teléfono de todas las partes, y el nombre, dirección y número de teléfono de un abogado que esté representando a las otras partes. La persona que presenta la demanda o documento de contestación en la corte tendrá que dar una descripción física de la otra parte para poder verificar que la persona que es emplazada, o a quien se le entrega un documento oficial de la corte, es la indicada.

13

Vehículos motorizados

Traspaso del título de propiedad

Documentos necesarios para realizar una venta privada

Para traspasar el título de propiedad de un vehículo de un propietario a otro, el vendedor deberá firmar el certificado (título) de propiedad del vehículo y entregárselo al comprador. El comprador deberá firmar y anotar su dirección en dicho certificado y luego entregarlo o enviarlo por correo al Departamento de Vehículos Motorizados (*Division of Motor Vehicles*, DMV en inglés), acompañado de la cuota de traspaso correspondiente, de todo impuesto adeudado y de una solicitud para registrar el vehículo bajo el nombre del nuevo comprador. Además del título, la cuota y los impuestos, se requiere un certificado de cumplimiento relacionado con los niveles de emisión de gases del vehículo antes de que se expida un nuevo título de propiedad.

Requisitos para liberar al vendedor de responsabilidades futuras

El vendedor del vehículo deberá notificar al DMV de la venta y traspaso de título de su vehículo llenando una solicitud disponible a través de esta agencia y enviándola por correo, o entregándola en persona, dentro de un período especificado por la ley (usualmente diez días) después de la venta o traspaso. El formulario deberá incluir la fecha de venta o traspaso, el nombre y dirección del comprador o nuevo propietario, la descripción del vehículo y el millaje exacto de éste. Un vendedor que incumple con estos requisitos puede ser responsable por las infracciones de estacionamiento y por las de carácter civil y penal asociadas con la posesión previa del vehículo hasta que cumpla con la ley o hasta que el nuevo propietario lo registre bajo su propio nombre.

Obligaciones del comprador

Después de la venta del vehículo, el comprador deberá endosar el título de propiedad y enviarlo al DMV dentro del período especificado por la ley (por lo general diez días), junto con una solicitud de registro y la cuota correspondiente. El comprador deberá anotar el número de licencia de conductor, o el número de su tarjeta de identificación personal, en el título de propiedad. Si el registro del vehículo vence dentro de los treinta días a partir de la fecha en que el comprador presenta la solicitud para el registro y el traspaso del título, el comprador deberá también pagar las cuotas necesarias para renovar el registro del vehículo cuando presente tales documentos de traspaso al DMV.

Clases de traspaso de vehículos motorizados

Un vehículo de motor puede ser traspasado por medio de una venta, un regalo, un alquiler, una subasta, una transferencia involuntaria o de acuerdo a las leyes testamentarias al fallecer un propietario.

Venta de automóviles por distribuidores

A los distribuidores de automóviles (*car dealers*) se les exige cumplir con un sinnúmero de leyes, incluyendo las que se aplican a vehículos motorizados y las de los códigos que rigen el comercio y las profesiones de los varios estados. Al igual que en ventas privadas, un distribuidor tiene que notificar al DMV cuando traspasa el título de un vehículo.

Leyes para la prevención de robos

Reportes falsos de robos

Es ilegal reportar falsamente el robo de un vehículo o el de las placas; además, la persona que haya sido condenada de representar falsamente el robo de un vehículo puede ser encarcelada.

Castigo por el robo de vehículos

Toda persona que es convicta del robo de un vehículo o que participa como cómplice o presta ayuda al ladrón, puede ser multada y encarcelada. Si ha sido convicta anteriormente por el robo de un vehículo, puede ser encarcelada por un término prolongado de tiempo (hasta cuatro años en California, por ejemplo). Si el vehículo es una ambulancia, una patrulla de policía o si ha sido modificado para el uso de una persona incapacitada, la ofensa se considera delito grave (*felony*) en algunos estados y es castigada, incluso si es la primera ofensa, con años adicionales de prisión y una multa más severa.

La licencia de conductor

Identificación necesaria para una licencia de conductor

El primer paso para obtener una licencia de conductor es completar la solicitud provista por el DMV. Además de la solicitud, la mayoría de los estados requiere que el solicitante presente uno o más documentos de identificación para verificar el nombre, la fecha de nacimiento, el número de Seguro Social, la prueba de residencia y la prueba de estadía legal en los Estados Unidos. Algunas de las formas de identificación aceptables incluyen, pero no se limitan, a las siguientes:

Acta de nacimiento

Otra licencia de conductor de otro estado

Tarjeta de identificación válida

Licencia de conductor o tarjeta de identificación de otro estado

Pasaporte válido

Acta de naturalización

Tarjeta de residencia permanente (*green card*)

Tarjeta de identificación militar

Licencia de conducir militar

Tarjeta de registro como votante

Tarjeta de Seguro Social

En la mayoría de los estados se debe tener dieciséis años de edad para obtener la licencia. Sin embargo, antes de extender la primera licencia, muchos estados requieren que se obtenga primero un permiso provisional. El permiso le permite al aspirante, usualmente de quince años de edad o más y que haya completado un curso de aprendizaje, practicar y adquirir la experiencia de manejar un automóvil bajo la supervisión de un conductor con licencia y mayor de dieciocho años. Por lo general, los cursos de aprendizaje son ofrecidos localmente a través de escuelas secundarias superiores (*high schools*), colegios universitarios o cursos independientes ofrecidos por entidades privadas. Muchos de los estados requieren que el aspirante adquiera esta experiencia durante un período específico antes de ser elegible para tomar el examen práctico de conducir.

Una vez cumplidos los dieciséis años y completado todo el entrenamiento necesario, el aspirante puede solicitar la licencia de conductor. El DMV requiere que el aplicante tome un examen de la vista, un examen escrito sobre las leyes y señales de tránsito y un examen práctico de conducir. Al aprobar los tres exámenes, la persona paga la cuota correspondiente y se le toma una fotografía. Generalmente, primero se emite una licencia provisional cuya vigencia cesa al recibir la permanente. Al recibir la licencia permanente, se exige llevarla al manejar.

EDAD MÍNIMA PARA OBTENER UNA LICENCIA DE CONDUCTOR

En los siguientes estados una persona debe tener dieciséis años de edad para obtener una licencia: Arizona, California, Florida, Illinois, Nuevo México, Nueva York y Tejas.

CUANDO EL DMV NIEGA LA LICENCIA DE CONDUCTOR

El DMV puede negar la licencia de conductor a toda persona que no cumpla con los requisitos establecidos por la ley, incluyendo los mencionados en las secciones anteriores. Además del criterio definido en dichas secciones, el DMV puede también negar el privilegio de obtener o renovar una licencia a toda persona que no tenga la capacidad para operar un vehículo con seguridad, por estar enferma, ser alcohólica o por el uso excesivo o crónico de bebidas alcohólicas o drogas.

A toda persona que solicita obtener o renovar una licencia de conductor puede negársele ésta si no ha comparecido a una audiencia ante la corte en relación a alguna infracción de los reglamentos de tránsito o no ha pagado una multa impuesta por la infracción de dichas leyes. Los solicitantes a quienes se les ha negado la licencia por no haber comparecido a una audiencia deberán presentar un certificado de sentencia emitido por la corte antes de que el DMV pueda reconsiderar la solicitud.

A la persona que solicite una nueva licencia o que quiere renovar una le será negada si no ha pagado una multa por infracciones de estacionamiento y al DMV se le ha notificado sobre ello. Todo solicitante a quien se le niega la licencia por demora en el pago de multas por infracciones de estacionamiento, puede pagarlas y pagar cualquier otra penalidad impuesta administrativamente al momento en que solicita una licencia o su renovación; la licencia le será concedida si cumple con los demás requisitos.

OTRAS RAZONES PARA QUE SEA NEGADA UNA LICENCIA DE CONDUCTOR

Manejar un vehículo es un privilegio y no un derecho legal básico o constitucional. Puesto que manejar se considera un privilegio, el estado ejerce un control discrecional considerable en relación a la concesión de licencias. En la mayoría de los estados, el DMV puede negar o no concederle una licencia de conductor a toda persona:

Que no proporcione toda la información requerida por el DMV.

Que haya utilizado o permitido utilizar ilegalmente la licencia de conductor; el uso ilegal puede haber sido prestarla a otra persona para utilizarla como identificación o para que un menor compre bebidas alcohólicas.

Que haya utilizado nombres ficticios o haya fingido ser otra persona durante un examen, o haya cometido fraude en cualquier solicitud.

Que, según el DMV, sea lo suficientemente negligente o incompetente para operar un vehículo, siendo esto demostrado por haber estado involucrado en repetidos accidentes.

Que haya sido condenado por transportar sustancias prohibidas o drogas ilegales con el propósito de venderlas usando un vehículo.

Que el privilegio de manejar haya estado a prueba debido a la posesión de drogas. El DMV también puede negar la renovación de la licencia si el solicitante es condenado posteriormente de otra ofensa relacionada con el uso o posesión de drogas, *sin importar si la condena involucra o no el uso o operación de un vehículo;* en muchos estados, le negación de la licencia por esta razón puede extenderse por hasta tres años a partir de la fecha de condena.

Que no haya comparecido ante la corte a responder por cargos de abandono de un vehículo en propiedad pública o privada, o no haya pagado los costos para retirarlo.

Requisitos adicionales para solicitantes menores de veintiún años de edad

En muchos estados, antes de concederle permiso para conducir a todo menor de veintiún años de edad, el DMV deberá informar al solicitante que es ilegal manejar con un nivel de alcohol en la sangre que exceda 0.01 por ciento, determinado por examen preliminar—típicamente un examen del aliento. El castigo por violar esta ley es la suspensión de la licencia durante un año; negarse a tomar este examen resulta en la suspensión del privilegio de manejar por el mínimo de un año. El solicitante menor de veintiún años deberá firmar un documento en el que declara que se le notificó de estos detalles.

Restricciones de edad relacionadas con el trabajo

En la mayoría de los estados, un individuo deberá haber cumplido dieciocho años antes de poder trabajar en un empleo que requiera manejar como parte de éste. Si manejar como parte del trabajo incluye el comercio interestatal o el transporte de sustancias peligrosas, el individuo, en la mayoría de los casos, deberá haber cumplido veintiún años.

SUSPENSIÓN Y REVOCACIÓN

Suspensión o revocación de la licencia de conductor

Cuando la licencia de un conductor es suspendida, el privilegio de manejar es retirado provisionalmente. Por lo general, la suspensión es por un tiempo fijo o hasta que el conductor cumpla con un requisito específico.

Cuando la licencia es revocada, el privilegio de manejar es retirado permanentemente y el conductor deberá solicitarla nuevamente al terminar el período de suspensión.

Cuando la licencia es suspendida o revocada, el DMV notifica al individuo por correo, a menos que ya haya sido notificado de ello por la corte o por un funcionario de justicia. Si el DMV no puede notificar al individuo por correo porque se mudó y no registró su cambio de dirección como es requerido por la ley, lo notificará con una notificación personal. El costo de la notificación se le cobrará a la parte que no notificó el cambio de domicilio. Cuando la persona es elegible para el restablecimiento de la licencia, se le exigirá el pago de la notificación personal antes de que sea expedida.

Suspensión o revocación por la corte

La corte puede suspender o revocar una licencia de conductor por las siguientes razones:

Violación de los límites de velocidad o por conducir imprudentemente; a menos que la ley exija su revocación, la licencia puede ser suspendida por corto tiempo, usualmente treinta días después de la primera condena, sesenta días después de la segunda y seis meses después de la tercera condena e incidentes subsiguientes.

Manejar a más de cien millas por hora; a menos que la ley exija su revocación, la licencia puede ser suspendida durante corto tiempo, usualmente treinta días.

Una licencia puede ser suspendida hasta por seis meses debido a la condena por cometer cualquiera de las siguientes razones:

No detenerse y procurar al dueño de la propiedad damnificada cuando el conductor de un vehículo ha estado involucrado en un accidente

Manejar imprudentemente causando lesiones corporales

No detenerse en un cruce de ferrocarril

Evadir a un oficial de la policía

Causar o participar intencionalmente en una colisión o choque con el propósito de presentar un reclamo falso o fraudulenta contra una compañía de seguros

Suspensión o revocación por recibir condena por uso o posesión de drogas

A toda persona que haya sido convicta por una ofensa relacionada con el uso o posesión de drogas, narcóticos u otra sustancia prohibida cuando la ofensa involucra el uso de un vehículo motorizado, se le puede suspender o revocar la licencia hasta por tres años en algunos estados.

Una persona que sea condenada por una ofensa relacionada con el uso o posesión de sustancias prohibidas, puede ser obligada a renunciar a su licencia y entregarla a la corte. Cada condena similar requiere que la licencia sea suspendida por un término adicional. Si al momento de la condena la licencia ya está suspendida o revocada, se añadirá un término adicional de tiempo antes de que sea restablecida.

Suspensión o revocación de licencias por los departamentos de vehículos motorizados de varios estados

El departamento de vehículos motorizados de varios estados deberá suspender o revocar la licencia de toda persona cuando la suspensión o revocación haya sido ordenada por la corte.

Además de cumplir con las órdenes de la corte para la suspensión o revocación de licencias, el DMV, en muchos casos, puede iniciar una suspensión o revocación cuando ocurre uno de los siguientes casos:

Una condena por no detenerse durante un accidente donde sólo hubo daños a la propiedad

Una segunda o subsiguiente condena por manejar imprudentemente

Una condena por un homicidio relacionado con la operación negligente de un vehículo

No presentar prueba de seguro o de responsabilidad financiera

Condenas en otros estados que pudieran resultar en la suspensión o revocación de la licencia en el estado que la expidió

Cuando un individuo presenta un cheque sin fondos para pagar una multa o penalidad

Faltar a una promesa de comparecer o de pagar una multa

Acumulación excesiva de puntos permitidos durante un término específico

Leyes sobre responsabilidad financiera

Los estados exigen que los propietarios y los conductores de vehículos motorizados obtengan un seguro de responsabilidad financiera para cubrir todo reclamo por daños que pueda presentarse en su contra en caso de un accidente que cause la muerte o lesiones a otros, o daños a la propiedad.

Responsabilidad financiera obligatoria

Todo conductor y todo propietario de un vehículo motorizado deberá tener disponible en todo momento evidencia de que el vehículo está asegurado o que posee otra forma de responsabilidad financiera. La mayoría de las personas muestran su responsabilidad obteniendo una póliza de seguros. Sin embargo, algunas empresas están "autoaseguradas". A las entidades autoaseguradas el DMV estatal les expide un certificado o número de depósito. De cualquier forma, el conductor o propietario deberá llevar en el vehículo un documento por escrito que compruebe que cumple con los requisitos de responsabilidad financiera.

Requisitos mínimos para seguros

Cada estado tiene leyes que establecen la cantidad mínima de responsabilidad financiera en caso de accidentes.

Tabla 13-1: Requisitos mínimos para seguros de responsabilidad financiera para automóviles

Estado	Cantidad mínima para lesiones o muerte de un reclamante	Cantidad mínima total si se lesiona o muere más de una persona	Cantidad mínima por daños a la propiedad
Arizona	$15,000	$30,000	$10,000
California	$15,000	$30,000	$5,000
Florida	$10,000	$20,000	$10,000
Illinois	$20,000	$40,000	$15,000
Nuevo México	$25,000	$30,000	$10,000
Nueva York	$10,000	$50,000	$20,000
Tejas	$20,000	$40,000	$15,000

Reportes de accidentes

Todo conductor que se vea involucrado en un accidente en una calle o carretera donde los daños a la propiedad son más de una cantidad determinada (usualmente $500) o donde una persona es lesionada o muere, deberá reportar el accidente al DMV del estado dentro de un término específico (usualmente no más de diez días) ya sea personalmente o a través de un agente de seguros.

Castigo por no reportar un accidente

El DMV suspenderá el privilegio de manejar a toda persona que no cumpla o no reporte un accidente según lo requiere la ley. La licencia permanecerá suspendida hasta que la persona compruebe que ha cumplido con todas sus obligaciones financieras pagando todo daño como consecuencia del accidente. El privilegio de manejar de quien no sea residente puede ser suspendido si no presenta prueba de estar asegurado y la licencia de un residente del estado puede ser suspendida si no cumple con los requisitos de responsabilidad financiera de otro estado. Bajo estas circunstancias, un individuo cuyos privilegios de manejar han sido suspendidos por no presentar prueba de seguro puede solicitar una licencia restringida para poder conducir de la casa al trabajo o como parte de su trabajo.

LOS CONDUCTORES INVOLUCRADOS EN ACCIDENTES DEBERÁN INTERCAMBIAR INFORMACIÓN

Los conductores involucrados en un accidente están obligados a intercambiar la siguiente información, a menos que estén lastimados o incapacitados para hacerlo:

Nombre de cada conductor y su dirección actual

Número de licencia de conductor

Números de identificación de los vehículos

Domicilio actual de los dueños registrados de los vehículos

Nombre y dirección de las compañías de seguro que aseguran los vehículos

CASTIGO POR NO PROVEER INFORMACIÓN DESPUÉS DE UN ACCIDENTE

En la mayoría de los estados, todo individuo que no cumple con todos estos requisitos es culpable de una infracción y está sujeto a una multa.

SUSPENSIÓN POR INCUMPLIMIENTO DE SENTENCIAS

En la mayoría de los estados, todo conductor o propietario de un vehículo que es demandado por causar un accidente y que recibe una sentencia judicial en su contra, está sujeto a la suspensión de sus privilegios de manejar si no cumple con la orden de pago dentro de un término específico, usualmente treinta días, a partir de la fecha en que la sentencia es expedida. Esta suspensión continúa hasta que el individuo presenta prueba de responsabilidad financiera y cumple con los términos de la sentencia. Si el tribunal ordena el pago de la sentencia en abonos, la licencia será restablecida cuando la persona presente prueba de responsabilidad financiera y demuestre que no está atrasado en el pago de abonos. Si el deudor por sentencia—la persona obligada a hacer los pagos—no hace los abonos, los privilegios de manejar son suspendidos hasta que cumpla con la orden de la corte.

RESPONSABILIDAD CIVIL DE PROPIETARIOS
Y OPERADORES DE VEHÍCULOS

DUEÑOS PRIVADOS

Todo propietario de un automóvil es responsable por la muerte o lesiones causadas a otra o por el daño a la propiedad a consecuencia de un acto (u omisión) negligente o ilícito cometido durante la operación de su vehículo por una persona que esté usando el vehículo u operándolo con el permiso del propietario, sin importar si el permiso es expreso o implícito.

RESPONSABILIDAD DE LA PERSONA
QUE FIRMA LA SOLICITUD DE UN MENOR

Un menor es la persona que no ha llegado a la mayoría de edad según las leyes estatales en relación a los reglamentos sobre la operación de vehículos.

Antes de que una licencia sea concedida, la solicitud deberá ser firmada por el padre o la madre del menor, si ambos tienen su custodia. Si sólo uno de los padres está vivo o tiene la custodia, la solicitud es firmada por lo general por ese padre.

Si el menor es un dependiente, o está bajo la tutela de la corte, la solicitud usualmente puede ser firmada por uno de sus abuelos, un hermano mayor de edad, un tía, una tío, un padre de crianza (*foster parent*) donde el menor reside, un supervisor de libertad condicional (*probation officer*) o un empleado de los servicios de protección para menores que actúa como funcionario de la corte.

Un menor casado puede presentar una solicitud firmada por su cónyuge si éste es mayor de edad.

Un menor emancipado puede presentar una solicitud firmada por su empleador, en cuyo caso se le podría conceder una licencia de conductor restringida para su uso durante el transcurso de su trabajo. El menor deberá comprobar su propia responsabilidad financiera, no importa quien firme o verifique su aplicación.

El individuo que firme la solicitud de licencia de un menor será responsable conjuntamente con él de todo daño causado por su negligencia, o por cometer un acto ilícito o por la omisión de un acto requerido durante la operación del vehículo. Un empleador o un funcionario del gobierno que firme la solicitud de licencia de un menor está exento de tal responsabilidad.

RESPONSABILIDAD DE LOS PADRES O GUARDIANES

En la mayoría de los estados, la responsabilidad por todo daño que resulte de la operación de un vehículo motorizado por parte de un menor, con el consentimiento expreso o implícito de sus padres o guardianes será la responsabilidad de éstos, sin importar si el menor tiene o no licencia de conductor.

Cancelación de la licencia de un menor

La licencia de un menor será cancelada por el DMV si el individuo que inicialmente firmó la solicitud pide que sea cancelada. Una vez cancelada, la persona que firmó la solicitud queda relevada de responsabilidad por cualquier acto del menor.

Si los padres o guardianes que firmaron la solicitud del menor fallecen, el DMV cancelará la licencia, a menos que el guardián o persona que tiene su custodia da su consentimiento para que la responsabilidad sea transferida a aquél.

Leyes de tránsito

Derechos y obligaciones del peatón

Cuando un peatón cruza una calle o carretera controlada por un semáforo, puede cruzar la calle cuando la señal indica *Walk* ("Camine"). Cuando la señal opera de manera intermitente e indica *Wait* ("Espere") o *Don't Walk* ("No Camine"), es ilegal que un peatón comience a cruzar la calle.

Donde existen áreas marcadas para cruzar controladas por un semáforo, los peatones pueden cruzar la calle solamente allí. En una carretera sin aceras (*sidewalks*), los peatones están obligados por ley a caminar por la orilla izquierda de la vía, en dirección opuesta al tráfico.

En la mayoría de los estados es ilegal pararse a la orilla de una carretera para pedir ser llevado (*hitchhike*) por conductores de vehículos.

Un peatón parcial o totalmente ciego que lleve un bastón blanco o un perro guía tiene el derecho de paso. Todo conductor que no le ceda el paso será culpable de un delito menor. Solamente una persona considerada legalmente ciega puede llevar un bastón blanco con o sin punta roja.

Por lo general, es ilegal que un peatón camine por la vía para bicicletas si existe una vía peatonal a su lado.

La reglamentación de patinetas (*skateboards*) y patines de ruedas es por lo general la responsabilidad del gobierno municipal.

Leyes de velocidad

Los reglamentos básicos de velocidad establecen que ninguna persona deberá conducir un vehículo a una velocidad superior a la que sea razonable y prudente, teniendo en cuenta el clima, la visibilidad, el tráfico, el tamaño y la condición de la superficie de la carretera, o bajo circunstancias que pongan en peligro a la persona y la propiedad.

El límite de velocidad está indicado en señales que muestran la velocidad máxima a la que un vehículo puede transitar por la calle o carretera. Donde no se indica el límite, las siguientes velocidades son típicas en los varios estados:

Quince millas por hora:

Al cruzar una vía de ferrocarril no controlada por semáforos o un guardavía (abanderado)

Al cruzar la intersección de una carretera donde no existe semáforo, una señal para ceder el paso o de "Pare"

En un callejón

Veinticinco millas por hora:

En una carretera no estatal que esté ubicada en áreas comerciales o residenciales

Al manejar cerca de una escuela cuando los niños se dirigen o salen de ella, o cuando hay niños en los predios escolares pero no hay cerco que separa la propiedad de la carretera y donde una señal que dice SCHOOL ("ESCUELA")

Al manejar cerca de un centro para ancianos u otra propiedad usada primordialmente por personas de edad avanzada si el lugar tiene una señal que dice SENIORS ("ANCIANOS")

VELOCIDADES MÍNIMAS

Es contra la ley manejar a velocidades tan lentas que impidan u obstruyan el movimiento normal del tráfico, a menos que una velocidad lenta sea necesaria para no correr peligro, subir una inclinación alta o cumplir con la ley. Si existe una señal de velocidad mínima en una calle o carretera, entonces deberá ser observada por todo vehículo a menos que sea peligroso manejar a tal mínimo.

INFRACCIONES DE TRÁNSITO

La lista de infracciones de tránsito es larga. Algunas de las más comunes son:

Manejar imprudentemente

Manejar imprudentemente y causar lesiones corporales

Competiciones y exhibiciones de velocidad

Lanzar sustancias a otros vehículos

Arrojar basura

Regar sustancias o materiales peligrosos

Transportar menores en la parte trasera de un camión

Transportar animales desamarrados en la parte trasera de un camión

Operar un vehículo que exceda los límites legales de nivel de ruido

Operar un vehículo con un nivel de 0.01 por ciento o más de alcohol en la sangre, si el individuo es menor de veintiún años de edad

Manejar con un nivel de 0.05 por ciento o más, si el individuo es menor de dieciocho años

Manejar con un nivel de 0.08 por ciento, si el individuo es adulto

Negarse a tomar un examen para determinar el nivel de intoxicación

No pagar una multa impuesta por la corte

Consumir alcohol al manejar

Consumir alcohol por parte de un pasajero

Manejar con envases abiertos de bebidas alcohólicas o con marijuana en el vehículo

Posesión de envases abiertos de bebidas alcohólicas por parte de un menor de veintiún años

Posesión de envases de bebidas alcohólicas con el sello abierto en el compartimiento de pasajeros

No ceder el paso

Cambiar de carril imprudentemente

Seguir a otro vehículo a una distancia demasiado cerca

No detenerse en una señal de "Pare" o en un semáforo

Velocidades excesivas

INFRACCIONES, DELITOS MENORES Y DELITOS GRAVES

Las contravenciones de tránsito pueden clasificarse como infracciones, delitos menores o delitos graves, dependiendo de su seriedad y de si el conductor ha sido condenado previamente de la misma ofensa.

INFRACCIONES

Las violaciones de tránsito menores son clasificadas como infracciones. Algunas de ellas son:

Estacionarse en un espacio exclusivo para personas incapacitadas

Transportar un animal en la parte trasera de un camión que no esté encerrado o sin amarrarlo para evitar que se lastime o sea lanzado de éste

Arrojar basura

Uso ilícito de carriles para múltiples pasajeros, incluyendo la entrada y salida de los mismos

No ceder el paso a un vehículo de emergencia

Desconectar o modificar el sistema para controlar la emisión de humo contaminante

Desobediencia de las señales de tránsito por parte de los peatones

Manejar con un número excesivo de pasajeros

No mantener una distancia prudente entre vehículos

No registrar un vehículo

Manejar a velocidades entre el máximo y cien millas por hora

La multa por una infracción varía con la ofensa, pero en la mayoría de los estados es usualmente un mínimo de $50 y un máximo de $100 por la primera infracción. Además de la multa, muchos estados también cobran una multa administrativa.

Cuando un conductor se declara culpable o es condenado por una segunda o tercera infracción, la corte puede acusarlo de un delito menor o de uno grave si la ofensa es seria. Además, cuando alguien es lesionado o si la propiedad sufre daños como resultado de una violación que de otra manera se clasificaría como una infracción, la corte puede acusar al conductor de un delito menor. Además de las ofensas impuestas bajo los reglamentos sobre la operación de vehículos, el conductor también puede ser acusado de ofensas penales bajo los códigos penales de varios estados.

La corte, en ocasiones, permite que un individuo que es multado por cometer una infracción pueda pagarla en abonos. No obstante, tiene que hacer los pagos completos en la fecha determinada o antes o tendrá que presentarse en la corte ese día para explicar por qué no puede hacer el pago. No pagar a tiempo puede tener como consecuencia que sea acusado de desacato y que la corte expida una orden de arresto contra el infractor.

Una persona que haya recibido notificación por escrito para comparecer ante la corte por una infracción, puede hacer un depósito de fianza antes de presentarse e indicar su intención de declararse no culpable de la infracción. El caso se fijará para una vista de acusación y juicio. En casos en que la violación de tránsito es una infracción, el infractor puede hacer su depósito de fianza y su declaración por correo. Si desea declararse culpable de la acusación, puede remitir la cantidad requerida de fianza a la corte, acompañada de su declaración de culpabilidad. En la mayoría de los casos, si la parte acusada no comparece ante la corte el día fijado, la fianza es confiscada y la obligación del infractor queda satisfecha.

DELITOS MENORES (MISDEMEANORS)

Un delito menor es más serio que una infracción, pero menos serio que un delito grave (*felony*). Algunas de las ofensas que se consideraban delitos menores incluyen dar información falsa o hacer declaraciones falsas a funcionarios de la justicia, fingir ser oficial de la policía, huir de un oficial patrullero, utilizar evidencia falsa o engañosa en relación a la registración de un vehículo, alterar o hacer ilegible el número de identificación de un vehículo, permitir que un conductor sin licencia maneje su vehículo, conducir imprudentemente, participar en carreras de velocidad, lanzar artículos a otros vehículos, manejar bajo la influencia de drogas o de alcohol, poseer marijuana, no colocar a niños pequeños en asientos de seguridad, retroceder el odómetro de un vehículo, no comparecer en la corte o no pagar una multa, usar un nombre falso, no corregir equipo defectuoso y no asistir a la escuela de tránsito. En algunos estados, algunas de estas ofensas se consideran infracciones.

Una ofensa que de otra manera sería considerada infracción es frecuentemente clasificada como delito menor si el infractor ha sido condenado por la misma durante los doce meses previos a la presente ofensa. Las ofensas cometidas por un peatón usualmente no se consideran delitos menores, incluso después de una tercera ofensa dentro de los doce meses.

Toda persona que comete un delito menor puede ser multada o encarcelada. Si el infractor es multado, pero no puede o no está dispuesto a pagar la multa, en muchos estados puede ser encarcelado en vez de pagarla, a una relación de un día por cierta cantidad específica de multa. En la mayoría de los delitos menores, la multa máxima es de $1,000 y hasta seis meses de cárcel. Sin embargo, algunas infracciones específicas conllevan multas que exceden estos límites, tales como la condena por un delito menor por el robo de un vehículo que ha sido modificado para el uso de una persona incapacitada o un cargo de delito menor por manejar bajo la influencia del alcohol o las drogas.

FALTA DE COMPARECENCIA

Cuando un policía le da un conductor una citación (*ticket*) debido a una violación de tránsito, éste está obligado a firmar una declaración en la que promete comparecer en la corte a la hora, día y lugar estipulados en la citación para presentar su declaración sobre los cargos que se le imputan. Si se niega a firmar la declaración (promesa) de comparecencia, el oficial lo arrestará y lo llevará a la cárcel.

Cuando un individuo firma la promesa de comparecencia, está obligado a comparecer. Antes de la fecha prevista, puede solicitar un aplazamiento (*continuance*), el cual consiste en pedir permiso para presentarse posteriormente. Si la corte lo concede, el individuo no estará violando la promesa de comparecer siempre y cuando lo haga en la nueva fecha. Si lo desea, puede contratar a un abogado para que comparezca en su lugar.

Una persona que no comparece en la corte después de firmar la declaración de promesa es culpable de cometer un delito menor. El cargo de delito menor puede ser procesado aun cuando el cargo por el cual no compareció sea anulado o si es declarado inocente de tal cargo. La corte también puede imponer una multa adicional por el cargo original si expide una orden de arresto debido a su incomparecencia. Por lo general, la corte suspende el privilegio de conducir hasta que el infractor cumpla con los requisitos de la corte.

Si la violación de un reglamento de tránsito requiere que el infractor preste una fianza, deberá hacerlo en la fecha señalada por la corte o antes. No pagar la fianza requerida puede tener como consecuencia que la corte expida una orden de arresto.

ACCIDENTE Y FUGA/NO DETENERSE /ABANDONAR EL LUGAR DE UN ACCIDENTE

El conductor de un vehículo que ha causado un accidente que tiene como consecuencia la muerte o heridas de una persona o daños a la propiedad, está obligado por ley a detenerse de inmediato en el lugar del accidente. No detenerse cuando el conductor y su vehículo están involucrado es castigable con multa y cárcel. Si el accidente resulta en una muerte o heridas graves o permanentes, el conductor que huye del lugar es castigado con una sentencia en prisión estatal y multa. Si un conductor huye del lugar de un accidente donde sólo ocurren daños a materiales, podrá ser castigado con una multa y/o cárcel.

DELITO MENOR POR MANEJAR BAJO LA INFLUENCIA DEL ALCOHOL O LAS DROGAS

La ley en todos los estados ha establecido que todo adulto que tiene un contenido de alcohol en la sangre que exceda un nivel determinado se presume estar bajo la influencia del alcohol y es culpable de manejar embriagado (vea el Compendio multiestatal sobre manejar bajo la influencia del alcohol, página 245).

Por ley, todo conductor que es detenido por un funcionario de la justicia que tiene razón para creer que puede estar bajo la influencia de las drogas o el alcohol deberá someterse a una prueba para determinar el nivel de alcohol en su cuerpo. No someterse y completar la prueba hará que la licencia de conductor de la persona sea suspendida o revocada de seis meses a un año. La suspensión es usualmente ordenada por la corte si es la primera vez que la persona se niega a someterse a una prueba de laboratorio y si no tiene convicciones previas relacionadas con el alcohol. Las ofensas subsiguientes de este tipo tendrán como consecuencia la revocación de la licencia hasta por tres años.

DELITOS GRAVES POR CONDUCIR

Los delitos graves son las ofensas más serias y usualmente tienen que ver con heridas o lesiones a personas, daños a la propiedad, condenas repetidas o conducta maliciosa con indiferencia hacia la seguridad de otros. La penalidad impuesta por la corte por la condena de un delito grave puede incluir una multa considerable y encarcelamiento en una prisión estatal. La condena por un delito grave por lo general resulta en la suspensión o la revocación del privilegio de conducir, además de los castigos penales establecidos.

HOMICIDIO VEHICULAR

El homicidio vehicular consiste en causar, sin intención, la muerte de una persona al manejar un vehículo. Toda persona condenada de homicidio vehicular puede ser acusada de delito grave si maneja con un nivel de alcohol que excede el determinado por ley, por lo general 0.08 por ciento, o si está bajo la influencia de sustancias prohibidas y causa la muerte de alguien mientras comete un acto ilícito que no es delito grave, o si comete un acto que no es ilícito pero que pudiera causar la muerte. La negligencia crasa o grave no es un elemento requerido. En algunos estados, un homicidio vehicular a consecuencia de un delito grave (*felony vehicular manslaughter*) es castigable hasta con cuatro años en una prisión estatal.

SISTEMA DE PUNTOS

Algunos departamentos de vehículos motorizados estatales asignan puntos a ofensas vehiculares basados en la seriedad de ellas. Si un conductor acumula demasiados "puntos" durante un tiempo determinado, la licencia puede ser suspendida o revocada, o el prdilegio de conducir puede ser restringido, tal como manejar un vehículo de ida y regreso al trabajo.

Algunos de los valores típicamente asignados por la violación de los reglamentos sobre la operación de vehículos son:

• No detenerse en caso de un accidente	Dos puntos
• Manejar bajo la influencia del alcohol o las drogas	Dos puntos
• Manejar imprudentemente	Dos puntos
• Donde el conductor es considerado culpable de causar el accidente	Un punto
• Manejar con la licencia suspendida	Dos puntos
• No usar cinturones de seguridad por parte de los menores	Un punto
• Otras ofensas	Un punto

CLASIFICACIÓN DE CONDUCTOR NEGLIGENTE

Un conductor puede considerarse negligente si acumula puntos de esta forma:

Cuatro o más puntos durante doce meses

Seis o más puntos durante veinticuatro meses

Ocho o más puntos durante treinta y seis meses

Toda persona que se considera conductor negligente estará sujeta a que el DMV le suspenda o le revoque la licencia. Si al conductor se le notifica de la posible suspensión o revocación de ésta debido a la acumulación excesiva de puntos, puede solicitar una audiencia. El funcionario de la vista tendrá en consideración el número de millas que el conductor viaja, para tomar a una decisión respecto a la suspensión o revocación.

Si los hechos lo permiten, el DMV puede permitir que la persona tenga una licencia provisional o restringida. Antes de que una licencia suspendida o revocada sea restablecida, el solicitante por lo general deberá presentar prueba de seguro o de responsabilidad financiera ante el Departamento de Vehículos Motorizados.

DESIGNACIÓN DE INFRACTOR HABITUAL

Si una persona condenada de homicidio vehicular ha sido condenada anteriormente por manejar con un nivel de alcohol que excede el límite legal, bajo la influencia de las drogas, de manera imprudente o por una combinación de estas ofensas, puede ser designado como infractor habitual bajo la mayoría de las leyes estatales. Esta designación puede permanecer vigente hasta por tres años después de la condena. Un infractor habitual que, además, es condenado por manejar con la licencia suspendida o revocada a menudo es castigado con una multa elevada y encarcelado por un período máximo de ciento ochenta días.

Una persona puede ser designada como infractora habitual si es condenada por manejar con la licencia suspendida o revocada y se ve involucrada en una serie de accidentes reportables y condenas. En la primera condena, el infractor habitual puede ser castigado con multas de por lo menos $1,000 y encarcelado durante treinta días. Una segunda o subsiguiente condena como infractor habitual conlleva frecuentemente una multa de $2,000 y encarcelamiento durante ciento ochenta días. Las penalidades por ser designado infractor habitual se añaden a un castigo por la condena original que causó tal designación.

Ofensas en las que hay alcohol y drogas

Manejar bajo la influencia del alcohol o drogas ilícitas se considera una ofensa seria. Aunque manejar intoxicado se consideraba antes sólo una ofensa vehicular, hoy en día varios estados imponen penalidades criminales a las personas que han sido condenadas por cometer ofensas vehiculares serias relacionadas con el alcohol y las drogas.

Para prevenir la alta incidencia de muertes y lesiones graves causadas por conductores que manejan bajo la influencia del alcohol o las drogas, varios estados han promulgado leyes sumamente estrictas para castigar al culpable y rehabilitarlo.

Las primeras ofensas por manejar intoxicado pueden clasificarse como delitos menores si no incluyen accidentes en los cuales alguien pierde la vida, es seriamente herido o en los que ocurren daños extensos a la propiedad. Al decidir si una ofensa se considerará delito menor o delito grave, los funcionarios de justicia también evalúan el historial automoviliario del infractor y el nivel de alcohol en el momento de ser arrestado.

En la mayoría de los estados, las personas condenadas de ofensas relacionadas con el alcohol están obligadas a asistir a un programa de rehabilitación aprobado por la corte.

Tanto los adultos como los menores son tratados estrictamente conforme a las leyes referentes a manejar intoxicado, pero leyes incluso más estrictas han sido establecidas para los menores de edad, con la esperanza de que la intervención a tiempo ayude a prevenir incidentes más serios durante el resto de sus vidas.

La ley establece castigos extremadamente severos para toda persona que sea condenada por una ofensa relacionada con manejar bajo la influencia del alcohol cuando trabaja como chofer de vehículos comerciales, durante el transporte de pasajeros por pago, cuando alguien resulta lesionado o pierde la vida, cuando ocurren daños a la propiedad, cuando el conductor comete otro delito mientras está intoxicado, cuando el conductor intoxicado tiene condenas múltiples por ofensas similares, cuando el conductor también ha sido condenado por abandonar el lugar de un accidente y cuando no cumple con sus obligaciones de responsabilidad financiera.

Detención por la policía por sospecha de manejar intoxicado

Un oficial de policía puede detener a toda persona de quien tenga una duda razonable que está conduciendo bajo la influencia de bebidas alcohólicas, drogas ilícitas o ambas. El policía puede suministrar un examen de sobriedad en el mismo lugar, que usualmente consiste en una serie de movimientos para evaluar las reacciones físicas y la coordinación del sospechoso al momento de ser detenido. El oficial puede pedirle al detenido que se someta a una prueba preliminar conocida como prueba de aliento. Si después de la evaluación de esta prueba y del examen de sobriedad el oficial determina que la persona está bajo la influencia del alcohol o las drogas, será arrestada. Si el sospechoso rehúsa a tomar el examen de sobriedad o de aliento, será arrestado, siempre y cuando el oficial tenga sospechas razonables de que está intoxicado.

Arresto por sospecha de manejar bajo la influencia del alcohol o las drogas

Un oficial de la policía que tiene sospecha razonable de que un conductor está violando la ley por manejar bajo la influencia del alcohol o las drogas puede arrestarlo y llevarlo a la cárcel correspondiente. En la cárcel el sospechoso deberá dar información para establecer su identidad y usualmente será fotografiado y le serán tomadas las huellas digitales. El oficial informará al sospechoso de la obligación a someterse a otro examen.

Por lo general, el arrestado puede escoger entre un examen de sangre, de aliento o de orina, y el examen no tiene ningún costo para él. Incluso si el sospechoso ya ha tomado un examen de aliento, en algunos estados también tiene que someterse a uno de sangre o de orina.

Penalidad por no someterse a exámenes

A toda persona que rehúse someterse a un examen de embriaguez se le suspenderá el privilegio de conducir por un período máximo de un año. Si el sospechoso ha sido condenado por manejar bajo la influencia del alcohol o las drogas, de homicidio vehicular, de manejar imprudentemente, de manejar imprudentemente y causar lesiones, de homicidio vehicular grave por estar intoxicado o si la licencia ha sido suspendida o revocada por no tomar el examen químico de sangre u orina, la licencia puede ser revocada por dos años. Dos o más condenas a causa de una de las violaciones mencionadas que hayan resultado en la suspensión de la licencia por dos años, pueden tener como resultado que la licencia sea revocada por tres años. Incluso si la persona no es condenada por manejar bajo la influencia del alcohol o las drogas, estas penalidades podrán ser impuestas.

Acuerdo escrito para someterse a un examen de laboratorio

En la mayoría de los estados, se requiere que toda persona que solicita una licencia de conductor o la renovación de la misma, firme, como parte del proceso de solicitud, una declaración estableciendo que está de acuerdo con someterse a un examen de aliento, de sangre o de orina cuando un oficial de la policía se lo solicite porque sospecha que está manejando bajo la influencia del alcohol. Al solicitante que se niegue a firmar este acuerdo se le negará la licencia o la renovación.

Suspensión de la licencia al momento de arresto y la licencia provisional

Conforme a los procedimientos más drásticos que han se han puesto en práctica hoy en día por la mayoría de los estados, si una persona que ha sido arrestada por sospecha de manejar bajo la influencia del alcohol tiene un nivel de alcohol más alto que el límite legal o está bajo la influencia de las drogas, recibirá un "aviso de orden de suspensión" (*notice of order of suspension*) y el oficial que la arrestó le confiscará la licencia. El oficial le expide al sospechoso una licencia provisional, válida por un corto tiempo, usualmente treinta días a partir de la fecha de arresto.

Penalidades por la condena de manejar intoxicado

Primera ofensa

Toda persona que es condenada, que se declara culpable o que somete una declaración de *nolo contendere* por manejar bajo la influencia del alcohol o las drogas, será castigada con todas o una de las sanciones siguientes:

1. Encarcelamiento por el término mínimo conforme a la ley estatal, usualmente noventa y seis horas, y un máximo, usualmente de seis meses
2. Una multa máxima de $1,000
3. Suspensión de la licencia de manejar hasta por seis meses
4. Aprobar un programa de educación sobre alcohol, drogas y orientación sancionado por la corte.
5. Libertad condicional por el período ordenado, usualmente por un mínimo de tres y hasta cinco años, además de las sanciones descritas en los tres siguientes incisos
6. El requisito de que la persona no maneje con un nivel de alcohol detectable en la sangre
7. El requisito de que la persona esté de acuerdo con someterse a un examen

de laboratorio si es arrestada por una violación futura por manejar bajo la influencia del alcohol y las drogas

8. El requisito de que no cometa ningún tipo de delito
9. Pago de cuotas de educación sobre el abuso del alcohol

Segunda ofensa

Toda persona que es condenada por una segunda ofensa por manejar bajo la influencia del alcohol o las drogas, estará sujeta a las siguientes penalidades aumentadas si ocurre dentro del término ordenado por la condena de manejar imprudentemente, manejar bajo la influencia del alcohol o las drogas o manejar intoxicado causando heridas a otra persona:

1. Encarcelamiento por el término mínimo ordenado, por lo menos noventa días, pero no más de un año
2. Una multa máxima de $1,000
3. Suspensión de la licencia por un máximo de dieciocho meses
4. La aprobación de un curso de educación y consejería sobre el alcohol y las drogas sancionado por la corte
5. Libertad condicional de tres a cinco años, con las condiciones indicadas en los incisos seis a ocho
6. El requisito de que la persona no maneje con un nivel de alcohol detectable en la sangre
7. El requisito de que la persona acuerde someterse a un examen de laboratorio si es arrestada por una violación futura por manejar bajo la influencia del alcohol o las drogas
8. El requisito de que no cometa ningún tipo de delito
9. Pago de cuotas para el fondo de educación sobre el abuso del alcohol

Dos convicciones previas

Toda persona que sea condenada tres o más veces dentro del período ordenado, usualmente siete años, por manejar bajo la influencia del alcohol o las drogas, con condenas anteriores similares, o por manejar imprudentemente, con o sin causar lesiones a otra persona, puede estar sujeta a las siguientes penalidades aumentadas:

1. Encarcelamiento por no menos del período ordenado, usualmente ciento veinte días y no más de un año
2. Multa hasta de $1,000
3. Revocación del privilegio de conducir hasta por tres años. Después de que la licencia ha sido revocada por el período mínimo, usualmente veinticua-

tro meses, la persona puede solicitar a la corte una licencia restringida si ha terminado con éxito un programa de educación sobre el alcohol y las drogas, y está de acuerdo en instalar un candado electrónico (*ignition interlock device*) en el encendido del vehículo. Para encender el motor, es necesario que el conductor sople en el aparato y registre un nivel de alcohol que no exceda el límite legal

4. Designación obligatoria de infractor habitual hasta por tres años
5. La aprobación de un programa de educación y consejería sobre el alcohol y las drogas
6. Libertad condicional de tres a cinco años, con las condiciones en los tres siguientes incisos
7. El requisito que la persona no maneje con un nivel de alcohol detectable en la sangre
8. El requisito de que la persona acuerde someterse a un examen de laboratorio si es arrestada por una violación futura por manejar bajo la influencia del alcohol o las drogas
9. El requisito que no cometa ningún tipo de delito
10. Pago de cuotas para el fondo de educación sobre el abuso del alcohol

Penalidades adicionales

En la mayoría de los estados, si otra persona es lesionada o pierde la vida como resultado de una primera ofensa por manejar bajo la influencia de las drogas o el alcohol, la persona condenada de dicha ofensa será culpable de un delito grave.

Las condenas múltiples por manejar bajo la influencia del alcohol o las drogas en casos donde otra persona es herida o lesionada, requieren frecuentemente encarcelamiento mandatorio por un máximo de siete años.

Confiscación de un vehículo por manejar bajo la influencia del alcohol o las drogas

Hoy en día, las cortes en la mayoría de los estados pueden ordenar la confiscación de un vehículo que haya sido usado durante una infracción de alcohol o drogas. Usualmente la confiscación es por un máximo de noventa días, al costo del dueño registrado del vehículo.

Confiscación y venta de vehículo usado en la comisión de un delito

Todo dueño de vehículo que es condenado por homicidio vehicular craso mientras está intoxicado, por homicidio vehicular o por manejar bajo la influencia del alcohol o las drogas, con o sin lesiones a otra persona y que ha sido condenado anteriormente por una de estas ofensas, puede estar sujeto a que el vehículo sea confiscado por el alguacil y vendido por orden de la corte.

EL PERÍODO DE SUSPENSIÓN O REVOCACIÓN COMIENZA DESPUÉS DE QUE SE CUMPLE EL TÉRMINO DE ENCARCELAMIENTO

En algunos estados, cuando un individuo es sentenciado a cumplir un término de un año o más de cárcel o prisión por ser condenado por abandonar el lugar de un accidente o por manejar bajo la influencia del alcohol o las drogas, con o sin causar lesiones a otra persona, la corte puede ordenar que la suspensión o revocación del privilegio de conducir sea aplazado para que así el período de suspensión o revocación comience después de que la sentencia de prisión haya sido cumplida.

PENALIDADES ADICIONALES POR NIVEL ALTO DE ALCOHOL

Algunos estados han pasado leyes bajo las cuales una persona que se determina que tiene un nivel alto de alcohol de 0.20 o más al momento en que cometió una ofensa relacionada con manejar bajo la influencia del alcohol o las drogas, puede estar sujeta a penalidades adicionales. Dichas penalidades son más severas que las establecidas para la ofensa principal, tal como la libertad condicional.

PENALIDAD POR MANEJAR A ALTAS VELOCIDADES E IMPRUDENTEMENTE BAJO LA INFLUENCIA DEL ALCOHOL O LAS DROGAS

Es común que las leyes estatales establezcan que a toda persona condenada por manejar bajo la influencia del alcohol o las drogas y también por manejar imprudentemente por exceder el límite de velocidad, usualmente treinta millas por hora o más, se le exija que cumpla un término adicional de encarcelamiento.

CONSUMO O PRESENCIA DE ALCOHOL EN UN VEHÍCULO

Frecuentemente se considera ilegal que el conductor o el pasajero de un vehículo consuman bebidas alcohólica mientras el mismo es operado en una carretera, con la excepción de los pasajeros de un autobús, de un taxi o de una limosina de alquiler. También es ilegal que un conductor o pasajero de un vehículo tenga en su posesión envases con alcohol, a menos que el alcohol esté en una botella o una lata sellada. Usualmente, una botella que esté parcialmente vacía, que no esté sellada y que contenga alcohol puede ser transportada en la cajuela del vehículo.

Bebidas alcohólicas en vehículos conducidos por menores de veintiún años de edad

La mayor parte de los estados estipulan que ningún envase (sellado o no) que contenga bebidas alcohólicas pueda ser transportado en un vehículo conducido por un menor de veintiún años. La estipulación no es aplicable si el conductor está acompañado de uno de sus padres, un pariente adulto responsable o un guardián legal o temporal designado por un padre.

Ofensas de menores de veintiún años de edad relacionadas con el alcohol

En algunos casos, es contra la ley que un menor de veintiún años maneje si tiene un nivel de alcohol en la sangre de 0.01 por ciento o más, según los resultados de un examen preliminar de alcohol y/o examen de aliento. Si un menor de veintiún años es detenido bajo sospecha de manejar después de haber consumido alcohol y se niega a tomar un examen de aliento, puede estar sujeto a la suspensión o revocación de la licencia. En California y en otros estados si un examen preliminar de alcohol o de aliento indica que el menor tiene un nivel de alcohol de 0.01 o más, el oficial de la policía puede tomar posesión de la licencia de conductor inmediatamente. En este caso, el oficial deberá expedir una licencia provisional, que será válida por un término específico, usualmente de treinta días, o hasta que el Departamento de Vehículos Motorizados envíe una notificación de suspensión al conductor. Un conductor a quien se le suspende la licencia por ser menor de veintiún años y tener un nivel de 0.01 o más de alcohol no está sujeto a otra penalidad. La ofensa no es una infracción, delito menor o delito grave, pero sí es una acción exclusivamente civil en la mayoría de los estados.

Equipo de vehículos

Requisitos generales

En términos generales, es contra la ley operar un vehículo que sea peligroso o que no esté equipado de acuerdo a la ley. Después de que un oficial de la policía le notifica al propietario o conductor que el vehículo no cumple con las medidas de seguridad, éste no puede ser conducido hasta que sea reparado y cumpla con las medidas de seguridad, excepto para llevarlo a la residencia o lugar de trabajo del dueño o del conductor a un taller de reparaciones.

Cuando esté oscuro, todo vehículo de pasajeros deberá tener dos luces delanteras en funcionamiento, que deberán estar debidamente ajustadas. Cada vehículo de pasajeros deberá tener dos luces rojas y dos luces de freno en la parte trasera, y la placa trasera deberá estar iluminada ya sea por las luces traseras o por una luz separada. Un vehículo puede estar equipado con luces de estacionamiento, aunque por lo general es ilegal manejar sólo con estas luces prendidas, a menos que las delanteras también estén prendidas. El uso de luces intermitentes en vehículos de pasajeros está prohibido, excepto cuando se usan como direccionales, las luces de emergencia en un vehículo descompuesto y estacionado a la orilla de la carretera para advertir peligro o las luces delanteras de vehículos en un funeral. Los vehículos de emergencia pueden utilizar luces intermitentes como lo autoriza la ley.

Típicamente, todo vehículo de pasajeros debe estar equipado con frenos operacionales y de estacionamiento o emergencia, capaces de detenerlo dentro de veinticinco pies al viajar a veinte millas por hora.

Los vehículos de pasajeros deberán tener parabrisas con vidrio de seguridad y estar equipados con limpiaparabrisas.

Es ilegal obstruir la visibilidad del conductor con objetos o materiales sobre el parabrisas o sobre las ventanillas de las puertas delanteras. Es ilegal instalar o adherir material transparente al parabrisas o a las ventanas laterales o traseras si el material altera el color o reduce la luz transmitida a través del vidrio. Existe una excepción en casos en los cuales el conductor tiene una carta de su médico u optometrista que dice que sufre de un problema médico o de la visión que requiere protección contra el sol.

Los vehículos motorizados deberán tener una bocina en buenas condiciones, pero solamente los vehículos de emergencia debidamente autorizados pueden estar equipados con sirenas.

Los vehículos deberán tener silenciadores o mofles que cumplan con los requisitos de nivel de sonido del estado.

Los tubos múltiples, los silenciadores y los tubos de escape deberán estar en condiciones a prueba de escape de gas. Se requiere que los vehículos tengan equipo de emisión apropiado, además de un certificado de cumplimiento para poder registrarlo u operarlo dentro del estado.

En la mayoría de los estados, todo vehículo fabricado después de cierta fecha, usualmente el 1ero. de enero de 1962, tiene que estar equipado con dos cinturones de seguridad en los asientos delanteros.

Las llantas del vehículo también deberán cumplir con requisitos mínimos de rodamiento. Todo vehículo deberá tener parachoques adecuados para desviar líquido o basura del camino del vehículo.

Usualmente, un televisor instalado dentro de un vehículo de pasajeros deberá estar ubicado de forma que no sea visible por el conductor.

Uso obligatorio de los cinturones de seguridad

La mayoría de los estados han adoptado la Ley de Seguridad para Pasajeros en Vehículos de Motor (*Private Passenger Motor Vehicle Safety Act*), que establece que nadie deberá operar un vehículo de motor privado a menos que el conductor y los pasajeros estén debidamente sujetados con un cinturón de seguridad o con un cinturón de seguridad aprobado para menores de edad.

Las excepciones a esta ley, que es obligatoria, se aplican por lo general a taxis operados en las calles de una ciudad o a limosinas de alquiler en los que sólo los pasajeros del asiento delantero están obligados a usar los cinturones. Otra excepción se aplica a conductores o a pasajeros que sufren de cierto problema físico que imposibilite el uso de los cinturones, si el problema está certificado por un médico.

La violación a esta ley es punible con una multa de $20 o más por la primera ofensa y sustancialmente mayor por cada ofensa subsiguiente. Además, las cortes pueden obligar a una persona que ha sido condenada de violar esta ley a que asista a una escuela de tránsito aprobada por la corte.

Cinturones de seguridad para niños y otros pasajeros

Hoy en día la mayoría de los estados tienen leyes que establecen que todo niño de cierta edad, usualmente cuatro años, o que pesa menos de cierta cantidad, usualmente cuarenta libras, sin tomar en cuenta la edad, deberá estar abrochado a un asiento de seguridad para niños cuando viaje como pasajero en un automóvil, un camión o una camioneta de pasajeros. El conductor, el padre o el guardián de todo niño que no esté abrochado debidamente será multado. Frecuentemente, la multa por la primera ofensa se le perdona a padres de bajos recursos y la corte puede referir al padre o conductor a un programa que ofrezca equipo de protección para pasajeros menores a un costo reducido. Por lo general, la ofensa es reportada al Departamento de Vehículos Motorizados. Una segunda ofensa a la ley sobre el uso de cinturones de seguridad para menores puede tener como consecuencia el pago de una multa de más de $100 y otras penalidades. Por lo general, la multa por la segunda ofensa y ofensas subsiguientes no puede ser perdonada.

Un padre, un guardián o un conductor que permite la operación de un vehículo cuando un niño no está abrochado debidamente con un cinturón de seguridad está sujeto a una multa moderada, usualmente de $50 por la primera ofensa y de $100 por toda ofensa subsiguiente. Si los padres del niño están presentes en el vehículo, uno de los dos será responsable por la multa y no el conductor, a menos que éste también sea uno de los padres.

En la mayoría de los estados, las empresas de alquiler de vehículos están obligadas a notificar a quien alquile vehículos sobre los reglamentos de sistemas de seguridad para menores de edad y de tener disponibles para alquiler sistemas que no tengan más de cinco años de uso y que cumplan con los requisitos federales.

ESCUELA DE TRÁNSITO

Las cortes pueden permitirle a una persona que haya sido acusada de operar un vehículo peligrosamente, como manejar a altas velocidades, que asista a una escuela de tránsito aprobada por la corte. Después de completar exitosamente el curso, la corte puede desestimar el caso. Desestimar el caso es importante porque las tarifas de seguros de automóviles se basan, entre otras cosas, en el número y frecuencia de infracciones de tránsito. La parte que recibe la citación de tráfico debe pagar, generalmente, una cantidad equivalente a la multa más el costo de la escuela de tránsito.

Usualmente, la escuela de tránsito es un curso de ocho a doce horas y a los estudiantes se les exige que muestren identificación antes de iniciarlo. Algunas jurisdicciones tienen disponible un programa de estudio que se puede completar en la casa.

Toda persona que asiste a la escuela de tránsito deberá obtener un certificado de aprovechamiento de la misma, que deberá ser entregado a la corte. El no entregarlo resultará en una sentencia, que se registrará en el historial del conductor.

Algunos infractores optan por asistir a la escuela de tránsito voluntariamente. Sin embargo, la corte puede *ordenar* que un infractor asista. Quien no cumpla con esta orden puede ser hallado culpable de cometer un delito menor.

DECLARARSE CULPABLE, NO CULPABLE O *nolo contendere*

Exceptuando las infracciones de estacionamiento, una declaración de culpabilidad, una declaración de *nolo contendere,* una sentencia culpable o la pérdida de la fianza, todas constituyen una convicción por infringir los reglamentos de operación de vehículos.

EL JUICIO EN CASOS DE VIOLACIONES DE TRÁNSITO

En la mayoría de los estados, una violación de tránsito puede ser tratada como una infracción o un delito menor. La diferencia está en la gravedad de la ofensa, y en muchos estados esta diferencia determina el derecho a un juicio por jurado o no. Por ejemplo, una multa por manejar a alta velocidad se considera una infracción que no tiene derecho a juicio por jurado. Manejar bajo la influencia del alcohol o las drogas es por lo general un delito menor con el derecho a un juicio por jurado, con la posibilidad de ser encarcelado si el acusado es convicto de tal ofensa.

Si el acusado decide defenderse de la multa de tránsito, deberá seguir ciertos pasos. Después de declararse no culpable, se fija una fecha para el juicio. La persona deberá comparecer en la fecha y hora fijadas. En la mayoría de los estados, se requiere que se presente en la corte municipal y comparezca ante un juez, un comisionado o un juez *pro tempore* (interino). Una vez en la corte, el caso será anunciado por el secretario de ésta o por el juez. El acusado (y cualquier testigo) y el oficial de la policía se acercarán a la mesa, donde todos prestarán juramento. El policía presentará luego su caso declarando ante el juez los hechos como cree que sucedieron. Técnicamente, el policía tiene la carga de la prueba (*burden of proof*) para comprobar los hechos en un juicio de tránsito. Después de que el oficial testifica, el acusado podrá interrogarlo. El acusado tendrá entonces la oportunidad de presentar su versión de los hechos.

El propósito o meta del acusado es poner en duda el testimonio del policía presentando evidencia que impugne su caso. Si el acusado tiene una defensa, la puede presentar durante esta etapa del juicio. El juez puede preguntarle al policía si quiere interrogar al acusado nuevamente, pero es muy raro que esto ocurra. Sin embargo, hay que estar preparado para ello, en caso de que el acusado sea interrogado sobre su testimonio. Después de que ambos lados han presentado sus casos, el juez tiene la opción de perdir alegatos finales (*closing arguments*) para concluir esta etapa del juicio. El juez tomará una decisión luego de que el testimonio, las pruebas y los alegatos finales hayan sido presentados.

En algunos estados, un fiscal se encarga de las infracciones de tránsito. El proceso es similar al descrito anteriormente, excepto que el fiscal está presente con el oficial de la policía. El fiscal presenta el caso del policía y lo más probable es que interrogue al acusado después de que éste termine con su testimonio.

Después de haber sido citado, y mientras el incidente está aún fresco en su memoria, el acusado debe escribir todo lo que ocurrió, tratando de ser lo más detallado posible. Si es posible, debe tomar fotos del lugar lo más cerca de la hora del incidente para que las fotos reflejen la escena con exactitud.

Obtenga mapas o diagramas del lugar donde ocurrió el incidente o prepare uno usted mismo.

Usted tiene derecho a presentar testigos. Un testigo es alguien que estuvo presente durante el incidente y que puede declarar sobre lo que ocurrió. Repase los hechos del caso con los testigos para cerciorarse de que sus versiones concuerdan. Si es así, entonces repase las preguntas que serán hechas en la corte. Siempre trate de clarificar los puntos principales del caso. Si un testigo va a declarar en la corte, deberá ser instruido para decir la verdad, sin importar las circunstancias, aun si ella perjudica el caso.

Si uno de sus testigos tiene obligaciones laborales o estudiantiles, o ha indicado su intención de no testificar, usted tiene derecho a citarlo bajo una orden judicial de comparecencia (*subpoena*). Esta orden los obliga a comparecer ante la corte. Si la persona no comparece, puede ser encarcelada, multada o acusada de desobediencia contra la corte. En la mayoría de los estados, para obtener una orden de comparecencia usted necesita darle al secretario de la corte su nombre, el nombre del caso, la fecha del juicio, el número de sala de la corte y el nombre y la dirección de la persona a quien va dirigida la orden. El secretario la expedirá; sin embargo, uno mismo es responsable de notificar oficialmente al testigo.

La orden de comparecencia deberá ser entregada al testigo mediante una persona que tenga por lo menos dieciocho años de edad y sea ajena al caso. Para solicitar documentos, se puede utilizar una orden judicial para la presentación de documentos (*subpoena duces tecum*). Es similar a la orden de comparecencia, excepto que solicita la presentación de documentos en vez de la presencia de un testigo ante la corte.

Si no puede comparecer en la fecha fijada o necesita más tiempo para prepararse, usted puede solicitar un aplazamiento para hacerlo en otra fecha. Usted deberá hacer su solicitud con anticipación por escrito y enviarle una copia al oficial de la policía. Si no recibe contestación, llame a la oficina del secretario de la corte y comparezca en la fecha fijada con su carta y solicite el aplazamiento nuevamente.

El testimonio o declaración puede ser preparado en forma de resumen o términos generales de lo que se va a decir. No lo escriba palabra por palabra ni lo ensaye demasiado ya que puede dar la impresión de parecer artificial o falso. Sin embargo, practíquelo para evitar ponerse nervioso en la corte.

Prepare un alegato o argumento final. Éste debe consistir de las razones por las cuales el policía no ha cumplido con su carga de la prueba en el caso. Señale los puntos débiles en el testimonio del policía y reitere cualquier defensa que usted haya presentado. Sin embargo, tenga presente que no todos los jueces permiten presentar alegatos finales. Si un juez le niega este derecho, usted puede tener un buen fundamento para apelar el caso.

En la mayoría de los estados, los delitos menores son litigados por un fiscal y oídos por un jurado. Debido a la presencia del jurado, este tipo de caso es muy difícil de defender y le aconsejo definitivamente que procure el asesoría de un abogado. Si no la procura, utilice las sugerencias antes mencionadas para infracciones, además de la siguiente información:

En la mayoría de los casos, la primera cita en la corte es la vista de acusación para la lectura de cargos. Usted acepta comparecer a esta vista cuando firma el aviso de comparecencia (*notice to appear*) o cuando se le concede libertad provisional bajo fianza. El propósito de la vista es informarle a la persona de sus derechos y optar entre declararse culpable, no culpable o *nolo contendere*. Antes de hacer su declaración, puede solicitarle al juez un aplazamiento para poder obtener asesoría legal. Si usted decide hacer la declaración, quede advertido que si se declara culpable, y el caso se trata de un accidente automovilístico, tal declaración podría ser usada posteriormente en su contra en una demanda civil para obtener indemnización por daños. Además, en el caso de una declaración de culpabilidad no existe la opción de negociar una reducción de cargos ni de reducir la penalidad. Al declararse no culpable, uno puede tratar de reducir el cargo y/o la penalidad, por medio de negociaciones con el fiscal, o se puede impugnar el delito durante el juicio.

Después de hacer la declaración de no culpable, se fija la fecha del juicio, y usted puede y debe solicitar un juicio por jurado si esta opción está disponible. En algunos estados, se fija una audiencia con antelación al juicio, en vez de la fecha del juicio. En esta audiencia se fija la fecha del juicio. Usted deberá cerciorarse de solicitar el juicio por jurado durante esta audiencia preliminar, además de haberlo hecho durante su declaración inicial de no culpable.

Debido a que las cortes están sobrecargadas con muchos casos, los fiscales por lo general tratan de negociar los cargos con los acusados. Usualmente, el fiscal le ofrece un cargo reducido a cambio de una declaración de culpabilidad. Lo más probable es que se llegue a un acuerdo de una multa reducida y/o evite el encarcelamiento o se reduzca el término. Usted tiene la opción de aceptar o rechazar la oferta.

Si usted acepta el acuerdo y se declara culpable de un cargo reducido, regresará a la corte, donde el juez se cerciorará de que entiende bien el acuerdo negociado y de cuáles serían sus consecuencias. Si rechaza la oferta, el caso va a juicio.

La parte más importante de un juicio por jurado es la selección del jurado. Todo comienza cuando los miembros potenciales del jurado entran a la corte. Generalmente, una lista con sus nombres y ocupaciones se le facilita con anticipación al acusado. En la mayoría de los estados, el juez le hace preguntas a los miembros potenciales. No obstante, algunos jueces le permiten al fiscal y al acusado que también las hagan; por lo tanto, esté preparado. Trate de averiguar con anticipación quién es el juez y que procedimiento sigue normalmente. Si se le permite hacer preguntas, elabore una lista de preguntas con anticipación que le permitan obtener la información que usted desea saber de cada miembro potencial. Las preguntas deben tratar de obtener información sobre cada uno. El acusado debe tratar de descubrir si existe prejuicio contra él. Después de hacer las preguntas, el acusado decidirá a cuáles desea recusar (descalificar). Él puede recusar a uno de los potenciales miembros utilizando una recusación perentoria (*peremptory challenge*) o una recusación por causa (*challenge for cause*). Las recusaciones perentorias pueden ser utilizadas por cualquier razón y la mayoría de los estados permiten de seis a diez de cada lado. Por ejemplo, el acusado puede estar en desacuerdo con la actitud o apariencia de una persona en particular.

Las recusaciones por causa pueden ser utilizadas cuando el miembro potencial manifiesta prejuicio contra el acusado. Cuando el acusado quiere descalificar a un jurado, deberá informarle al juez qué tipo de recusación está usando y contra quién.

El juicio se inicia después de que los miembros del jurado son escogidos. El procedimiento es el descrito anteriormente. Sin embargo, al final del juicio, el juez deberá instruir al jurado. Las instrucciones son presentadas al finalizar la exposición de la evidencia, pero antes de los alegatos finales. En la mayoría de los estados, las instrucciones presentadas a un jurado se encuentran en libros disponibles en bibliotecas de leyes bajo "Instrucciones al jurado". Éstas deberán incluir, como mínimo, lo siguiente:

Las responsabilidades del juez y del jurado

Quién tiene la carga de la prueba

Las reglas para determinar la credibilidad de un testigo

Los elementos del delito u ofensa de la cual es acusada la persona

La presunción de inocencia

Después de que las instrucciones son presentadas, el juez las lee al jurado, que delibera y da un veredicto posteriormente.

14

Derecho penal

LEYES CIVILES Y PENALES

Las leyes en los Estados Unidos se dividen en dos géneros básicos: civiles y penales. Las leyes civiles cubren actos ilícitos no penales entre individuos. Una parte en una disputa civil tiene derecho a resolver su conflicto por medio de una acción legal (demanda) contra la otra parte.

La ley penal abarca aquellos actos ilícitos que perjudican a la sociedad en general. Las violaciones a la ley penal son procesadas judicialmente por el fiscal de distrito (*district attorney*), si se trata de una ley local o estatal, o por el procurador general de los Estados Unidos (*U.S. attorney*) si es una ley federal. El fiscal de distrito y el procurador general representan a los habitantes del estado o de la jurisdicción federal y enjuician al infractor de la ley en representación de los habitantes o la sociedad en general.

Este procedimiento fue establecido claramente en un precedente de la corte en el que se sostuvo que "es un principio fundamental del derecho penal que las acciones criminales son procesadas por la sociedad, y no en el interés de la persona perjudicada" (*People v. Clark*, 117 CA 2d 134).

DERECHOS DEL ACUSADO EN CASOS PENALES

Una persona que ha sido acusada de haber cometido un delito tiene varios derechos bajo la Constitución de los Estados Unidos.

Cuarta Enmienda

El acusado tiene derecho a que no sea sometido a allanamientos (registros) e incautaciones (secuestros) que no sean razonables. Todo registro o incautación deberá basarse en una causa probable (*probable cause*) y por lo general deberá hacerse mediante una orden judicial de registro o incautación. Causa probable significa que existen motivos fundados o una base legal suficiente para creer que la evidencia de un delito se encontrará con la persona o propiedad que va a ser registrada. Un registro y/o incautación que se hace sin una orden judicial se considera inconstitucional, a menos que califique bajo alguna excepción jurídica.

Las excepciones son aquellas situaciones en las cuales una orden de registro no es requerida. No se requiere una orden judicial cuando el registro es incidental a un arresto lícito o que involucra un automóvil, si existe un motivo fundado para creer que éste contiene pruebas de un delito, o cuando la prueba se encuentra a plena vista de un agente que se encuentra legalmente presente. Conforme a otra excepción, se permite que la policía detenga y registre a una persona (exteriormente) para verificar si está armada cuando existe la sospecha razonable de que lo esté. Además, la policía puede registrar a una persona con su consentimiento, siempre y cuando éste se haya dado de manera voluntaria y conscientemente. No se requiere una orden judicial cuando la policía se encuentra en persecución inmediata de un sujeto peligroso o cuando las pruebas son del tipo que puedan deteriorarse o desvanecerse durante el tiempo que se utilizaría para obtener una orden judicial. Esto incluye muestras de sangre con alcohol y fragmentos bajo de las uñas.

Quinta Enmienda

La Quinta Enmienda de la Constitución le concede al acusado el derecho a no contestar preguntas cuyas respuestas pudieran incriminarlo. Por lo general, una persona puede reclamar este derecho al momento de ser interrogada, pero éste no es el caso durante un juicio. En un juicio, el testigo o el acusado tienen derecho a ni siquiera subir al estrado de testigos.

Esta Enmienda también le prohíbe al gobierno obligar a una persona a ser enjuiciada dos veces por el mismo delito. El doble riesgo de enjuiciamiento (*double jeopardy*) no se aplica en casos donde el jurado no pudo llegar a un veredicto (*hung jury*), cuando el segundo juicio es por un delito distinto, o cuando la persona es enjuiciada por un estado diferente o por el gobierno federal.

Octava Enmienda

La Octava Enmienda prohíbe al gobierno aplicar un castigo cruel e inusual a personas acusadas o incluso convictas de un delito. El tiempo de cárcel o de prisión no puede ser excesivo en relación a la naturaleza del delito. La pena de muerte no se considera, por sí misma, castigo cruel e inusitado si se aplica en estricto cumplimiento con los requerimientos establecidos por la Corte Suprema. Pero el castigo es inconstitucional si no es proporcional al delito.

FORMULACIÓN DE LAS LEYES PENALES

El pueblo de los Estados Unidos y de cada estado, condado y ciudad elige funcionarios que tienen la autoridad de redactar y adoptar las leyes penales que gobiernan a la sociedad. En cada estado, las leyes estatales y las penalidades por su violación o incumplimiento están enumeradas en los códigos estatales.

Los estados no tienen leyes penales no escritas; para que un acto u omisión constituya un delito, deberá contravenir un estatuto escrito. Los estatutos que abarcan el derecho penal se encuentran en el código penal de los estados.

DEFINICIÓN DE DELITO

Los códigos penales generalmente definen delito como "la comisión u omisión de un acto en violación de una ley que lo prohíbe u ordena" y al que se le asigna, después de una convicción o condena, una de las siguientes penalidades:

Muerte

Prisión

Multa

Destitución del cargo

Descalificación para ejercer y disfrutar un cargo de honor, de confianza o de lucro en el estado

DELITOS GRAVES Y DELITOS MENORES

Los delitos se dividen en delitos graves (*felonies*) y delitos menores (*misdemeanors*). Algunas veces, la infracción se asocia con los delitos, pero las infracciones son menos serias y no someten al infractor a encarcelamiento.

Un delito grave o felonía es castigado con la muerte o el encarcelamiento en una prisión estatal, generalmente por más de un año.

Cualquier otro delito u ofensa pública se considera delito menor, que puede resultar en encarcelamiento en la cárcel del condado hasta por un año.

Elementos de un delito

Para que un delito haya ocurrido, deberá existir un acto criminal, la intención criminal, la capacidad de cometer el delito, participantes (partes) del delito y los elementos o características del delito (cuerpo del delito). La parte acusada del delito no deberá estar exenta de responsabilidad criminal.

El acto criminal

El acto criminal, por sí solo, no es prueba suficiente para condenar a un sospechoso de haber cometido un delito. Para que sea un delito, debe haber unidad en el acto y la intención. En cada delito u ofensa pública debe existir una asociación, u operación conjunta del acto y la intención, o negligencia criminal. La intención se manifiesta a través de las circunstancias relacionadas con la ofensa.

Intención criminal

La intención criminal o dolosa es el segundo elemento necesario para la comisión de un delito. La intención se refiere al estado mental del delincuente, el cual se conoce frecuentemente por su nombre en Latin, *mens rea,* o "intención criminal". No todos los delitos requieren el mismo grado de intención criminal.

Intención general

La intención general se puede inferir de la realización u omisión de un acto.

Intención específica

La intención específica no se infiere por el acto, sino que debe probarse por medio de pruebas, como son el testimonio y los efectos físicos.

Intención imputada

Un infractor también puede ser responsable de un delito conforme a la doctrina de intención imputada o transferida. Por ejemplo, si A intenta matar a B pero mata a C por equivocación, A puede ser hecho responsable de la muerte de C a través de la doctrina de la intención imputada.

CAPACIDAD: PERSONAS QUE NO ESTÁN LEGALMENTE CAPACITADAS PARA COMETER UN DELITO

La ley por lo general estipula que todas las personas son capaces de cometer un delito, excepto en circunstancias especiales.

1. En Arizona, California y Florida, los menores de catorce años son incapaces de cometer un delito, en la ausencia de prueba clara que al momento de cometer el acto del que se les acusa sabían que era indebido o ilícito. En Illinois, los menores de trece años y en Tejas los menores de quince años son incapaces de cometer un delito en ausencia de prueba clara que al momento de cometer el acto del que se les acusa sabían que era indebido o ilícito.

Si el fiscal puede establecer prueba clara que al momento de cometer el acto el menor a la edad especificada sabía que el acto era indebido o ilícito, puede ser enjuiciado por el delito. Las áreas relevantes a la investigación para establecer prueba clara, pueden incluir la edad del menor, su inteligencia, educación, experiencia u otro contacto anterior con la policía. La corte también puede interrogar a los padres, maestros y amigos del menor si esto puede ayudar a la investigación de la corte.

2. Un idiota se define legalmente como una persona que carece de facultades mentales, que no tiene entendimiento y que, por lo tanto, no es capaz de cometer un delito. Esta defensa es diferente de la defensa por demencia y se utiliza sólo para establecer el estado mental del acusado desde su nacimiento. Se dice que tal persona es incapaz de evaluar el carácter y significado de sus actos. El retraso mental no entra necesariamente dentro del alcance de esta defensa, a menos que se pueda establecer que el acusado era incapaz de entender lo ilícito de su conducta.

3. Las personas que cometen el acto u omisión del que se les acusa por ignorancia o error de hecho, lo cual negaría cualquier intención criminal, son incapaces de cometer un delito.

Si un acto que por ley es un delito se comete por accidente o por error, el acusado puede evitar el castigo si puede probar que fue un accidente o error. En un procedimiento penal, un error de hecho es un asunto que el jurado decide.

En el delito de recibir bienes robados la persona debe saber que la propiedad era robada y debe tener conocimiento de los medios ilícitos utilizados para obtenerla. Si la persona no sabe que la propiedad era robada, no es culpable del delito. Por ejemplo, si el propietario de una casa de empeño recibe un anillo que fue robado, pero no lo sabe, no es culpable de recibir bienes robados.

4. Las personas que cometen un acto sin estar conscientes de lo que están haciendo son incapaces de cometer un delito.

El acusado puede presentar una defensa de inconsciencia si establece que sus actos no fueron hechos voluntariamente. Por ejemplo, si una persona sufre de una enfermedad física que no puede controlar y como resultado de ella comete lo que de otra manera se consideraría un acto criminal, podría considerase inconsciente al momento del acto y no será responsable. La inconsciencia no requiere que la persona no pueda moverse.

5. Las personas que cometen el acto u omisión del que se les acusa por alguna desgracia o accidente, cuando parece que no existía ningún plan maléfico, intención o negligencia culposa, no son capaces de cometer un delito.

La desgracia o accidente puede ser presentada como defensa cuando no existe, en lo absoluto, indicio de un acto criminal, intención criminal o negligencia criminal. Por ejemplo, una persona está conduciendo cuidadosamente dentro del límite de velocidad indicado y otra persona se cruza frente al vehículo, haciendo que el conductor golpee y mate a la víctima. Esto sería un accidente y no un acto criminal delictivo.

6. A menos que el delito conlleve la pena de muerte, las personas que cometen un acto u omisión del cual se les acusa bajo amenazas suficientes para mostrar causa razonable de creer que sus vidas estarían en peligro si se rehúsan, no son capaces de cometer un delito.

Si la persona comete un delito porque teme por su vida, el peligro de perderla debe ser inmediato. La amenaza de un daño futuro no es defensa. Además, en la mayoría de los estados, si el delito cometido conlleva la pena de muerte, ninguna cantidad de amenazas, coacción o presión exonerarán a la persona que coopera en la comisión de tal delito.

Tabla 14-1: Capacidad expresada en edad para cometer un delito

Edad en la que una persona se considera jurídicamente capaz de cometer un delito:

Arizona	Catorce años.
California	Catorce años.
Florida	Catorce años.
Illinois	Trece años.
Nuevo México	La edad no es establecida por estatuto; se determina caso por caso.
Nueva York	Catorce años.
Tejas	Quince años.

Defensas contra delitos

Estado de embriaguez

En algunos casos, la falta de conciencia puede ser utilizada como defensa contra cargos penales. Sin embargo, la inconsciencia causada por intoxicación voluntaria sólo puede ser alegada como una defensa parcial a una ofensa que requiera intención específica como elemento y no es defensa para ningún delito que requiera intención general (como agresión con arma mortífera). La asociación u operación conjunta del acto y la intención o negligencia criminal debe existir en todo delito y se considera que existe sin importar la inconsciencia que puede resultar de la intoxicación voluntaria.

Demencia

Cuando un acusado se declara no culpable por razón de demencia (*not guilty by reason of insanity*), el jurado lo juzgará primero para determinar su culpabilidad o inocencia en la comisión del crimen. Si no se halla culpable, es puesto en libertad y no es necesario que el jurado considere el factor de demencia.

Si se encuentra culpable, el jurado entonces oirá la evidencia para determinar cuál era el estado mental del acusado al momento de cometer la ofensa. La mayor parte de los estados requieren que el acusado que se declare no culpable por razón de demencia pruebe que se encontraba en estado de demencia al momento en que el delito fue cometido. Las pruebas a favor o en contra de la demencia provienen por lo general del testimonio de siquiatras que han examinado al acusado.

Si el jurado determina que el acusado se encontraba demente al momento de cometer el delito y las pruebas indican que se ha recuperado de la demencia por completo, el juez despide los cargos penales y deja al acusado en libertad. Si el jurado determina que el acusado se encontraba demente al momento de cometer un delito y las pruebas indican que no se encuentra completamente recuperado todavía, el juez entonces lo remitirá a un hospital siquiátrico según sea autorizado por ley. El juez puede ordenar que el acusado sea confinado como paciente interno o externo, según sus circunstancias y salud mental.

Si después de oír las pruebas el jurado determina que el acusado no se encontraba demente al momento de cometer la ofensa y fue encontrado culpable, será sentenciado por el delito de acuerdo a las disposiciones de la ley.

Participantes en un delito

Históricamente, las personas implicadas en un delito eran clasificadas de acuerdo a una comparación complicada de la relación de cada una con el delito. Hoy en día, la mayor parte de las leyes establecen sólo dos clasificaciones para personas asociadas con la comisión de un delito.

Los *autores* (*principals*) de un delito se definen como todas las personas implicadas en su comisión, ya sea un delito grave o menor, que cometan el acto que constituye la ofensa directamente, ayuden a cometerlo o que sin estar presentes asesoraron e instigaron *su comisión*.

Un *cómplice* (*accessory*) de un delito clasificado como delito grave o felonía es toda persona que *después de que el delito ha sido cometido* da refugio, encubre o ayuda a su autor a cometer dicha ofensa con la intención de que pueda evadir el arresto, el enjuiciamiento, la condena o el castigo.

Toda persona que sea condenada como cómplice puede ser confinada a una prisión estatal. Incluso si el autor acusado del delito es exonerado de responsabilidad, una persona acusada como cómplice puede ser enjuiciada y condenada.

Términos o plazos límites de prescripción para presentar cargos penales

Los *términos de prescripción o de limitación* (*statute of limitations*) se aplican tanto a ofensas civiles como penales, limitando el tiempo que puede transcurrir desde el momento en que se comete o se descubre el delito y la presentación de cargos penales (vea el Compendio multiestatal sobre términos de prescripción, página 218).

Existen diferentes términos de prescripción para delitos graves y delitos menores y no todos los delitos en una misma clasificación tienen el mismo término de prescripción. En algunos casos un *gran jurado de acusación* (*grand jury*) deberá procesar los cargos o presentar una denuncia criminal dentro de cierto tiempo después de que el delito es descubierto. En otros casos, el plazo límite comienza a correr cuando el delito es cometido.

El correr y la interrupción de los términos de prescripción

Dos términos que se usan frecuentemente cuando se aplican los términos de prescripción son: *correr* (*running*) e *interrupción* (*tolling*) de dichos términos o límites de tiempo. Cuando se dice que el término de limitación ha comenzado a *correr*, esto significa que el tiempo dentro del cual una denuncia debe ser presentada ha comenzado a reducirse por cada día que pasa sin que la demanda sea presentada.

Cuando el término de prescripción se ha *interrumpido,* el límite de tiempo para presentar la denuncia se detiene o se suspende temporalmente y el número de días en que se interrumpe puede añadirse al final del plazo establecido por ley.

PRESCRIPCIÓN PARA DELITOS MENORES

En California, por ejemplo, los **delitos menores** (*misdemeanors*) tienen un término de prescripción de sólo un año. Esto significa que una denuncia o querella criminal deberá ser presentada en la corte municipal o que un gran jurado deberá expedir su resolución dentro de dicho plazo límite de un año. Si el sospechoso ha salido del estado durante un período del límite de prescripción de un año, dicho tiempo no cuenta. Por ejemplo, si un sospechoso se ausenta del estado durante seis meses y luego regresa, su ausencia no reduce el período de un año requerido para que el término de prescripción caduque (vea el Compendio multiestatal sobre términos de prescripción más abajo).

PRESCRIPCIÓN PARA DELITOS GRAVES O FELONÍAS

En California, por ejemplo, los delitos graves o felonías tienen un término de prescripción de tres años después de la comisión del delito. Sin embargo, existen algunos delitos graves que tienen un término de prescripción de tres años después del *descubrimiento* del delito (vea el Compendio multiestatal sobre términos de prescripción más abajo). En 1987, las leyes de California extendieron el plazo límite a seis años para todos los delitos con castigos de encarcelamiento de ocho años o más.

Existen algunos delitos graves, como el homicidio, para los cuales no existe un término de prescripción. Los cargos de homicidio pueden ser presentados en cualquier momento después de que el delito se haya cometido o descubierto.

Tabla 14-2: Compendio multiestatal sobre términos de prescripción

ARIZONA

Delitos graves	No existe término de prescripción para homicidios, el uso ilícito de fondos públicos o la falsificación de archivos públicos. Cualquier otro delito grave, siete años.
Delitos menores	Seis meses para ofensas más leves y cualquier otro delito menor, un año.

Tabla 14-2: Compendio multiestatal sobre términos de prescripción (cont.)

CALIFORNIA

Delitos graves
No existe término de prescripción para homicidios, para delitos que son castigados con pena de muerte o cadena perpetua o para la apropiación indebida de fondos públicos. El término de prescripción es de seis años para delitos con condenas de ocho años o más de prisión, y de tres para delitos con condenas de seis años o más.

Delitos menores
Un año por ofensas no capitales, dos años por actos específicos contra menores de catorce años y tres si la ofensa conlleva sentencia en prisión estatal.

FLORIDA

Delitos graves
No existe término de prescripción para delitos castigados con pena de muerte o cadena perpetua. El término de prescripción es de cuatro años para delitos graves de primer grado y de tres para cualquier otro delito grave.

Delitos menores
El término de prescripción es de dos años para delitos menores de primer grado y uno para cualquier otro delito menor.

ILLINOIS

Delitos graves
No existe término de prescripción para asesinatos, homicidios involuntarios, incendios intencionales, traición y falsificación. Para cualquier otro delito grave, tres años.

Delitos menores
El término de prescripción es de dieciocho meses.

NUEVO MÉXICO

Delitos graves
El término de prescripción es de quince años para asesinatos y delitos graves de primer grado. El término es de seis años para delitos graves de segundo grado y de cinco para delitos graves de tercer y cuarto grado.

Delitos menores
El término de prescripción es de un año para ofensas leves, y de dos para cualquier otro delito menor.

Tabla 14-2: Compendio multiestatal sobre términos de prescripción (cont.)

Nueva York

Delitos graves No existe término de prescripción para asesinatos o para delitos graves de Clase A. Cualquier otro delito grave, cinco años.

Delitos menores El término de prescripción es de un año para ofensas leves, y de dos para cualquier otro delito menor.

Tejas

Delitos graves No existe término de prescripción para asesinatos u homicidios involuntarios. Para hurtos que implican fideicomisos el término es de diez años, cinco para hurto, robo, incendio intencional y violación. Cualquier otro delito grave, tres años.

Delitos menores El término de prescripción para delitos menores es de dos años.

Delitos federales

Un delito es denunciado o procesado bajo la ley federal cuando se comete contra una agencia del gobierno de los Estados Unidos o contra un individuo que representa al gobierno. El término *Estados Unidos* incluye todos los lugares sujetos a la jurisdicción de este país (18 U.S.C. 1 §5).

La jurisdicción federal se aplica a delitos cometidos contra una agencia, agente o empleado del gobierno federal. El robo de bancos, por ejemplo, es un delito federal porque la moneda es controlada por el gobierno federal y no por los estados. El fraude postal también es un delito federal porque el servicio postal es una agencia del gobierno federal. Los delitos cometidos a bordo de aeroplanos comerciales, trenes, embarcaciones u otros medios de transporte son denunciados como delitos federales porque el comercio interestatal lo controla el gobierno federal.

Los delitos federales se resuelven en tribunales federales de distrito y son procesados por el procurador general de los Estados Unidos de ese distrito.

Las leyes y procedimientos penales federales se describen en el Título 18 del Código de los Estados Unidos. Toda persona que tenga preguntas sobre delitos o procedimiento penal federal debe consultar con un abogado.

Detención y arresto

La detención y el arresto tienen significados diferentes.

Detención

La *detención* (*detention*) es el derecho conferido a un agente del orden público para interrogar a una persona por un corto período para determinar si existe alguna razón para clasificarla como sospechosa por la comisión de un delito. No incluye tomar al sospechoso bajo custodia, pero puede preceder a un arresto.

Las cortes han establecido que permitir la detención provisional de una persona para interrogarla no está en conflicto con la Cuarta Enmienda de la Constitución, ya que mantiene un balance entre el interés de la persona sobre la inmunidad de interferencia por parte de la policía y el interés de la comunidad en la aplicación de las leyes (*People v. Mickelson,* 59 Cal 2d 448).

Los derechos de advertencia *Miranda*

La Corte Suprema dictaminó en el famoso caso de 1966 conocido como *Miranda v. Arizona* que los los agentes del orden público deberán advertir a un sospechoso que cualquier declaración hecha por él al momento del arresto o después del mismo puede ser usada para facilitar el proceso de denuncia o enjuiciamiento por un delito. El propósito de la ley *Miranda* es proteger los derechos constitucionales del sospechoso contra la autoincriminación.

Cuando un sospechoso es arrestado, el agente que lo arresta deberá leerle la advertencia *Miranda* antes de interrogarlo. Si el sujeto habla un idioma que no sea inglés, ésta debe ser recitada en el idioma del sospechoso.

La ley *Miranda* dice: "Usted tiene el derecho a permanecer callado. Cualquier cosa que usted diga puede y será usada en su contra en un tribunal de justicia. Usted tiene el derecho de hablar con un abogado y tenerlo presente mientras sea interrogado. Si usted no tiene los recursos para pagar los servicios de un abogado, se le nombrará uno, si lo desea, para que lo represente antes de cualquier interrogatorio".

La falta de lectura de la advertencia *Miranda* no impide procesar a un sospechoso

Si un agente de la policía no le lee a un sospechoso los derechos o la advertencia *Miranda* antes de interrogarlo, todavía puede ser enjuiciado por el delito que se le imputa. La falta de lectura de la advertencia *Miranda* sólo significa que cualquier declaración hecha por el sujeto arrestado, antes de que se le lea la advertencia o antes de que el sospechoso consulte con un abogado, no puede ser usada en la corte como prueba para condenar al sospechoso del delito.

SE REQUIERE RENUNCIA DE DERECHOS ANTES DE SER INTERROGADO

Después de que el agente lee la advertencia *Miranda,* deberá además hacer dos preguntas al sospechoso: "¿Entiende usted cada uno de los derechos o advertencias que le he explicado?" y "Tomando estos derechos en cuenta, ¿desea usted hablar con nosotros ahora?"

Si el sospechoso contesta a las dos preguntas afirmativamente, el agente puede proceder a interrogarlo sobre el supuesto delito. El sospechoso puede negarse contestar a cualquier pregunta y puede dejar de hablar y ejercer su derecho a permanecer en silencio en cualquier momento durante el interrogatorio. El sospechoso también puede negarse a contestar otra pregunta hasta que su abogado esté presente.

EXCEPCIONES A LA ADVERTENCIA *Miranda* Y RENUNCIA

A un agente de la policía no le es necesario leer la advertencia *Miranda* ni obtener una renuncia a las mismas por parte del sospechoso bajo tres condiciones:

Cuando el sospechoso entra a la estación de policía y declara que quiere confesar un delito

Cuando la persona llama a la policía para ofrecer una declaración u otra información

Cuando un agente de la policía está llevando a cabo una investigación general en la escena del crimen y pregunta a las personas que se encuentran paradas alrededor si vieron o escucharon algo que pudiera estar relacionado con el delito

ANOTACIÓN DEL ARRESTO (FICHAJE)

A un sospechoso que ha sido arrestado se le toman las huellas digitales y fotografías, y su arresto será anotado en el registro de la policía.

PRESENTACIÓN DE UNA DENUNCIA O ACUSACIÓN PENAL

Cuando un sospechoso ha sido arrestado y procesado, o fichado, el agente que efectuó el arresto deberá entonces presentar la información disponible al fiscal de distrito, si es un caso estatal, o al procurador general de los Estados Unidos si es un caso federal. El procurador decidirá si los cargos contra el sospechoso deberán ser presentados como denuncia por un delito grave o un delito menor.

Cuando el fiscal o procurador decide presentar cargos de un delito grave contra un sospechoso, presenta una demanda criminal ante un juez, o un auto de acusación (*bill of indictment*) ante un gran jurado de acusación (*grand jury*).

ACUSACIONES O DENUNCIAS PENALES EXPEDIDAS POR UN JUEZ

Cuando se solicita una orden de arresto a un juez contra un sospechoso, el fiscal o procurador deberá presentar una denuncia que describa el delito que se le imputa al sospechoso y las circunstancias relacionadas con su detención y arresto. Si el juez está de acuerdo en que el sospechoso sea procesado por el delito, basado en la información provista por el agente de la policía, expedirá una orden de arresto en contra suya. Si el delito del que se acusa al sospechoso es menor (*misdemeanor*), el juez puede ordenar que se expida una simple citación en lugar de una orden de arresto. Si el sospechoso no comparece según lo requiere la citación, entonces se expedirá una orden de arresto.

EJECUCIÓN DE LA ORDEN JUDICIAL Y ARRESTO DEL SOSPECHOSO

Una vez que el juez ha expedido una orden para el arresto de un sospechoso, un agente de la policía lo arrestará.

LECTURA DE CARGOS

Cuando un sospechoso es acusado oficialmente, comparece ante un juez y se le leen formalmente los cargos presentados en su contra. Después de oírlos, es interrogado por el juez, que le pregunta si los entiende y le pide que se declare culpable o no culpable de ellos.

Si el sospechoso se declara no culpable de los cargos, el juez ordena que se lleve a cabo un juicio para determinar su culpabilidad o inocencia. Si los cargos contra él se van a procesar como delito grave, el juicio se celebrará en la corte superior del estado.

EL GRAN JURADO DE ACUSACIÓN

La institución del *gran jurado de acusación* (*grand jury*) tiene sus orígenes en la antigua Inglaterra. Allí, y durante muchos años en los Estados Unidos, una persona acusada de un delito no podía ser enjuiciada a menos que el gran jurado primero escuchara las pruebas y, basado en ellas, ordenara el arresto del acusado para procesarlo por el delito.

En algunos estados, incluso hoy, el gran jurado es una parte importante del proceso de acusación formal de cualquier persona acusada de un acto criminal. Sin embargo, la mayoría de los estados tienen disposiciones para acusar a sospechosos de ofensas menos serias sin involucrar al gran jurado.

Si el fiscal o procurador solicita una acusación formal contra un acusado por medio del proceso de gran jurado, deberá preparar un *auto de acusación* (*bill of indictment*) y presentarlo junto con otras pruebas que pueda tener. Después de oír las pruebas en contra del acusado, el gran jurado determina si existe causa probable para acusar, arrestar y enjuiciar al sospechoso. Si el gran jurado cree que la fiscalía ha establecido una causa probable, el gran jurado expedirá una acusación formal y el sospechoso será arrestado y acusado formalmente. Por lo tanto, en la mayoría de los estados el fiscal o procurador puede escoger entre acudir al gran jurado o solamente celebrar una audiencia preliminar ante un juez.

AUDIENCIA PRELIMINAR

Cuando a un acusado se le arresta por un cargo de delito grave, será presentado ante el juez que conducirá una audiencia preliminar en la que se determinará si existen pruebas suficientes para establecer causa probable y proceder con la denuncia y enjuiciamiento del sospechoso. La *causa probable* (*probable cause*) se define como "la existencia de motivos fundados que una persona razonable creería que son ciertos y que llevarían a una persona razonable a creer que se ha cometido un delito". En la audiencia preliminar el fiscal o procurador presenta pruebas de causa probable, una sinopsis de los cargos contra el sospechoso y las razones por las cuales el fiscal o procurador cree que es culpable del delito del que se le acusa. El acusado puede ser representado por un abogado en la audiencia preliminar. El acusado, o su abogado, le entregarán al juez una declaración breve explicando por qué el sospechoso no debe ser enjuiciado por ese delito. En la audiencia preliminar el juez puede determinar que existen suficientes pruebas para sospechar que el acusado es culpable del delito del que se le acusa o puede reducir el cargo penal en su contra, por ejemplo, de un delito grave a un delito menor. El juez entonces ordena la lectura de cargos contra el acusado, cuando se le permite declararse culpable o no culpable de los cargos. En la audiencia preliminar, el juez también determina si el sospecho puede ser puesto en libertad bajo su promesa de comparecer ante la corte en una fecha posterior para hacer su declaración sobre los cargos. Cuando el juez permite a un sospechoso ser puesto en libertad bajo su promesa de comparecer, se dice que ha sido liberado bajo su palabra. Si la seriedad del delito o antecedentes penales del acusado lo apoya, el juez puede ordenar al sospechoso a que pague una fianza (*bail*) mediante el depósito de una cantidad de dinero en la corte, o si los cargos son muy serios y el sospechoso es considerado como un peligro para la comunidad el juez puede ordenar que sea recluido en la cárcel hasta la lectura oficial de cargos e incluso posteriormente, sin fianza.

Negociación de los cargos (sentencia acordada)

No todos los casos resultan en un juicio con jurado. La *negociación de los cargos* (*plea bargaining*) es un procedimiento mediante el cual el fiscal o procurador y el abogado de la defensa llegan a un acuerdo sobre un cargo menos serio o a una sentencia reducida en vez del cargo imputado originalmente, a cambio de una declaración de culpabilidad. La negociación de los cargos es ventajosa para el acusado, especialmente cuando las pruebas en su contra son sustanciales y el resultado de un juicio con jurado puede ser incierto. La negociación de los cargos también le conviene frecuentemente al estado, porque una declaración de culpabilidad ahorra a los contribuyentes los gastos de un juicio prolongado y el posible despido o desestimación de los cargos en contra del acusado.

Cualquiera de las partes puede sugerir la negociación de los cargos, pero es la decisión del fiscal o procurador si se va a permitir la negociación y con qué condiciones. El procurador hace una oferta formal al abogado del acusado, que entonces la transmite al acusado. El acusado tiene la opción final de aceptarla o no. Si el acusado rechaza la oferta, el caso seguirá y será litigado en la corte y un juez o jurado decidirá si es culpable o no.

Juicio con jurado

La Sexta Enmienda, así como el Artículo II, Sección 2 de la Constitución, le conceden a toda persona acusada de un delito el derecho a un juicio con jurado. La Corte Suprema de los Estados Unidos ha interpretado que este derecho se limita a ofensas serias por las cuales se puede imponer un término de encarcelamiento. El derecho a juicio con jurado fue creado para proteger a los individuos de acusaciones impropias, abusivas y arbitrarias por parte de los agentes del orden público. Los jurados son responsables de determinar los hechos de un caso de una manera justa y de determinar quién está diciendo la verdad. Los jurados permiten que el público participe en forma importante en el sistema de justicia penal. A los delincuentes juveniles no se les concede el derecho a juicio por jurado, a menos que sean enjuiciados como adultos.

En los juicios federales, y en la mayoría de los estados, deberá haber doce miembros en el jurado y deberá haber un voto unánime para condenar al acusado. En las cortes estatales, el jurado puede estar compuesto por menos de doce miembros. En una decisión de la Corte Suprema federal contra Florida, la corte declaró que

un juicio con sólo seis miembros en el jurado es válido en casos en las cortes estatales, y en un caso posterior decidió que cinco miembros no eran suficiente para
un jurado. La Corte Suprema también decidió que cuando se requiere doce miembros en un jurado en las cortes estatales, la sentencia no tiene que ser unánime,
pero en casos de jurados con seis miembros sí se requiere una decisión unánime.
La Corte Suprema ha establecido que la razón para requerir por lo menos seis
miembros en un jurado es que haya suficientes miembros para permitir delibe-
raciones significativas y discusiones de grupo.

Un acusado en un caso penal puede renunciar a su derecho a juicio con jurado
si se hace de una manera inteligente y es informado en términos ciertos y claros.
El fiscal o procurador también tiene que renunciar a que haya un jurado para
poder proceder sin éste.

El derecho a juicio con jurado incluye el derecho a un juicio público, aunque
en algunos casos el público puede ser excluido para proteger adecuadamente el
interés de una víctima de una violación o para proteger a los testigos de intimidación o represalias. Esto implica cuestiones constitucionales muy controversiales y conflictivas porque los acusados tienen derecho a contrainterrogar a los
testigos, y los medios publicitarios y de comunicación tienen el derecho bajo la
Primera Enmienda a estar presentes en un juicio público para reportar sobre el
caso, a menos que su presencia interfiera con la presentación de un juicio imparcial.

Los juicios civiles con jurado, bajo la Séptima Enmienda, no tienen los mismos requerimientos. En estos casos civiles, se permite tener menos de doce inte-
grantes en un jurado, y los casos pueden ser decididos por un veredicto que no
sea unánime.

CARGA DE LA PRUEBA

La carga de la prueba (la obligación de probar un hecho) incluye dos principios
legales separados. El primero es la carga de persuadir, donde la parte con la carga
deberá presentar suficientes pruebas para evidenciar un hecho. El segundo principio es la carga de presentar la evidencia. En casos penales, el fiscal o procurador
tiene la carga de presentar la prueba. Si no lo hace, no cumple con la carga y el
caso es cerrado o desestimado. El acusado no necesita presentar ninguna prueba.
Si el fiscal o procurador presenta una prueba, deberá cumplir con su carga de persuadir al jurado de creer en la veracidad de la evidencia que fue presentada.

En los casos penales el fiscal o procurador deberá probar la culpabilidad del
acusado más allá de duda razonable. La *duda razonable* (*reasonable doubt*) ha sido
definida así:

"Es una duda que causaría que un miembro del jurado, después de una consideración franca, imparcial y detenida de todas las pruebas, quede tan indeciso que dicho jurado no pueda decir que tiene una condena de culpabilidad segura. Es una duda tal que causaría que una persona razonable dude o se detenga a pensar en la más grave de las situaciones, o en el evento más importante de su vida" (*Moore v. United States,* 345 F. 2d 97,98 [D.C. Cir. 1965]).

Aquí cabe comparar la carga de probar que se utiliza en casos civiles, a la cual frecuentemente se refiere como "cincuenta por ciento más uno" y la cual a menudo se describe como una balanza que se inclina en lo más mínimo para cumplir su carga. La preponderancia de la prueba es "aquella que cuando se compara con la prueba opuesta, tiene más fuerza de convencimiento y, por lo tanto, la mayor probabilidad de ser cierta" (93 A.L.R. 155).

El acusado tiene derecho a un abogado en casos penales y a que se le nombre uno sin cargo alguno si no tiene los recursos económicos para pagarlo. Además, la ley federal permite que el acusado en casos federales tenga la ayuda de investigadores, peritos y otros servicios necesarios para una defensa adecuada (18 USC Sec. 3006A [e]).

Un acusado puede renunciar a su derecho a abogado y tiene un derecho igualmente protegido para representarse a sí mismo. Las renuncias deben hacerse con conocimiento y voluntariamente. El derecho a abogado se aplica una vez que el proceso penal se inicia y no sólo durante el juicio. La violación al derecho a abogado de un acusado requiere que una sentencia se anule automáticamente.

El acusado también tiene derecho, bajo la Sexta Enmienda, a confrontar a los testigos en su contra durante el juicio. Además, tiene derecho a obligar a los testigos que tiene a su favor a que comparezcan a declarar.

LA PRUEBA

Al presentar un caso ante el juez o un jurado, el fiscal o procurador y el abogado de la defensa son los que presentan las pruebas (evidencia) que van a ser evaluadas para alcanzar una decisión. Las pruebas se dividen en dos clasificaciones básicas: prueba directa y prueba circunstancial.

Prueba directa

La prueba directa es aquella que se aplica directa e inmediatamente a los hechos y no requiere inferencias o interpretaciones. Las pruebas físicas son prueba directa.

Prueba física

La prueba física puede ser presentada durante un juicio. Esta prueba física incluye testigos que puedan identificar al sospechoso, muestras de sangre obtenida de un sospechoso o de la víctima, huellas digitales, muestras de escrituras y la identificación de voces. La prueba deberá haberse obtenido legalmente para poder ser utilizada en un juicio.

Testigos y testimonio

Las declaraciones de testigos u otras personas que tengan conocimiento que pudiera asistir en llegar a una conclusión sobre la culpabilidad del acusado son una forma de prueba física. Los testigos pueden ser interrogados por los abogados del fiscal y los abogados de la defensa.

Órdenes judiciales para comparecer ante la corte

La corte puede requerir que un testigo comparezca para testificar en un juicio. El juez utiliza una *orden de comparecencia* (*subpoena*) exigiendo que el testigo se presente ante la corte, especificando el lugar, fecha y hora de comparecencia. Una orden de comparecencia es una orden judicial oficial y la persona que no cumpla con ella puede ser arrestada. Un testigo que no comparece después de haber sido citado judicialmente puede ser arrestado por medio de una orden de detención y obligado a comparecer en corte para declarar. La persona también puede ser enjuiciada por la ofensa penal de desacato o desobediencia contra la corte.

Una orden de comparecencia también puede ser utilizada para requerir que una persona presente documentos que pueden ser utilizados como prueba en un juicio.

Declaraciones orales juradas

Si no es posible que un testigo esté presente en un juicio, su testimonio puede ser tomado por escrito antes de comenzar el juicio y presentárselo al juez o jurado durante el juicio. Sólo el abogado defensor puede tomar declaraciones orales de testigos y sólo aquellos testigos que no pueden comparecer ante la corte en persona pueden prestar su testimonio por medio de declaraciones orales juradas (*depositions*). En la declaración, el testigo deberá jurar la veracidad de sus declaraciones y respuestas; un taquígrafo certificado registra lo que declara. La defensa y el fiscal pueden tener representantes presentes para interrogar a los testigos. Los testigos del fiscal no pueden prestar testimonio por medio de este tipo de declaración escrita, mas deberán comparecer ante la corte en persona o su testimonio no podrá ser utilizado.

PRUEBAS CIRCUNSTANCIALES

La prueba circunstancial es más tenue. Requiere que el jurado analice la prueba y haga interpretaciones e inferencias para poder llegar a una conclusión. La fiscalía deberá probar cada elemento circunstancial más allá de cualquier duda razonable.

Por ejemplo, si a una persona se le acusa de robar un banco y luego se le encuentra el dinero robado en la habitación, ese dinero es la prueba circunstancial.

Prueba inadmisible

Las pruebas que no son admisibles en un juicio, por lo general están cubiertas por una de las reglas judiciales de exclusión. Las reglas de exclusión fueron creadas para evitar que los agentes del orden público pudieran utilizar medios ilícitos para obtener pruebas. Esto significa que evidencia obtenida ilegalmente viola la cláusula de registros e incautaciones de la Cuarta Enmienda de la Constitución. Por ejemplo, si una persona es detenida por una violación de tráfico, no puede ser obligada a abrir la cajuela (maletero) del automóvil a menos que la policía tenga motivos fundados para sospechar que una sustancia ilícita se encuentra allí. Bajo las reglas de exclusión, si la policía obliga a una persona abrir la cajuela del automóvil sin un motivo fundado, nada de lo que ellos encuentren en la cajuela puede ser admitido como prueba en un juicio.

Testigos

Cuando un caso llega a juicio, tanto a la fiscalía como a la defensa se les permite llamar testigos a declarar. Existen varias clases de testigos. Los testigos que declaran sobre el carácter de otras personas frecuentemente son las amistades de la víctima o del acusado. Los testigos oculares declaran en corte lo que vieron en la escena del crimen. Los testigos policíacos y peritos (o consultores técnicos) son especialistas en un campo en particular y son utilizados para aclarar puntos durante el juicio para el beneficio de los miembros del jurado que no pudieran entender de otra forma.

Delitos y sus penalidades

Agresión y contacto ilícito

A menudo, los delitos de agresión y contacto ilícito (*assault and battery*) son mencionados conjuntamente.

La **agresión** o *assault* (que no corresponde a la palabra "asalto" en nuestro idioma) se define como "un intento ilegal, acompañado de la posibilidad actual de causar daño o lesión física a otra persona". No es necesario ocasionar daño físico a la persona. Lo que constituye la agresión es el *intento* de lesionarla.

Si una persona arroja un objeto contra otra pero no consigue pegarle, es culpable de agresión porque intentó lesionarla al arrojar el objeto. Si la persona que

lanza el objeto está a una distancia tan grande de la otra persona que es absoluta-
mente imposible pegarle, entonces no se ha cometido el delito de agresión. El lanzar el objeto es el acto delictivo, pero a menos que la distancia sea tal que permita
que el objeto pueda lesionar a la víctima, el elemento de posibilidad actual no existe.

El *delito de contacto ilícito* (*battery*) se define como "una agresión física, o el uso
ilícito e intencional de fuerza o violencia contra otra persona". La agresión requiere
el contacto físico con la otra persona, ya sea directa o indirectamente. En el ejemplo del objeto, si la persona que lanza el objeto alcanza pegarle a la otra persona,
ha cometido tanto la agresión como el contacto ilícito. Pegarle a alguien con un
objeto es un uso ilícito de fuerza contra otra persona. La cantidad de fuerza no es
importante y la víctima no necesita sufrir una herida o marca visible. Todo contacto con otra persona de manera hostil u ofensiva es un contacto ilícito. Si a una
persona se le condena de agresión, la ley asume que la víctima sufrió daños, pero
ésta no tiene que probar que sufrió daños físicos.

Dependiendo de la índole y grado del delito, una condena por "agresión y contacto ilícito" puede considerarse un delito menor, que conlleva la penalidad de
multa o de reclusión en una cárcel local, o ambas, o puede considerarse un delito
grave, castigable con multa o reclusión en una cárcel estatal, o ambas.

Agresión con arma mortífera

Definir lo que constituye agresión con un arma mortífera puede resultar difícil.
En California, las cortes han establecido que, independientemente del uso original de un objeto, si se utiliza de una manera que pueda causar la muerte, o lesiones graves, es una arma mortífera (*People v. Robertson,* 217 C. 671). Aunque la
mayor parte de las personas reconocen que un arma de fuego es un arma mortífera, otros objetos menos obvios pueden ser incluidos dentro de la definición de
arma mortífera. Por ejemplo, si el conductor de un automóvil intenta atropellar
a otra persona con él, el conductor será culpable de agresión con una arma mortífera porque el vehículo, si fue usado intencionalmente de una manera que lo
más seguro es que causaría una muerte o lesiones graves, pueden ser considerado
como arma mortífera.

Existen leyes federales sobre el uso y posesión de armas de fuego, pero a cada
estado se le permite establecer sus propias leyes para regular la mayor parte de
las armas de fuego. En California, ciertas armas de fuego son consideradas ilegales y tan sólo su posesión es un delito grave. Por ejemplo, es un delito grave
estar en posesión de un revolver que tenga un cilindro de menos de dieciocho
pulgadas de largo o que tenga una longitud total menor de veintiséis pulgadas.
También es un delito grave estar en posesión de un rifle que tenga un cilindro de
menos de dieciséis pulgadas de largo o que tenga una longitud total menor de
veintiséis pulgadas.

En la mayoría de los estados, toda persona condenada de un delito grave, o adicto a los narcóticos, no puede poseer o ser dueña de un arma de fuego. Un menor por lo general no puede comprar o poseer un arma de fuego sin el previo consentimiento por escrito de sus padres o guardián legal. Un menor de dieciséis años de edad no puede comprar un arma de fuego que se pueda ocultar.

En la mayor parte de los casos, es ilícito estar en posesión de un arma oculta, ya sea que uno la lleve o esté en un vehículo, a menos que la persona en posesión de ella tenga un permiso especial. Los revólveres y aerosoles irritantes son ejemplos de armas ocultas. Las sanciones por el delito menor de poseer armas ocultas incluyen multas y la posible reclusión en la cárcel local. Frecuentemente, si una persona que porta un arma oculta sin permiso tiene una sentencia previa de delito menor, el cargo por poseer una es considerado como un delito grave (felonía) en la mayoría de los estados y la penalidad puede incluir encarcelación en la prisión estatal. Recientemente, varios estados, como Tejas, han aprobado leyes que hacen más fácil obtener permisos para armas ocultas. Además de las leyes que regulan la posesión de armas de fuego, existen leyes que regulan la venta y posesión de cuchillos, o arma blanca. En California, toda persona que porte, venda, preste o regale u obsequie a otra persona una navaja con un filo de más de dos pulgadas de largo es culpable de un delito menor. Además, un cuchillo utilizado de manera que pueda causar la muerte, o lesiones graves, es considerado como una arma mortífera y la persona en posesión de dicha arma está sujeta a ser condenada por un delito grave por agresión con arma mortífera.

HOMICIDIO

El homicidio es una categoría compuesta por seis delitos:

Asesinato en primer grado

Asesinato en segundo grado

Homicidio voluntario

Homicidio involuntario

Homicidio vehicular

Homicidio como resultado de un delito grave o felonía

ASESINATO

El *asesinato* es la privación ilícita de la vida de un ser humano por otro ser humano con intención criminal (*malice aforethought*). El asesinato puede ser en primer o segundo grado.

El *asesinato en primer grado* (*first-degree murder*) es la privación ilícita de la vida que es intencional, deliberada y premeditada. El asesinato en primer grado es clasificado como un delito grave que conlleva la pena de muerte, la reclusión perpetua en prisión estatal sin la posibilidad de libertad condicional bajo palabra o una reclusión en la prisión estatal por un término específico de años hasta la cadena perpetua.

El *asesinato en segundo grado* (*second-degree murder*) es la privación ilícita de la vida con intención criminal, pero sin la deliberación y premeditación del acto. El asesinato en segundo grado es un delito grave, que conlleva desde encarcelamiento en la prisión estatal por un término específico hasta la reclusión perpetua.

El *homicidio como resultado de un delito grave o felonía* (*felony murder*) es el que ocurre durante la comisión o el intento de cometer un delito grave. En la mayoría de los estados, el delito grave deberá ser serio o con violencia, tales como robo, incendio intencional, violación o secuestro. Este tipo de homicidio se considera por lo general como asesinato en primer grado.

PENA CAPITAL O DE MUERTE

La pena capital o de muerte se refiere a la sentencia de muerte por un delito. La Corte Suprema ha decidido que la pena de muerte no es un castigo cruel o inusitado. Cada estado tiene sus propias leyes con relación a penalidades o condenas.

INTENCIÓN CRIMINAL (DOLO)

La intención dolosa (*malice aforethought*), ya sea explícita o implícita, se refiere al estado mental de la persona que comete un acto delictivo. La *intención dolosa* es un concepto elusivo que se presta más a una explicación que una definición. Es más, nunca se ha establecido una definición sencilla de lo que es intención dolosa. El dolo es como una persona se siente hacia otra, un sentimiento de odio o deseo de causar daño a otra persona. Es el estado mental necesario para asesinato. La palabra *dolo* se usa para describir el propósito y e intención del agresor. Implica "un deseo de fastidiar, mortificar o agredir a otra persona, o la intención de cometer un acto delictivo, que se establece con pruebas o con la presunción de la ley". La definición sugerida por Perkins en *Derecho Penal*, 2da. Ed., es que la "intención criminal o dolosa es un estado mental sin justificación, excusa o moderación y peligroso para el ser humano".

La intención dolosa, según lo describe el código penal de varios estados, puede ser explícita o implícita. "Es *explícita* cuando existe una intención *deliberada* manifestada para privar de la vida ilegalmente a otro ser humano. En otras palabras, en una privación ilegal de la vida no existe justificación, excusa o elemento miti-gante que sea reconocido por ley. Es *implícita* cuando no existe provocación con-siderable o cuando las circunstancias del asesinato muestran un corazón desenfrenado y maligno". En cualquiera de los dos casos, se manifiesta al come-terse un acto ilícito, intencional, perverso y *sin causa legal o excusa. No implica una mala voluntad preexistente hacia la persona perjudicada.* El dolo existe cuando se actúa insensiblemente, sin consideración por la vida humana, al cometer un acto que implica una alta probabilidad que tal acción resultará en la muerte.

Cuando la intención de matar es visible, queda establecida la intención dolosa. Ejemplo 1: Un acusado, con premeditación y deliberadamente, compra un revol-ver, asalta una licorería y mata al dependiente. Ejemplo 2: Un acusado, después de haber tenido una relación la cual motiva el asesinato, planea matar a la víc-tima e intencionalmente lo hace según un plan preconcebido. Estos son dos ejem-plos de intención dolosa o criminal explícita, la intención *deliberada* y manifestada para quitarle la vida ilícitamente a otro ser humano.

La intención criminal también puede ser implícita. El ejemplo clásico es el de un conductor, autor de un tiroteo: sin provocación, un acusado muestra descon-sideración consciente por la vida humana al disparar una bala a través de una ventana sin saber o importarle si alguien se encuentra detrás de ella. La víctima inocente muere. No se necesita provocación alguna. El elemento mental de inten-ción dolosa está presente si el acusado sabe que su conducta pone en peligro la vida de otros y actúa con descuido consciente por la vida de los demás.

Si existe una justificación o excusa reconocida por la ley para el asesinato, entonces no existe intención criminal. Ejemplo 1: Un acusado es atacado y en defensa propia mata al asaltante tratando de salvar su propia vida. No existe intención dolosa o criminal. Ejemplo 2: Un hombre descubre el adulterio de su mujer y, en un arranque de ira, mata al amante de ésta. Aunque no existe mali-cia premeditada, y por lo tanto, no es culpable de asesinato, lo más probable es que el acusado sea imputado de homicidio voluntario, que es un delito grave serio que conlleva una condena de prisión.

El homicidio

El homicidio es la privación ilícita de la vida de un ser humano por otro ser humano, sin dolo. Se divide en las siguientes clasificaciones:

Homicidio voluntario (*voluntary manslaughter*) ocurre cuando se mata a una persona como resultado de un arranque de ira, o es causado por un altercado imprevisto o súbito. Se castiga con encarcelamiento en la prisión estatal por un término específico de tiempo que es usualmente de dos a quince años.

Homicidio involuntario (*involuntary manslaughter*) es la muerte de una persona cuando resulta de la comisión de un acto ilícito que no es un delito grave o felonía, o la muerte ocurre como resultado de negligencia, excepto cuando la muerte es a causa de un vehículo motorizado. Se castiga con encarcelamiento en la prisión estatal por un término específico que es usualmente de uno a cinco años.

Homicidio vehicular (*vehicular manslaughter*) es cuando la muerte de una persona ocurre como resultado de conducir un vehículo motorizado. Un conductor que mata a un peatón, o causa un accidente fatal por no ceder el derecho de paso, puede ser condenado por homicidio vehicular. Una embarcación es considerada como un vehículo por la ley y el operador de ésta puede ser condenado por homicidio si causa la muerte de otra persona mientras la opera. Se castiga con encarcelamiento en la prisión estatal o la cárcel local.

SECUESTRO

Toda persona que roba, toma o detiene a otra por la fuerza en un estado y la transporta a otro país, estado o condado, o a otra parte del mismo condado, es culpable de secuestro. El secuestro incluye seducir o atraer a una persona por medio de promesas falsas o fraude. Si el perpetrador persuade a otra persona a viajar a otra ciudad o estado con la promesa de una recompensa, cuando su verdadera intención es un propósito ilícito o inmoral, puede ser acusado de secuestro. El secuestro es un delito grave, castigado con encarcelamiento.

Por lo general, si la persona secuestrada es menor de cierta edad, el delito es castigado por un término de tiempo más prolongado.

AGRESIÓN SEXUAL

La agresión sexual se llama frecuentemente contacto sexual ilícito. Toda persona que toca una parte íntima de otra persona sin su consentimiento, donde el propósito de dicha acción es de estímulo sexual, gratificación sexual o abuso sexual, es culpable de agresión sexual. En la mayoría de los estados, puede ser enjuiciada como un delito menor o un delito grave, y puede ser castigada con una multa o encarcelamiento, o ambos.

Violación

La violación de una persona, ya sea cometida por fuerza, fraude o persuasión, es castigada con encarcelamiento en la cárcel local o en la prisión estatal. La ley sólo requiere que la violación haya sido contra la voluntad de la víctima. Los antecedentes sexuales de la víctima son irrelevantes y ésta no necesita probar lesiones físicas adicionales, tales como heridas, cortadas o rasguños. Las relaciones sexuales con un menor son una violación con permiso.

Cambios recientes en la ley de la mayoría de los estados ahora permiten que un cónyuge pueda presentar una denuncia por violación contra el otro cónyuge. Éste es el caso en Arizona, California, Florida, Illinois y Nuevo México.

La violación de un menor (*statutory rape*) es la relación sexual entre un adulto y un menor. La edad que determina quién se considera menor varía de estado a estado (vea el Compendio multiestatal sobre violación de menores/agresión sexual a continuación).

Tabla 14-3: *Violación de menores/agresión sexual*

ARIZONA

Cargo	Agresión sexual.
Definición	La conducta sexual intencional con un menor o entablar relaciones sexuales con conocimiento de la edad de un menor de quince años es culpable de un delito grave Clase 2. Toda persona que tiene relaciones sexuales con una persona de quince años o más es culpable de delito grave Clase 6.
Penalidad	Prisión estatal de un año y medio.
Defensas	Es ventajoso para la defensa por parte del fiscal si la falta de consentimiento se debió a la incapacidad de la víctima de quince, dieciséis o diecisiete años de edad, y el acusado no tenía conocimiento de la edad de ésta.

CALIFORNIA

Cargo	Violación.
Definición	a. Relaciones sexuales ilícitas con una mujer que no es su esposa cuando ésta es menor de dieciocho años de edad. b. Las relaciones ilícitas con un menor que no sea más de tres años más joven que el agresor es delito menor.

Tabla 14-3: Violación de menores/agresión sexual (cont.)

CALIFORNIA

c. Entablar relaciones sexuales con un menor que es tres años más joven que el agresor es delito grave o delito menor, dependiendo de las circunstancias.

d. Toda persona mayor de veintiún años que entabla relaciones sexuales ilícitas con un menor de dieciséis años es culpable de delito grave o menor.

Penalidad	a. Prisión estatal o local hasta un año.
	b. Prisión estatal o local hasta un año.
	c. Prisión estatal o local hasta un año.
	d. Prisión estatal o local hasta un año.
Defensas	La creencia en buena fe que la víctima es de cierta edad.

FLORIDA

Cargo	Agresión sexual.
Definición	Las relaciones sexuales con una persona no casada, previamente casta y menor de dieciocho años es delito grave de segundo grado.
Penalidad	Prisión hasta quince años.
Defensas	La ignorancia de la edad no se considera una defensa, ni la falsificación de edad por parte de la víctima o la creencia en buena fe que ésta es de cierta edad.

ILLINOIS

Cargo	a. Agresión sexual.
	b. Abuso sexual de carácter criminal.
	c. Agresión sexual con circunstancias agravantes.
Definición	a. Cuando el autor de los hechos comete un acto de penetración sexual contra una víctima menor de dieciocho años al momento del acto y el acusado es un familiar, o cuando el autor de los hechos comete un acto de penetración sexual contra una víctima de por lo menos trece años pero menor de dieciocho y el acusado tiene diecisiete años o más, considerado como persona de confianza, autoridad o con responsabilidad de supervisión con relación a ella.

b. Cuando el acusado tiene menos de diecisiete años y comete un acto de penetración sexual contra una víctima de por lo menos nueve años pero menor de diecisiete al momento del acto, o cuando el acusado comete un acto de penetración sexual contra una víctima de por lo menos trece años pero menor de diecisiete y es por lo menos cinco años mayor que ella.

c. Cuando el acusado tiene diecisiete años o más y comete un acto de penetración sexual contra una víctima menor de trece o cuando el acusado tiene diecisiete años y comete un acto de penetración sexual contra una víctima de nueve años o menos.

Penalidad	a. Delito grave Clase 1.
	b. Delito menor Clase A.
	c. Delito grave Clase 2.
Defensas	Consentimiento de la víctima o que el acusado creía que la persona tenía diecisiete años o más.

NUEVO MÉXICO

Cargo	Penetración sexual de carácter criminal.
Definición	a. Se considera penetración sexual de carácter criminal el causar, de forma ilícita e intencional, que una persona entable relaciones sexuales, cunnilingus, fellatio o penetración anal u otra manera de penetración, en cualquier forma o con cualquier objeto, del orificio genital o anal.
	b. Penetración sexual de un menor de trece años.
	c. Penetración sexual de un menor de trece a dieciséis años cuando el autor de los hechos ocupa una posición de autoridad sobre él y usa su autoridad para obligarlo a que se someta a los actos sexuales.
	d. Penetración sexual de un menor de trece a dieciséis años cuando el autor tiene por lo menos dieciocho años y es cuatro años mayor que él y no es cónyuge del menor.
Penalidad	a. N/A
	b. Delito grave de primer grado.
	c. Delito grave de segundo grado.
	d. Delito grave de cuarto grado.
Defensas	Consentimiento; impotencia (que no es defensa total).

Tabla 14-3: Violación de menores/agresión sexual (cont.)

NUEVA YORK

Cargo	Violación.
Definición	a. Un varón es culpable de violación cuando entabla relaciones sexuales con una menor de edad que tiene menos de once años.
	b. Cuando una persona de dieciocho años o más entabla relaciones sexuales con otra persona que no es su cónyuge y que es menor de catorce años.
	c. Cuando una persona entabla relaciones sexuales con otra persona que no es su cónyuge y que es incapaz de dar su consentimiento debido a su uso de razón.
	d. Teniendo veintiún años o más, él/ella entabla relaciones sexuales con otra persona que no es su cónyuge y es menor de diecisiete años.
Penalidad	a. Violación en primer grado.
	b. Violación en segundo grado.
	c. Violación en tercer grado.
	d. Delito grave Clase E.
Defensas	Nota: Ninguna. Una persona es incapaz de dar consentimiento si tiene diecisiete años o menos.

TEJAS

Cargo	Agresión sexual.
Definición	Cuando una persona intencionalmente y con conocimiento causa la penetración del ano u órgano sexual femenino o de un menor por cualquier otro medio. Se considera menor a una persona de diecisiete años o menos.
Penalidad	Delito grave en segundo grado.
Defensas	Se considera como defensa ventajosa para el fiscal que el autor de los hechos no sea más de tres años mayor que su víctima y que ésta sea un menor de catorce años o más.

Robos, escalamientos y hurtos

El robo es el tomar la propiedad personal de otra persona contra su voluntad mediante el uso de fuerza e intimidación. El robo se distingue del hurto en que el hurto es una ofensa contra la propiedad, mientras que el robo es una ofensa contra la persona y la propiedad. El escalamiento es la entrada ilícita con la intención de cometer un delito grave.

Robos

Si una persona amenaza a otra con daño físico y la obliga a entregarle su cartera, se ha cometido un *robo* (*robbery*). El robo es un delito grave, castigado con encarcelamiento en prisión estatal.

Si un arma de fuego es usada en un robo, o intento de robo, el autor puede ser acusado de un cargo adicional de *robo a mano armada* (*armed robbery*) y se le añadirán años de cárcel.

No es necesario que el autor de un delito tome posesión de la propiedad de su víctima para ser culpable del delito. El intento de robo también conlleva un castigo de encarcelamiento en la prisión estatal. Además, un término adicional de tiempo será impuesto si una arma de fuego es utilizada en el intento de robo.

El robo de una farmacia, o contra una persona que tiene custodia legal de narcóticos al momento del robo, conlleva la sentencia máxima permitida por las leyes de muchos estados.

Escalamientos

Un *escalamiento* (*burglary*) es la entrada ilícita a un edificio, vehículo u otra estructura con la intención de cometer un hurto o delito grave dentro de dicha estructura o vehículo. Los elementos de entrada e intención deberán estar presentes para condenar a una persona de escalamiento.

Aunque a menudo se refiere a un escalamiento como una *entrada forzosa* (*breaking and entering*), ninguna fuerza es necesaria para la comisión del delito. Cualquier entrada ilícita, no importa que tan leve o ligera, satisface el requisito legal de *entrada*. Además, la entrada no necesita ser hecha por la persona que comete el delito. Un animal entrenado para obtener artículos por orden de su amo puede ser utilizado para la comisión de un escalamiento. Si tal animal es utilizado para cometer el escalamiento, la responsabilidad del escalamiento se transfiere o imputa a la persona que tiene el control del animal.

El requisito de intención específica para cometer un hurto o delito grave frecuentemente se deduce de la entrada ilícita. Si un sospechoso entra a la casa de la víctima y agrede o abusa de una mujer que estaba adentro, la corte por lo general deduce que el sospechoso entró a la estructura con la intención de cometer la violación, la cual es un delito grave. Esto establece tanto el cargo de escalamiento de la fiscalía como el cargo por intento de delito grave, que en este caso es la violación.

A un sospechoso se le puede imputar el cargo de escalamiento incluso si entra a un vehículo o estructura de manera lícita, cuando se comprueba que lo hizo con la intención específica de robar o cometer un delito grave o felonía.

Todo escalamiento de una estructura habitable es considerada como escalamiento en el primer grado, castigado con encarcelamiento en la prisión estatal. Una estructura habitable puede ser una casa, casa remolque, embarcación u otro lugar ocupado regularmente por una persona. Los escalamientos en otras estructuras son considerados como de segundo grado, castigados con reclusión en la cárcel local o en la prisión estatal.

Hurto

El *hurto* (*theft*) significa robar, tomar y llevarse la propiedad de otra persona con la intención de privarla de ella en forma temporal o permanente. La apropiación indebida o fraudulenta de bienes o fondos son todos considerados como hurtos. El hurto puede ser clasificado como hurto de mayor o de menor cuantía (vea abajo la Tabla 14-4: Hurtos—Clasificados por cuantías mayores y menores).

El *hurto en cuantías mayores* (*grand theft*) es, entre otras cosas, el hurto de (1) bienes muebles o inmuebles con un valor en exceso de la cantidad determinada por cada estado, como por ejemplo $400 en California; (2) propiedad que le pertenece a otra persona que se encuentra en las manos de la víctima o está adherida a la víctima al momento del hurto; (3) o un automóvil, arma de fuego, o, en algunos estados, un animal de granja de cualquier valor. El hurto de cuantías mayores es castigado por encarcelamiento en la cárcel local o en prisión estatal.

El *hurto en cuantías menores* (*petty theft*) abarca cualquier otra apropiación ilícita de propiedad personal, y por lo general es castigado con una multa y/o reclusión en la cárcel local (vea abajo).

Tabla 14-4: Hurtos—Clasificados por cuantías menores y mayores

ARIZONA

Hurto menor/delito menor	Hasta $250
Hurto mayor/delito grave	$250 o más, vehículo o arma de fuego

CALIFORNIA

Hurto menor/delito menor	Hasta $400
Hurto mayor/delito grave	$400 o más, vehículo, arma de fuego, caballos

FLORIDA

Hurto menor/delito menor	Hasta $300
Hurto mayor/delito grave	$300 o más, un testamento, arma fuego, vehículos de motor o animal de granja

ILLINOIS

Hurto menor/delito menor	Hasta $300
Hurto mayor/delito grave	$300 o más, arma de fuego

NUEVO MÉXICO

Hurto menor/delito menor	Hasta $250
Hurto mayor/delito grave	$250 o más

NUEVA YORK

Hurto menor/delito menor	Hasta $1,000
Hurto mayor/delito grave	$1,000 o más, propiedad sobre $1,000 en valor, vehículos motorizados con un valor de $100 o más
Hurto mayor/delito grave	$1,000 o más, propiedad sobre $1,000 en valor, vehículos motorizados con un valor de $100 o más

TEJAS

Hurto menor/delito menor	Hasta $1,500
Hurto mayor/delito grave	$1,500 o más, o un arma de fuego

SOBORNO Y PERJURIO

El *soborno* o *cohecho* (*bribery*) es todo intento ilícito de recompensar a otra persona a cambio de un favor. El favor puede ser un acto u omisión. El soborno incluye la solicitación, obsequios o recibir cualquier artículo de valor con el propósito de influenciar corruptamente a una persona o funcionario en el cumplimiento de sus deberes. El soborno puede ser considerado como delito grave o menor, dependiendo de las circunstancias. En Arizona, California, Florida, Illinois, Nuevo México, Nueva York y Tejas, todo intento de sobornar a un testigo para evitar que declare judicialmente, para que preste testimonio falso o para que se abstenga de prestar su testimonio, es un delito grave. El soborno es un delito serio, y puede ser un delito federal o estatal.

El *perjurio* (*perjury*) es prestar testimonio falso bajo juramento. Un juramento es una promesa hecha antes de testificar en una corte, que las declaraciones que el testigo rendirá son verídicas. Toda persona que de su propio conocimiento, y bajo juramento, presta testimonio falso es culpable de perjurio. Por lo general, el perjurio es castigado con encarcelamiento en la prisión estatal.

Existen muchos delitos federales y estatales que conllevan penalidades severas. Los delitos enumerados arriba son sólo algunos ejemplos de delitos graves y de sus penalidades. Toda persona que tenga preguntas sobre delitos federales o estatales debe consultar con un abogado que se especialice en derecho penal.

DELITOS DE ODIO

California, Florida e Illinois tienen leyes que prohíben los *delitos de odio o aversión* (*hate crimes*). La ley en California establece que "toda persona bajo la jurisdicción de este estado tiene derecho a estar libre de actos de violencia, intimidación por medio de amenazas que sean cometidos contra ella o sus bienes debido a su raza, color, religión, descendencia, origen nacional, afiliación política, sexo, orientación sexual, edad, incapacidad o posición en una disputa laboral, o porque otra persona la percibe con una o más de estas cualidades".

En Florida, un delito grave o un delito menor es reclasificado si existen pruebas de prejuicio basado en la raza, el color, la ascendencia, el grupo étnico, la religión, la orientación sexual u el origen nacional de la persona. Por ejemplo, si el delito normalmente es castigado como un delito grave en segundo grado y si lo arriba descrito se comprueba, entonces es reclasificado para ser castigado como un delito grave en primer grado. En Illinois, una persona comete un delito de odio cuando "debido a la raza, el color, el credo, la religión, la ascendencia, el género sexual, la orientación sexual, la incapacidad mental o física u el origen nacional de otro individuo o grupo de individuos, dicha persona comete asalto, agresión, asalto grave, hurto en cuantía menor, invasión ilícita de una propiedad residencial, delito menor, daño delictivo menor a propiedad, invasión ilícita de un vehículo, invasión ilícita de inmuebles o en pandillas". Un delito de odio es un delito menor de Clase A en la primera ofensa y un delito grave de Clase 3 por ofensas subsiguientes.

En Florida e Illinois, el estado permite la presentación de demandas civiles por daños y perjuicios, interdictos (*injunctions*) u otros remedios apropiados, además de la acción penal.

LEY DE REINCIDENCIA: TRES INCIDENTES

California y Nuevo México tienen leyes sobre la *reincidencia de delincuentes,* conocidas en inglés como *three strikes laws*. En California, si un acusado ha sido condenado por un delito grave, y se ha alegado y probado que tiene una o más condenas previas por delitos graves con violencia, la corte deberá adherirse a lo siguiente:

1. No habrá una limitación de términos agregados para los propósitos de sentencias consecutivas para ninguna condena de delito grave subsiguiente.
2. No se concederá un término probatorio para el delito actual, ni será suspendida la ejecución o imposición de sentencia de una ofensa anterior.
3. El tiempo transcurrido entre la condena del delito grave anterior y la condena del delito grave actual no afectará la imposición de la sentencia.
4. El cumplimiento de la sentencia no se cumplirá en ningún otro lugar que no sea la prisión estatal.
5. La cantidad total de créditos concedidos no excederá una quinta parte del término total de la sentencia y no se acumularán hasta que el demandado esté físicamente recluido en la prisión estatal.
6. Si existe una condena actual por más de un delito grave no cometidos en la misma ocasión, y que no surgen de los mismos hechos, la corte sentenciará al acusado consecutivamente por cada caso conforme a este artículo.
7. Si existe una condena actual por más de un delito grave serio o violento, según descrito en el inciso 6, la corte impondrá la sentiencia por cada condena por la cual el acusado pueda ser sentenciado consecutivamente en la manera prescrita por la ley.
8. Toda sentencia impuesta bajo esta sección será impuesta consecutivamente a cualquier otra sentencia que el acusado esté cumpliendo en ese momento.

Un delito grave violento puede ser, pero no se limita, a uno de los siguientes: asesinato, homicidio, mutilación, violación, sodomía forzosa, copulación oral forzosa, actos lascivos contra un menor, un delito grave que conlleve la pena de muerte, todo delito grave donde el acusado causa daño corporal grave, disparo a, o desde un vehículo motorizado, secuestro o robo con una arma mortífera.

Si un acusado tiene una sentencia previa de delito grave la cual ha sido alegada y probada, la sentencia será dos veces el término que sería provisto como castigo para la condena del delito grave actual.

Si un acusado tiene dos o más sentencias por delitos graves anteriores que han sido alegadas y probadas, la sentencia para la condena del delito grave actual será un término indeterminado de encarcelamiento de por vida con un término mínimo calculado como el mayor de los dos siguientes: tres veces el término de otra manera provisto como castigo por cada condena de delito grave actual subsecuente a las dos o más condenas de delitos graves anteriores, o veinticinco años.

El fiscal deberá alegar y probar cada condena de delito grave anterior. También puede solicitar la eliminación de una condena anterior por delito grave, cuando sea justo, si no existen pruebas suficientes para probar la condena anterior.

En Nuevo México, cuando un acusado es condenado por un tercer delito grave violento y cada uno de los delitos fue cometido en ese estado, el acusado, además del castigo impuesto por la tercera condena *de violencia,* si esa condena no resulta en pena de muerte, será castigado con una sentencia de cadena perpetua. Un delito grave violento en Nuevo México significa asesinato en primer grado, disparar desde un vehículo motorizado resultando en daño corporal grave; secuestro que resulte en daño corporal grave infligido a la víctima por su captor; penetración sexual ilícita; y el robo con arma mortífera que resulte en lesiones corporales graves.

La ley de *three strikes* y otras leyes similares creadas para imponer castigos mucho más severos para criminales reincidentes son el resultado de una extrema y creciente frustración y enojo por parte del público por el aumento en la criminalidad, la cual está fuera de control. Sin embargo, existe una gran oposición a estas leyes por jueces, abogados e incluso fiscales, que creen que los resultados, en algunos casos, son ridículos y demasiado costosos. En California, un hombre fue condenado por su tercer incidente por robarse un pedazo de pizza y fue sentenciado de veinticinco años a cadena perpetua.

Obviamente, el costo del pueblo para alimentar al prisionero, vestirlo y mantenerlo en buen estado de salud mientras está en prisión es extremamente alto. Se estima que el costo promedio de mantener a una persona en la prisión estatal en California es entre $20,000 a $30,000 por año e incluso más para reos en prisiones de seguridad máxima.

En California, la escasez de espacio en las cárceles y prisiones ha resultado en la liberación temprana de muchos prisioneros para poder acomodar el gran número de nuevos prisioneros. Esto también ha ocasionado una reacción negativa en aquellos que creen que los criminales deben servir su sentencia completa.

A pesar de la rápida y creciente necesidad de más cárceles y prisiones, muy poca gente está contenta de pagar el enorme costo de tener más prisioneros. Esto despierta, otra vez, el viejo debate acerca de si los prisioneros deben o no ser "rehabilitados" o simplemente castigados. En California, una corte federal de apelaciones determinó que los jueces tienen la autoridad de eliminar una sentencia previa, para poder evitar los severos requisitos de sentencia de la ley de tres incidentes. Los fiscales y un gran porcentaje del público no están de acuerdo con esta determinación.

Tabla 14–5: Penalidades por manejar bajo la influencia del alcohol

ARIZONA

Contenido de alcohol en la sangre	0.10 por ciento.
Rehabilitación	Sí.
Suspensión de la licencia de conducir	Noventa días por el primer incidente. Se revoca la licencia al segundo incidente dentro de cinco años.
Prisión/multas	Al primer incidente: mínimo de veinticuatro horas en la cárcel y $250 de multa, y de ocho a veinticuatro horas de servicio comunitario. Al segundo incidente en cinco años: sesenta días de cárcel y un mínimo de $500 de multa.

CALIFORNIA

Contenido de alcohol	0.08 por ciento (adultos).
Rehabilitación	Se requiere rehabilitación si se otorga un período de prueba (*probation*).
Suspensión de la licencia de conducir	Seis meses por el primer incidente, noventa días si se otorga un período de prueba, en algunos casos se permite conducir de la residencia al trabajo y a centros educacionales y de rehabilitación. Un año de suspensión de la licencia por el segundo incidente.
Prisión/multas	Al primer incidente: de noventa y seis horas hasta seis meses de prisión y de $390 a $1,000 de multa. Al segundo incidente: de noventa días a un año de prisión y de $390 a $1,000 de multa.

FLORIDA

Contenido de alcohol	0.08 por ciento.
Rehabilitación	Sí.

Tabla 14-5: Penalidades por manejar bajo la influencia del alcohol (cont.)

Florida (cont.)

Suspensión de la licencia de conducir	Se suspende o revoca al momento de la condena.
Prisión/multas	Al primer incidente: hasta seis meses y de $250 ó $500 de multa. Al segundo incidente en los próximos tres años: hasta nueve meses de encarcelamiento y de $500 a $1,000 de multa.

Illinois

Contenido de alcohol	0.10 por ciento.
Rehabilitación	Los acusados ya convictos deben asistir a un programa de rehabilitación si se considera necesario, después de una evaluación profesional.
Suspensión de la licencia de conducir	Se suspende hasta un año desde el momento de la condena.
Prisión/multas	Al primer incidente: hasta un año de encarcelamiento. Al segundo incidente durante los próximos cinco años: un mínimo de cuarenta y ocho horas de encarcelamiento o un mínimo de diez días de servicio comunitario.

Nuevo México

Contenido de alcohol	0.08 por ciento.
Rehabilitación	La corte puede ordenar una evaluación profesional y completar un tratamiento si se determina necesario o beneficioso.
Suspensión de la licencia de conducir	Hasta un año de suspensión, pero esto se puede evitar si se asiste a un programa de rehabilitación.
Prisión/multas	Al primer incidente: de treinta a noventa días de encarcelamiento y/o $300 a $500

de multa. Al segundo incidente durante los próximos cinco años: de noventa días a un año de encarcelamiento y/o hasta $1,000 de multa.

NUEVA YORK

Contenido de alcohol	0.10 por ciento.
Rehabilitación	La corte puede ordenar que el acusado asista a un programa de rehabilitación.
Suspensión de la licencia de conducir	Al primer incidente: seis meses de suspensión. Al segundo incidente durante los próximos diez años: un año de suspensión.
Prisión/multas	Al primer incidente: hasta un año de encarcelamiento y/o de $350 a $500 de multa. Al segundo incidente: un mínimo de un año de encarcelamiento y/o de $500 a $1,000 de multa.

TEJAS

Contenido de alcohol	0.10 por ciento.
Rehabilitación	El acusado debe asistir a un programa de rehabilitación si el nivel de alcohol es de 0.17 por ciento o más.
Suspensión de la licencia de conducir	Al primer incidente: de noventa días a un año de suspensión. Al segundo incidente: de ciento ochenta días a dos años de suspensión.
Prisión/multas	Al primer incidente: de setenta y dos horas a dos años de encarcelamiento y de $500 a $2,000 de multa. Al segundo incidente: de quince días hasta dos años de cárcel y de $500 a $2,000 de multa.

Tabla 14-6: Armas de fuego ilegales

ARIZONA

Armas de fuego ilícitas	Armas automáticas, rifles con cañón de menos de dieciséis pulgadas de largo, escopetas con cañón de menos de dieciocho pulgadas de largo, cualquier rifle o escopeta modificada con una longitud total de menos de veintiséis pulgadas.
Período de espera	No existe.
Personas no calificadas	Las personas convictas de delitos graves de violencia o posesión y uso de armas mortíferas o instrumentos peligrosos, cuyos derechos civiles aún no han sido reestablecidos. Las personas encarcelada y toda otra persona que la corte considere peligrosa para sí misma o hacia otros durante tratamiento.

CALIFORNIA

Armas de fuego ilícitas	Bastones o revólveres de bolsillo, armas de fuego plásticas, escopetas o rifles de cañón corto, pistolas "zip" y *nunchaks*.
Período de espera	El período obligatorio es de quince días después de la compra.
Personas no calificadas	Los menores de veintiún años no pueden llevar armas ocultas. Los menores de dieciocho años, los criminales convictos, los adictos a droga, las personas bajo un período de prueba que prohíbe la posesión de armas y aquellos convictos de delitos violentos y otros delitos menores.

FLORIDA

Armas de fuego ilícitas	Escopetas recortadas, fusiles/rifles y ametralladoras.
Período de espera	Mínimo de tres días para recibir el arma.

Personas no calificadas	Menores y delincuentes condenados, cuyos derechos civiles aún no han sido restaurados.

ILLINOIS

Armas de fuego ilícitas	Ametralladoras, rifles con cañón de menos de dieciséis pulgadas, escopetas con cañón de menos de dieciocho pulgadas o todo rifle o escopeta con cañón de menos de veintiséis pulgadas.
Período de espera	Un mínimo de setenta y dos horas.
Personas no calificadas	Los menores de veintiún años no pueden llevar armas ocultas, si han sido condenados de un delito menor, ni las personas declaradas judicialmente como delincuentes. Los menores de dieciocho años no pueden llevar armas ocultas. Los drogadictos, las personas con retrasos mentales, los pacientes que estuvieron en hospitales mentales durante los cinco años previos no pueden poseer armas de fuego.

NUEVO MÉXICO

Armas de fuego ilícitas	Ninguna.
Período de espera	No existe.
Personas no calificadas	Los criminales condenados no pueden poseer armas de fuego.

NUEVA YORK

Armas de fuego ilícitas	Ametralladoras y el uso de silenciadores.
Período de espera	No existe.
Personas no calificadas	Los criminales condenados, los inmigrantes y los menores de dieciséis años no pueden poseer armas de fuego.

Tabla 14-6: Armas de fuego ilegales (cont.)

TEJAS

Armas de fuego ilícitas	Ametralladoras, armas de fuego con cañón corto y silenciadores.
Período de espera	No existe.
Personas no calificadas	Los criminales condenados de delitos mayores de violencia, o donde hubo amenaza de violencia, y los menores de dieciocho años no pueden poseer armas de fuego. Las personas bajo la influencia del alcohol no pueden usar o poseer armas de fuego.

VÍCTIMAS DE DELITOS

Aunque las estadísticas varían e incluso están en conflicto sobre si la delincuencia ha aumentado o disminuido, la mayoría de la gente cree que la criminalidad ha alcanzado niveles extremos y muy peligrosos. Nuestras vidas son bombardeadas diariamente con informes y descripciones variadas de un número creciente de delitos violentos. Relatos de crímenes atroces y horrendos que involucran tortura y mutilación parecen ser temas de rutina en los noticieros.

Cualquier día que uno visite la corte penal local puede ver el gran número de personas que se declaran culpables de un delito o que son sentenciadas por conducta criminal. Es muy triste, pero siempre hay más víctimas que delincuentes, ya que la mayoría de los delincuentes cometen numerosos delitos antes de que finalmente sean aprehendidos.

Este casi constante reportaje de nuevos incidentes de criminalidad ha causado una reacción justificada en el público. Organizaciones tales como Madres Contra Conductores Ebrios (*Mothers Against Drunk Driving,* MADD en inglés), agencias de la policía y políticos de importancia se han convertido en portavoces de los "derechos de las víctimas" (*victims' rights*). Como resultado, muchos estados han promulgado leyes que les dan a las víctimas en casos penales ciertos derechos básicos. En la mayoría de los casos, éstos incluyen el derecho de la víctima y/o miembros de su familia a dar declaraciones por escrito sobre el impacto del delito en la vida de la víctima y a que se les oiga al momento en que el criminal es sentenciado. Las víctimas usualmente tienen derecho a ser compensadas por el criminal por los gastos causados debido al delito cometido. Esto puede incluir gastos de hospital y médicos, pérdida de ingresos y daño a la propiedad (automóviles, casas, etc.).

Muchos de los derechos otorgados a las víctimas están relacionados con el creciente castigo de criminales reincidentes y aquellos culpables de ciertos tipos de ofensas, tales como manejar en estado de ebriedad y causar daños y lesiones, y delitos de abuso sexual. Otras leyes tratan la ampliación del tipo de pruebas permitidas en la corte, reduciendo o eliminando ciertas defensas previamente permitidas a los acusados, y el derecho a ser notificado antes de que un acusado sea puesto en libertad. Algunos estados han añadido los derechos de víctimas a sus constituciones estatales. Esto le proporciona a la ley un nivel más alto de autoridad, ya que no puede ser fácilmente derogada como lo sería una ley promulgada por la legislatura estatal.

El Congreso de los Estados Unidos está considerando la propuesta de una reforma constitucional, la cual, si es aprobada y ratificada por al menos dos terceras partes de los estados, establecerá los derechos de las víctimas como garantías constitucionales, igual a aquellos que contiene la Carta de Declaración de Derechos. La enmienda propuesta es conocida como la Reforma de los Derechos de Víctimas (*Victims' Rights Amendment*). Los derechos que esta enmienda daría incluyen:

Ser notificados y no ser excluidos de todo procedimiento público relacionado con el delito (no solamente la sentencia)

Ser oídos y poder presentar una declaración en los procedimientos antelares al juicio, o durante el juicio, para influir en la determinación de si el acusado deberá ser puesto en libertad, y en relación a la negociación de los cargos

Recibir notificación si el acusado es puesto en libertad bajo palabra, o si escapa

Que los procedimientos no tengan demoras injustificadas

Recibir una orden del juez que emite la sentencia, para exigir restitución de parte del acusado

Tomar en consideración la seguridad de la víctima al determinar la libertad del acusado.

Notificación a las víctimas de todos los derechos incluidos en la reforma

Las víctimas de un crimen deben notificar prontamente a la policía. Deben también identificar rápidamente y comunicarse con todo testigo del delito y anotar sus nombres, direcciones y números de teléfono. Aunque las víctimas con mucha razón se sienten amenazadas por el delincuente, y frecuentemente se oponen a presentar cargos contra criminales por miedo a represalias, es importante notar que ninguno de los derechos de las víctimas está disponible a menos que el incidente sea propiamente reportado y tramitado.

Como hemos visto antes, un criminal sentenciado puede ser ordenado a pagar restitución a la víctima. En la mayoría de los estados esta orden de restitución se puede hacer cumplir por medio de una sentencia civil con propósitos de cobro. Una demanda civil separada puede ser presentada en contra del delincuente por angustias y sufrimiento, pérdidas de ingresos, gastos médicos futuros e incluso por la interrupción de la relación matrimonial de la víctima. El cónyuge de la víctima también puede presentar una demanda por la interrupción de la relación marital, llamada pérdida del consorcio conyugal (*loss of consortium*). Además, en casos civiles, la corte puede expedir una orden judicial para obligar o prohibir cierta conducta específica por parte del acusado. Típicamente, esto incluye órdenes de no tener contacto con las víctimas, no ir al hogar o lugar de trabajo de la víctima y no tener contacto telefónico con ella.

Finalmente, los estados han creado programas de ayuda a la víctima. Estos programas proporcionan asistencia social y económica a las víctimas de un delito. En casos penales, a las víctimas y a los testigos de un delito se les da información acerca de los procedimientos en pie y se facilita su participación en ellos, de la manera que sea más conveniente. Frecuentemente se les provee transporte de ida y vuelta a los procedimientos de la corte, información diaria sobre el caso, además de apoyo moral durante el testimonio y/o declaraciones de las víctimas.

Gran parte de cualquier programa de asistencia a víctimas es la ayuda económica. Cantidades sustanciales pueden ser pagadas a hospitales, médicos, siquiatras, y a otros profesionales de la salud mental que proveen servicios a la víctima, y a ciertos miembros de la familia, por servicios relacionados con el delito. Si la lesión causada a la víctima la deja incapacitada, los programas pagan por lo general la pérdida de salarios (algunas veces hasta durante dos años). Estos pagos son usualmente limitados a gastos personales de emergencia, lo que significa que sólo se cubrirán gastos que son la responsabilidad directa de la víctima, después de que se hayan agotado otras fuentes de ingreso. Por lo tanto, si la víctima tiene un gasto de hospital de $1,000 y su propia compañía de seguros paga $800, el programa de asistencia a la víctima solamente le pagará $200 de gastos personales de emergencia.

Como se puede observar, las víctimas de un crimen tienen recursos valiosos a su disposición, aunque ninguno de ellos puede compensar a una víctima por todo su dolor, sufrimiento, trauma emocional, temor, lesiones y otras pérdidas sufridas. Sin embargo, en contraste con los derechos inexistentes para víctimas en este país en años pasados, las víctimas hoy en día pueden por lo menos tener la satisfacción de poder participar en el proceso de enjuiciamiento y condena de los criminales. Por otra parte, también pueden obtener asistencia económica para sufragar sus gastos médicos y recuperar parte de los ingresos que hayan perdido.

Las víctimas siempre deben tomar acción inmediata. La ley provee ciertos plazos de tiempo límite (llamados términos de prescripción), dentro de los cuales todo reclamo legal o denuncias deberán ser presentadas. Además, en casos penales, el acusado tiene derechos constitucionales estrictos, incluyendo el derecho a un juicio rápido y a que los cargos sean presentados dentro de un tiempo razonable. Frecuentemente, estos plazos de tiempo resultan ser bastante cortos.

15

Inmigración y naturalización

Los Estados Unidos es, y siempre será, una nación de inmigrantes. Por más de doscientos años gente ha inmigrado a los Estados Unidos de cada país del mundo.

La inmigración es exclusivamente un asunto federal

Las leyes que gobiernan el proceso de inmigración y naturalización están bajo el exclusivo control del gobierno federal. El Servicio de Inmigración y Naturalización (*Immigration and Naturalization Service*, INS en inglés) es la agencia federal a cargo de la administración de la Ley de Inmigración y Naturalización (*Immigration and Naturalization Act*, INA en inglés). En 1990, la ley de inmigración fue reescrita con nuevas disposiciones promulgadas en 1996. El INA está incluido en la Sección VIII del Código de los Estados Unidos, el conjunto principal de leyes sobre asuntos federales.

Propósito de las leyes de inmigración

El propósito de la ley de inmigración es proteger la salud y el bienestar de los ciudadanos y de los no ciudadanos, limitando el número de personas que puede entrar al país permanentemente cada año y prevenir un impacto adverso en el mercado laboral estadounidense. Las enmiendas efectuadas en 1990 a la ley de inmigración y naturalización impusieron un límite numérico a prácticamente todas las categorías, excepto a los padres, cónyuges e hijos de ciudadanos estadounidenses. El propósito principal de las enmiendas de 1996 fue hacer más duras las leyes contra los terroristas, los inmigrantes con antecedentes penales y los inmigrantes que residen ilegalmente en los Estados Unidos.

EXTRANJEROS

Un extranjero es toda persona que nació en el exterior y que no se ha hecho ciudadano de este país. Los extranjeros en los Estados Unidos tienen varios derechos constitucionales. La Constitución y el Congreso determinan cuáles derechos y privilegios les serán concedidos. Cada estado por separado también tiene leyes que gobiernan al extranjero.

La Quinta Enmienda de la Constitución protege a todas las "personas" de la privación de la vida, la libertad o la propiedad por parte del gobierno federal sin el debido procedimiento legal. Esto incluye a los extranjeros. La Decimocuarta Enmienda protege al extranjero de la privación de la vida, la libertad o la propiedad por parte de los estados. Además, los extranjeros también reciben protección por la Carta de Declaración de Derechos incorporada por la Décimocuarta Enmienda. Estos derechos también se aplican a los extranjeros indocumentados. Por ejemplo, los extranjeros indocumentados tienen derecho a ser indemnizados si son víctimas o resultan lesionados a causa de un acto negligente.

La Quinta y la Décimocuarta Enmiendas no les otorgan a los extranjeros indocumentados las mismas ventajas que a los ciudadanos. A pesar de que los extranjeros tienen derecho a la misma protección según la cláusula del debido procedimiento legal, el Congreso puede clasificar a los extranjeros por nacionalidad y promulgar leyes según la clasificación. Por ejemplo, las leyes han prohibido que un extranjero llegue a ser presidente de los Estados Unidos, senador o miembro de la Cámara de Representantes. Además, el gobierno federal también puede definir la diferencia entre extranjero legal o ilegal al determinar la elegibilidad para recibir beneficios federales (*Matthews v. Diaz,* 426 U.S. 67 [1976]). Un estado, sin embargo, no puede crear clasificaciones de extranjeros a menos que pueda mostrar un interés estatal convincente para hacer tal discriminación.

INSPECCIÓN FRONTERIZA

En la frontera o su equivalente (a saber, estación fronteriza, garitas de control, aeropuertos internacionales y carreteras que se extienden desde la frontera), no se necesita que exista una sospecha o motivo fundado para efectuar una breve detención e interrogación (*Martinez v. Fuerte,* 428 U.S. 543 [1976]). Un motivo fundado, un permiso o una orden de allanamiento son necesarios si la detención se efectúa en un lugar que no sea considerado frontera o su equivalente funcional (*United States v. Brignoni-Ponce,* 422 U.S. 873 [1975]).

Interrogatorios por agentes del INS

Un agente del INS puede interrogar a todo extranjero o a toda persona que legítimamente parezca serlo, con o sin una orden de allanamiento, sobre su estado migratorio o sobre su derecho a permanecer en los Estados Unidos. Un agente del INS también tiene derecho a arrestar a todo extranjero que en su presencia o alrededores esté entrando o tratando de entrar ilegalmente al país. El agente puede arrestar a todo extranjero dentro del país si tiene razón para creer que está infringiendo las leyes migratorias y que existe la posibilidad de que pudiera escapar antes de que una orden de arresto fuera expedida. Además, un agente puede revisar cualquier nave marítima extranjera en aguas territoriales de los Estados Unidos y cualquier vagón de tren, avión o vehículo que esté dentro de las veinticinco millas limítrofes. Esto no incluye viviendas (8 U.S.C.S. 1357).

Extranjeros como inmigrantes o no inmigrantes

Los extranjeros admitidos al país legalmente son, por ley, clasificados como inmigrantes o no inmigrantes.

Definición de inmigrantes

Los inmigrantes son aquellas personas que tienen la intención de permanecer en los Estados Unidos y de hacerse residentes permanentes. Un extranjero con residencia permanente es a veces llamado portador de tarjeta verde (*green-card holder*).

Existe un límite estricto de visas de inmigrantes concedidas cada año a cada clasificación de inmigrantes. Un sistema prioritario para conceder visas de inmigrantes le permite a algunos solicitantes inmigrar rápidamente, mientras que otros pueden esperar durante varios años.

Definición de no inmigrantes

Los no inmigrantes son aquellas personas que están en los Estados Unidos por tiempo limitado, usualmente con un propósito específico, y que planean regresar a su país de origen. Esta categoría incluye a las personas que están de vacaciones y a las que ingresan por razones de negocios. Las visas de no inmigrantes no están sujetas a las mismas limitaciones estrictas que las visas de inmigrantes, pero pueden ser negadas por la inhabilidad del solicitante de mostrar un domicilio fijo en su país de origen, o restringidas por las relaciones políticas entre su país de origen y los Estados Unidos.

CLASIFICACIÓN DE INMIGRANTES

RESIDENTE PERMANENTE VS. RESIDENCIA

En términos legales, la *residencia* (*residence*) usualmente se refiere al lugar donde una persona habita en un determinado momento, sin verse afectada por la intención de permanecer en dado lugar. Sin embargo, el término *residente permanente* (*permanent resident*) según las leyes de inmigración, se refiere a la clasificación legal otorgada a un inmigrante a quien se le ha permitido vivir en los Estados Unidos permanentemente y está basado en la intención de la persona de permanecer en los Estados Unidos (8 U.S.C. §1101[a][20]).

CATEGORÍAS DE INMIGRANTES Y CUOTAS ANUALES DE VISAS

La ley de 1990 modificó notablemente la manera en que los inmigrantes son clasificados y estableció límites en el número de personas de cada categoría y subcategoría que pueden inmigrar cada año.

Inmigrantes auspiciados por parientes	480,000
Inmigrantes por empleo	140,000
Inmigrantes diversos	55,000

Actualmente existe una cuota anual para refugiados de 50,000 o más, establecida cada año para países designados por el Presidente conjuntamente con el Congreso.

Inmigrantes patrocinados por parientes

La inmigración auspiciada por parientes está basada en el grado de parentesco con una persona que es un ciudadano de los Estados Unidos o residente permanente legal y el deseo del solicitante de inmigrar al territorio de este país.

Existen cinco categorías de inmigrantes auspiciados por parientes:

1. Parientes inmediatos de un ciudadano estadounidense, tales como el cónyuge, los hijos solteros menores de veintiún años de edad, los padres de ciudadanos estadounidenses mayores de veintiún años de edad y los cónyuges de ciudadanos difuntos, con ciertas restricciones (8 U.S.C. §1151 [b][2][A][1])
2. Hijos solteros (mayores de veintiún años) de ciudadanos estadounidenses
3. Cónyuges e hijos solteros de residentes permanentes
4. Cónyuges e hijos solteros menores de veintiún años e: hijos adultos solteros

hijos casados de ciudadanos estadounidenses
5. Hermanos de ciudadanos estadounidenses adultos

El retraso presente de solicitantes en la categoría cinco es de ocho años.

Inmigrantes por empleo

Existen cinco categorías preferenciales para personas que desean inmigrar conforme a las disposiciones de inmigración basadas en el empleo (8 U.S.C. §1153[b]):

1. Trabajadores con prioridad, que se definen como personas con habilidad o aptitud extraordinaria en las ciencias, las artes, la educación, el comercio o el atletismo, incluyendo catedráticos sobresalientes o investigadores, y algunos altos ejecutivos de corporaciones; la mayoría de los trabajadores que tienen prioridad deberán tener oferta de empleo antes de que se les conceda la visa de inmigración (40,000 visas anuales).
2. Extranjeros con títulos posgraduados en campos profesionales, y extranjeros con habilidades excepcionales en las ciencias, las artes o el comercio; una oferta de trabajo específica es usualmente exigida para la adquisición de visas dentro de esta categoría (40,000 visas anuales).
3. Todos los demás extranjeros que deseen inmigrar basados en una oferta de empleo permanente que requiera o no adiestramiento (40,000 visas anuales) y la certificación del departamento del trabajo estableciendo la falta de trabajadores capaces, adiestrados y calificados que estén disponibles inmediatamente en el área geográfica del empleo, si éste no causa un efecto adverso en el mercado laboral estadounidense.
4. "Inmigrantes especiales", incluyendo a trabajadores eclesiásticos, empleados estadounidenses con quince años de servicio en el extranjero, personas que sirven en las fuerzas armadas en función de sus labores durante doce años y residentes permanentes que regresan.
5. Inversionistas extranjeros en empresas comerciales nuevas en los Estados Unidos con una inversión inicial de un millón de dólares o quinientos mil dólares en áreas determinadas donde hay considerable desempleo que den empleo permanente a tiempo completo por lo menos a diez ciudadanos estadounidenses; la visa es condicional y será revisada después de dos años con posibilidades de conceder la residencia incondicional permanente.

Inmigración por diversidad de nacionalidad

Inmigrantes diversos

Sólo aquellas personas oriundas de países con menos de 50,000 inmigrantes en los Estados Unidos durante los últimos cinco años son elegibles para una visa basada en la diversidad de nacionalidad.

Este programa consta de seis divisiones internacionales y cada área es categorizada como de bajas o altas admisiones totales. Sólo aquellas personas de países con bajas admisiones dentro de una región de bajas admisiones totales son elegibles para una visa basada en la diversidad de nacionalidad. No más de 3,850 visas pueden ser concedidas a individuos oriundos de uno de estos países en un año. Las visas basadas en diversidad son distribuidas mediante un sistema de lotería de todas las solicitudes presentadas durante el período anual de aplicación.

Para ser candidato para una visa bajo la categoría de diversidad de nacionalidad (55,000 visas anuales), el solicitante deberá tener por lo menos una educación de escuela secundaria superior (*high school*) y un mínimo de dos años de experiencia en una ocupación que requiera por lo menos dos años de adiestramiento o experiencia (8 U.S.C. §1153[c]).

Modificación de la clasificación migratoria (*Status*)

Bajo ciertas circunstancias, un no inmigrante que visite los Estados Unidos puede calificar para solicitar residencia permanente a través de lo que se llama modificación de la clasificación migratoria.

El proceso original para solicitar una clasificación de inmigrante requiere completar una solicitud detallada en una oficina consular de los Estados Unidos en el exterior (8 U.S.C. §§1201, 1202). Sin embargo, a través de los años, ciertos cambios han modificado el proceso de solicitud para efectuar una modificación de clasificación de inmigrante a uno de residente permanente sin tener que salir de los Estados Unidos, siempre y cuando se cumpla con ciertos criterios de elegibilidad (8 U.S.C. §1255). Si un extranjero entra a los Estados Unidos legalmente y ha mantenido su clasificación legal sin tener problemas con las autoridades, o si es padre, cónyuge o hijo de un ciudadano estadounidense, puede solicitar que su clasificación de inmigrante sea modificada en la oficina local del INS. Todos los demás tienen que pagar una multa de $1,000 hasta que este proceso de multas haya terminado.

Una modificación de clasificación también puede ser otorgada a un extranjero que ha vivido en los Estados Unidos continuamente desde antes del 1ro. de enero de 1972, bajo la provisión de "registro". Para ser elegible para ser residente permanente de acuerdo a la provisión de registro, un extranjero no tiene que probar que entró al país legalmente (8 U.S.C. §1259).

EL PAÍS DE DONDE EMIGRA UN EXTRANJERO

La inmigración basada en la diversidad depende de cuántos inmigrantes de cierto país han obtenido visas de algún país en particular. Por ejemplo, cuando una visa es otorgada a una persona de Brasil, se reduce el número de visas adicionales que pueden ser otorgadas a personas de ese país por el resto de ese año. Cuando una visa es otorgada a una persona basada en su entrada a los Estados Unidos, se dice que esa visa es "cargada" a ese país.

La regla general para determinar a qué país será cargada la visa es al país donde el extranjero nació, no importa en que país tiene su ciudadanía o su residencia (8 U.S.C. §1152[b]). Sin embargo, existen cuatro excepciones a esta regla:

1. Las visas de un cónyuge pueden ser cargada al país donde nació el otro cónyuge, cuando no hay más visas disponibles para el país donde nació el primer cónyuge.
2. Las visas de hijos solteros menores de edad pueden ser cargadas al país donde cualquiera de sus padres nació, si están acompañando a sus padres a los Estados Unidos.
3. Las visas de ex ciudadanos nacidos en los Estados Unidos pueden ser cargadas al país de su ciudadanía o al de su última residencia, si no son ciudadanos de ningún país.
4. Las visas de un extranjero nacido en un país que no es el país de ninguno de sus padres pueden ser cargadas al país de nacimiento de uno de sus padres, si ellos no tienen la intención de quedarse permanentemente en el país donde nació el hijo.

VISAS PARA NO INMIGRANTES

Todo extranjero excluido dentro de las clasificaciones de no inmigrantes es considerado, por ley, un extranjero inmigrante. Debido a esta presunción legal, la carga de probar que uno es un no inmigrante recae sobre el solicitante. La prueba de que éste piensa permanecer provisionalmente en los Estados Unidos y que califica como un no inmigrante legítimo debe ser presentada al funcionario del consulado en el país de origen y al funcionario de inmigración en la frontera. Para lograr esto, el extranjero debe establecer que cumple con los requisitos de las clasificaciones de no inmigrantes y que no está clasificado como excluible. Por ejemplo, un solicitante es excluido si no puede comprobar que todavía tiene un domicilio legítimo en el extranjero. Las dos excepciones a esta preclusión de doble filo son la visa H-1B (profesional extranjero temporal) o la L-1 (administrador transferido entre compañías).

El tiempo durante el cual la visa será otorgada depende del propósito de la visita del solicitante. Quienes deseen entrar a los Estados Unidos bajo la clasificación de no inmigrante deberán, en primera instancia, solicitar una visa en el consulado estadounidense en su país.

El proceso de solicitud para los no inmigrantes

El solicitante debe dar su nombre completo y verdadero, la fecha y lugar de nacimiento, la nacionalidad, el propósito y el tiempo que piensa permanecer durante su visita a los Estados Unidos, una descripción personal, fotografías y otra información necesaria para establecer su identificación e intenciones.

Una vez que la solicitud para la visa ha sido completada, el solicitante deberá permanecer en su país de origen hasta que la solicitud sea aprobada y la oficina del consulado le informe que tiene autorización para viajar a los Estados Unidos. La visa de no inmigrante mostrará su vigencia con un sello estampado por la oficina consular del país de origen.

Las visas de no inmigrante son otorgadas solamente para visitas cortas temporales y no permiten al extranjero quedarse en los Estados Unidos permanentemente. Una vez que el período especificado en la visa ha expirado, el extranjero tiene que regresar a su país de origen.

Para los demás solicitantes que aspiren a obtener la residencia permanente, la disponibilidad de visas se basa en la fecha de su solicitud o en la fecha de la certificación laboral.

La modificación de la clasificación está disponible exclusivamente para personas que ingresan a los Estados Unidos con la debida documentación y que cumplen con el proceso de inspección en el puerto de entrada.

La inspección significa que el extranjero presenta su visa al funcionario de inmigración de los Estados Unidos en el puerto de entrada (aduana) y llena todos los requisitos para ser admitido. La visa será sellada en el puerto de entrada y, a menos que sea excluible, será admitido.

En algunos casos, las personas que ingresan a los Estados Unidos ilegalmente están sujetas a deportación, a menos que paguen una multa de $1,000 cuando solicitan la modificación de su clasificación migratoria.

Extensión de visas provisionales

En algunas situaciones, es posible que la fecha de expiración de una visa de no-inmigrante sea extendida. Toda persona que entra a los Estados Unidos como visitante transitorio con visa de no inmigrante y necesita más tiempo para cumplir sus propósitos antes de la fecha de caducidad, puede solicitar una extensión.

La solicitud de una autorización de trabajo

Algunos no inmigrantes pueden solicitar una autorización de trabajo y, si se les otorga, su empleo será restringido a un solo empleador o a un propósito específico. Un no inmigrante que ingresa a los Estados Unidos como estudiante con la visa F-1 no puede trabajar más de veinte horas por semana durante el ciclo escolar, pero normalmente se le conceden doce meses de adiestramiento práctico al terminar su carrera.

EXTRANJEROS EXCLUIBLES

El concepto de exclusión de extranjeros es importante porque el solicitante es evaluado varias veces durante el proceso de petición y solicitud, y una determinación de exclusión en cualquier punto del proceso resultaría en una determinación de no elegibilidad para entrar a los Estados Unidos.

Los Estados Unidos tiene leyes cuyo fin es proteger a los ciudadanos y no ciudadanos de inmigrantes que pudieran ser una amenaza a la salud y bienestar de la nación. Para lograr este objetivo, algunos extranjeros son excluidos para entrar a los Estados Unidos y no son elegibles para obtener una visa. Según la Ley de Inmigración de 1990, existen nueve categorías sobre las cuales se basa la exclusión de extranjeros:

1. Personas con problemas de salud

Los extranjeros son excluidos si tienen una enfermedad contagiosa de consecuencias serias para la salud pública o si su estado de salud lo pudiera convertir en una carga para el estado. La responsabilidad de preparar la lista de estas enfermedades es del Departamento de Salud y Servicios Humanos. La lista presente incluye gonorrea, lepra contagiosa, sífilis en estado contagioso y tuberculosis activa. El SIDA y el HIV han sido eliminados de la lista de enfermedades que justifican la exclusión. En algunos casos, el INS puede otorgar una excepción discrecionaria de exclusión basada solamente en antecedentes clínicos.

Los extranjeros son excluidos si padecen de una enfermedad física o mental, la cual pudiera convertirse en amenaza a la propiedad, seguridad o bienestar del extranjero u otros.

Los extranjeros son excluidos si tienen una enfermedad física o mental y un comportamiento asociado con tal enfermedad la cual presenta una amenaza al extranjero, y si es probable que reocurra.

La ley anterior requería la exclusión de todo aquel que hubiera tenido un incidente psicótico o que hubiera sido clasificado como retardado mental o demente. La ley de 1990 no excluye a personas con retardo mental, tal como el Síndrome de *Down*.

Los extranjeros que se consideran consumidores de drogas o adictos son excluidos de admisión. Previamente, las personas que eran consideradas como alcohólicas eran excluidas. Según la ley de 1990, las personas alcohólicas pueden ser clasificadas dentro de la clasificación médica. La diferencia es importante porque los extranjeros incluidos en la categoría de personas que abusan de las drogas o son adictos no pueden recibir excepción discrecionaria.

La ley de 1990 elimina ciertas exclusiones por razones no médicas, tales como la locura, que ahora se considera como un asunto legal y no médico.

A un extranjero, sea inmigrante o no inmigrante, se le puede exigir un examen médico para verificar que no es excluible por razones médicas.

2. Personas con antecedentes penales
Los siguientes actos excluyen el ingreso de extranjeros a los Estados Unidos:

Sentencia o comisión de un crimen de depravación moral

Violación de leyes relacionadas con sustancias prohibidas o controladas

Sentencia por múltiples ofensas penales con sentencias combinadas de cinco o más años, sin incluir sentencias por ofensas políticas

Tráfico ilegal de sustancias prohibidas, sin condena y sin incluir el uso experimental de drogas por parte de menores de edad, ni contrabando de drogas descubierto en la frontera

Ejercer la prostitución o actividades de prostitución recientes, incluyendo la prostitución habitual

Comisión de una ofensa criminal seria para la cual la inmunidad diplomática ha sido invocada y el extranjero ha salido de los Estados Unidos por causa de tal inmunidad

3. Personas que pueden presentar un riesgo de seguridad para los Estados Unidos
Los siguientes clases de personas están excluidas de ingresar a los Estados Unidos:

Las personas que procuran ingresar para participar en actos de sabotaje, espionaje, exportación de tecnología prohibida o en actividades cuyo propósito es el de destruir el gobierno de los Estados Unidos o "cualquier otra actividad ilegal"

Las personas con antecedentes de actividad terrorista o con posibilidad de involucrarse en este tipo de actividad; esta categoría incluye la participación en actividades para recaudar fondos para grupos o actividades terroristas

Las personas que presentan una política extranjera potencialmente adversa

Las personas que son miembros del partido Comunista u otros partidos totalitarios.

Las personas que hayan participado en las persecusiones durante la época Nazista u otras actividades incluidas dentro de la definición internacional de genocidio.

4. Personas con potencial de convertirse en carga pública

Anteriormente la ley requería que ciertas personas incapaces de sostenerse a sí mismas fueran excluidas por razones médicas. En la ley del 1990 esta categoría fue eliminada, pero esas personas todavía pueden ser excluidas debido a la probabilidad de que puedan convertirse en cargas para la asistencia pública.

Para que un extranjero pueda evitar la exclusión basada en la probabilidad de convertirse en una carga pública, deberá establecer ingresos y recursos con los cuales puede comprobar que está capacitado para vivir por encima de los límites de pobreza establecidos por el Departamento de Salud y Servicios Humanos federal. La inhabilidad de establecer ingresos más altos que este nivel pudiera resultar en una determinación de inelegibilidad.

5. Personas que tienen restricciones basadas en determinado empleo

6. Personas que han ingresado ilegalmente o de otra forma han violado las leyes de inmigración

7. Personas que han sometido documentación falsa en sus solicitudes

8. Personas que finalmente serán inelegibles para hacerse ciudadanos

Las personas incluidas en esta categoría son: (1) las que desertaron del servicio militar o evadieron el servicio militar obligatorio, abandonando los Estados Unidos, y (2) los extranjeros que solicitaron y recibieron una excepción de servicio militar obligatorio, basado en su clasificación de extranjeros.

Las personas que caen en la categoría 1 no recibirán ningún tipo de visa, incluyendo una de no inmigrante. Las personas en la categoría 2 podrán obtener una visa de no inmigrante, pero serán excluidas de recibir una visa de inmigrante.

9. Otras razones

Algunas de las personas que son incluidas en la categoría miscelánea son:

Las personas que activamente practican la poligamia y tienen intenciones de practicarla en los Estados Unidos

Los extranjeros que fungen como guardianes mientras acompañan a un extranjero incapacitado declarado excluible por razones de salud o minoría de edad (§212[a][9][B])

Los extranjeros cuyos países no participaron en el Convenio de La Haya sobre los Aspectos Civiles del Secuestro Internacional de Niños y que no reconocen una orden de custodia de menores fuera de los Estados Unidos cuando el niño tiene un reclamo legal de ciudadanía estadounidense y una corte ha expedido una orden de custodia a un ciudadano de los Estados Unidos

Los extranjeros que caen dentro de las categorías descritas anteriormente no recibirán visa para entrar a los Estados Unidos, a menos que puedan obtener una excepción de exclusión. Un abogado especializado en inmigración puede aconsejar a un extranjero sobre asuntos de exclusión y excepciones.

BASES DE EXCLUSIÓN QUE FUERON ELIMINADAS POR LA LEY DE 1990

La ley de 1990 eliminó algunas bases de exclusión que existían previamente, incluyendo:

1. Desviados sexuales (homosexuales)
2. Derelictos, pordioseros y vagabundos
3. Extranjeros que venían a los Estados Unidos para participar en actos sexuales inmorales
4. Inmigrantes analfabetas mayores de dieciséis años

EXTRANJEROS DEPORTABLES

Hasta que un extranjero no se hace ciudadano de los Estados Unidos, está sujeto a ser deportado si es convicto de ciertas ofensas. Tanto los inmigrantes que están de visita temporalmente como aquellos que son residentes permanentes pero que no se han hecho ciudadanos de los Estados Unidos, están sujetos a la deportación. Según la ley de 1990, existen cinco categorías de personas que al cometer estas ofensas son consideradas como deportables:

1. Las personas excluibles al momento de entrada porque ingresaron sin inspección o que hayan violado su clasificación migratoria
2. Las personas que han sido condenadas de ciertas ofensas penales
3. El extranjero que no ha cumplido los requisitos de inspección de la Ley de Inmigración y Naturalización durante su estadía en los Estados Unidos, incluyendo los extranjeros que han hecho declaraciones falsas intencionalmente en su solicitud o en cualquier otro documento requerido por las autoridades de inmigración
4. Las personas que presentan un riesgo a la seguridad de los Estados Unidos; esta base es igual a la de riesgo de seguridad utilizada para la exclusión de personas

5. Los extranjeros que durante los cinco años después de ingresar a los Estados Unidos se convierten en carga pública por circunstancias que el procurador general cree que se crearon antes de su ingreso, aunque las circunstancias que no pueden ser previstas no pueden resultar en la deportación de una persona (una "carga pública" es un individuo que recibe asistencia pública)

EXCEPCIONES PARA LA EXCLUSIÓN Y DEPORTACIÓN

La Ley de Inmigración y Naturalización contiene varias disposiciones que establecen excepciones de exclusión y deportación, a saber:

La excepción de exclusión a residentes permanentes de larga estancia que regresan de un corto viaje al exterior a un hogar en los Estados Unidos en donde han vivido por lo menos siete años consecutivos. Esta categoría de excepciones puede ser otorgada a discreción del procurador general de los Estados Unidos, y cubre todas las bases de exclusión, excepto para personas que son excluibles por presentar un riesgo a la seguridad y por la comisión de delitos graves.

Un residente permanente durante siete años o más que califica para una excepción en los procedimientos de deportación por comprobarse que ha sido rehabilitado después de haber sido condenado por un crimen exceptuando delitos graves serios, es restablecido a la clasificación de residente permanente.

Los extranjeros no inmigrantes pueden obtener una excepción de exclusión basada en uno de los siguientes tres criterios: (1) riesgo de seguridad, (2) gravedad del delito en contra de las autoridades judiciales o de inmigración, y (3) la razón por la cual el extranjero está solicitando su ingreso.

Una excepción puede estar restringida de cualquier manera y una fianza de salida puede ser impuesta. Como ejemplo de restricciones, al extranjero se le puede limitar la duración de su visita, el área geográfica o las actividades en las que pueda participar.

Los extranjeros que de otra manera serían excluidos por razones de salud, fraude, pasar de contrabando a parientes inmediatos, ser carga al sistema de asistencia pública, ciertos delitos, prostitución y la posesión de treinta gramos o menos de marijuana pueden obtener una excepción discrecional si es el cónyuge o hijo soltero de un ciudadano, residente permanente o un extranjero que ha recibido su visa de inmigrante. El no cumplir con las condiciones de la excepción otorgada es suficiente fundamento para deportar al extranjero. Las excepciones están más frecuentemente basadas en la reunificación de familiares y requiere que el extranjero demuestre que la negación de la excepción puede resultar en *dificultades extremas* (*extreme hardship*) al ciudadano estadounidense o residente permanente y que el extranjero ha sido rehabilitado. Para comprobar la "dificultad extrema", el extranjero deberá establecer una causa justa, además de la interdependencia familiar y emocional.

En algunas circunstancias, una excepción puede ser otorgada a un extranjero que fue excluido por cometer fraude o representación falsa en la solicitud de la visa u otro documento requerido por el INS. Ciertas relaciones familiares deben existir para que la excepción sea otorgada, a menos que el fraude o la representación falsa haya ocurrido por lo menos diez años antes de presentar su solicitud o la modificación de su clasificación migratoria.

PROCEDIMIENTO DE EXPULSIÓN (ANTES CONOCIDO COMO DEPORTACIÓN)

Todos los extranjeros que confrontan la posibilidad de ser deportados tienen derecho a una audiencia imparcial, según la cláusula del debido procedimiento de ley de la Constitución de los Estados Unidos. Es la obligación del gobierno de este país comprobar que un extranjero es deportable. El extranjero tiene derecho a que se le informe sobre los cargos presentados en su contra, con tiempo suficiente para preparar su caso y así poder ejercer su derecho a ser representado por un abogado, cuyos honorarios no serán sufragados por el gobierno, ya que el procedimiento de deportación no es un asunto criminal sino civil (vea el capítulo de Derecho Penal, página 210).

Un extranjero está protegido contra la autoincriminación, pero puede presentar pruebas y testigos a su favor. Por ejemplo, un empleador puede presentarse a declarar sobre el carácter moral del extranjero y explicar en qué forma la deportación del empleado afectaría su empresa. Tanto los extranjeros como los ciudadanos de los Estados Unidos están protegidos contra allanamientos e incautaciones arbitrarias según la Cuarta Enmienda de la Constitución federal. No obstante, los funcionarios de inmigración no necesitan obtener una orden de allanamiento o tener motivo fundado para realizar registros en los puertos de entrada.

En algunos casos los extranjeros pueden abandonar los Estados Unidos voluntariamente antes de que se expida una orden de expulsión. La ventaja de salir voluntariamente es que al extranjero le será permitido regresar al país con visa nueva sin ser excluido bajo la ley que prohíbe el regreso dentro de los períodos especificados a extranjeros que han sido expulsados involuntariamente.

En una audiencia de expulsión, el extranjero puede solicitarle al juez que lo deje salir de los Estados Unidos por su propia cuenta, en vez de que el gobierno de los Estados Unidos lo transporte. La ventaja de salir voluntariamente es que el extranjero puede evitar la emisión de una orden oficial de expulsión en su contra y no impide que solicite una nueva visa. Es un delito regresar a los Estados Unidos después de haber sido deportado sin la aprobación de un permiso.

Una expulsión puede ser negada en el caso de un extranjero cuya vida o libertad estaría en peligro al regresar a su país de origen. Sin embargo, el extranjero puede ser deportado a otro país en donde pudiera estar a salvo. En una audiencia de expulsión el juez le pregunta al extranjero a que país desea ser deportado. Si es posible, será deportado a cualquier país de su elección. Sin embargo, puede ser deportado a cualquier país que acuerde recibirlo.

En algunos casos, la expulsión se puede evitar mediante una solicitud para modificar la clasificación de una persona a residente permanente. Esta opción puede ser aprovechada por ciertos extranjeros calificados que ya están en los Estados Unidos y que desean obtener residencia permanente sin tener que abandonar el país. Un extranjero no calificará para obtener la modificación de su clasificación si se encuentra en una de las categorías 1, 3, y 4 (enumeradas abajo) a menos que haya pagado una multa de $1,000 antes del 1ero. de octubre de 1997:

1. Miembro de la tripulación de una embarcación
2. Un visitante de intercambio que no ha satisfecho el requisito de dos años de residencia extranjera o haya recibido una excepción
3. Una persona que ingresó mientras se encontraba de paso a otro país
4. Una persona que ingresó a los Estados Unidos sin haber sido inspeccionado o bajo circunstancias fraudulentas

Exclusiones sin excepción

Una excepción de exclusión puede ser otorgada a un solicitante que de otra manera sería excluido, a menos que sea excluido por cometer un delito grave; por participar o haber participado anteriormente en actividades de espionaje o sabotaje con el fin de derrocar al gobierno de los Estados Unidos por medios violentos o ilícitos; por participar en la exportación ilícita de mercadería, tecnología o información sensitiva; por participar en actividades de genocidio, tales como la persecución durante la época Nazista; o porque al otorgarle la excepción resultaría en consecuencias adversas en las relaciones con el exterior.

Ejemplos de delitos graves:

Violación y abuso sexual de un menor

Blanqueo o lavado de fondos/transacciones de propiedades si los fondos exceden $10,000

Delitos violentos, por los cuales la condena es de un año o más

Robo, por el cual se cumple un año o más

Contrabando de personas, por el cual la condena es de un año o más (excepción: contrabando de cónyuge, hijos o padres)

Falsificación de pasaporte, por el cual la condena es de un año o más

Es importante notar que estos delitos echan a perder toda posibilidad de inmigrar en el futuro, no importa la injusticia que pudiera resultar, y aseguran la expulsión de residentes permanentes de los Estados Unidos.

LEGISLACIÓN ESPECIAL PARA PREVENIR LA DEPORTACIÓN

La suspensión de una orden de expulsión también puede ser solicitada por medio de un proceso llamado *proyecto de ley privado* (*private bill process*). Mediante este proceso, una petición especial (el proyecto de ley) es presentada, ya sea ante la Cámara de Representantes o ante el Senado, solicitando al Congreso intervenir y detener el proceso de deportación. La presentación del proyecto de ley no cancela el proceso de deportación automáticamente.

Un extranjero que procura evitar la deportación bajo el proceso de proyecto de ley privado deberá presentar su caso a un miembro del Senado o ante la Cámara de Representantes. Si el senador o representante cree que el extranjero tiene una razón auténtica para no ser deportado, presenta el proyecto de ley ante el Congreso a nombre del extranjero. Si el extranjero está representado por un abogado, éste puede plantear el asunto ante el Comité Judicial y someter prueba documental relacionada con el caso. Posteriormente, el Comité Judicial de la cámara donde se presentó el proyecto de ley lo revisa. La mayoría de estos proyectos de ley son presentados ante la Cámara de Representantes.

Si el extranjero se encuentra en los Estados Unidos y está solicitando un proyecto de ley privado para eludir la deportación, éste deberá contener la siguiente información: nombre, edad, lugar de nacimiento, domicilio en los Estados Unidos, fecha y lugar de su entrada más reciente a este país, ubicación del consulado estadounidense donde obtuvo su visa y su clasificación al momento de la solicitud. Toda la documentación con relación a su ocupación e historial de empleos también debe ser presentada, junto con los nombres y domicilios de todos los familiares que radican en los Estados Unidos y en el exterior, la clasificación migratoria de los mismos y las fechas en que ingresaron al país, documentados o no.

Si el Congreso aprueba el proyecto de ley privado, el mismo será ratificado como ley y se convertirá en un mandato ejecutivo que será respetado por el INS. Esto significa que el extranjero no será expulsado. Si el Congreso no lo aprueba, el extranjero será expulsado según las leyes de deportación. Si el extranjero se encuentra fuera de los Estados Unidos y el Congreso no aprueba el proyecto de ley, su petición de visa será negada según las leyes de inmigración.

El recurso de proyectos de ley privados no será permitido a menos que todos los otros recursos o posibilidades para inmigrar hayan sido agotados. En otras palabras, el extranjero debe empezar primero con los procedimientos de inmigración antes de recurrir a un proyecto de ley privada.

El Congreso ha impuesto un criterio sumamente estricto en relación a proyectos de ley privados, los cuales requieren constancia de dificultades extremas, y por lo general no está dispuesto a ayudar en casos relacionados con las drogas.

La presentación de un proyecto de ley privado puede resultar en la terminación de la clasificación de una persona de extranjero no inmigrante. En dicho caso, si el Congreso no favorece el proyecto, el extranjero podrá retirarlo, reteniendo su clasificación de no inmigrante por el resto del tiempo indicado en su visa o podrá salir de los Estados Unidos voluntariamente. En la mayoría de los casos, el proyecto no puede ser presentado por un extranjero que ha solicitado la modificación de su clasificación migratoria o que entró al país de forma ilegal sin inspección.

Para más información acerca del proceso de proyecto de ley privado, estudie las reglas del Senado y de la Cámara de Representantes, publicadas en *Interpreter Releases 597–602 (5-3-93)*, o comuníquese con un abogado especializado en asuntos de inmigración.

LA INMIGRACIÓN Y EL MATRIMONIO

Un extranjero que procura la clasificación de residente permanente a través del matrimonio con un ciudadano de los Estados Unidos o un residente permanente, o que viene a los Estados Unidos como el prometido o prometida no inmigrante de un ciudadano para después solicitar la clasificación de residente permanente, le será otorgada la clasificación de residente condicional por dos años. Si después de los dos años la pareja continúa casada, el extranjero puede solicitar la residencia permanente. Esto se debe hacer dentro de noventa días antes del segundo aniversario. Si el matrimonio se disuelve antes de los dos años, salvo por la muerte de un cónyuge o porque un cónyuge es víctima de maltrato físico y emocional, el matrimonio se considera fraudulento, con el único objetivo de obtener algún beneficio de inmigración. En esta situación, termina la clasificación de residente y comienzan los procedimientos de deportación.

Si la solicitud para modificar la clasificación migratoria no se presenta, la clasificación de residente se dará por terminada y comenzarán los procedimientos de deportación. La pareja es llamada a una entrevista y deberá demostrar que el matrimonio es solvente y no fue formado solamente con el propósito de recibir el beneficio de inmigrar.

El matrimonio fraudulento trae consigo severas penalidades. Una persona convicta de haberse casado para evadir las leyes de inmigración de los Estados

Unidos puede ser multada o enviada a prisión. A toda persona convicta de casarse fraudulentamente se le negará la clasificación de residente permanente, incluso si más tarde contrae matrimonio de buena fe con un ciudadano o residente permanente de los Estados Unidos.

La ley de inmigración de los Estados Unidos restringe la modificación de la clasificación de un extranjero que contrae matrimonio durante el procedimiento de deportación o exclusión. La ley asume que los extranjeros que se casan durante este período lo hacen solamente con propósitos de inmigrar. Para superar esta presunción el aplicante deberá adjuntar a la petición una solicitud de excepción, acompañada de documentos que demuestren que el matrimonio es genuino (*bona fide*).

La ley de inmigración trata el fraude en asuntos de matrimonio muy seriamente. Un extranjero que está considerando casarse con un ciudadano o residente permanente de los Estados Unidos, o que haya entrado al país como prometido o prometida no inmigrante, debe asegurarse de cumplir con todos los requisitos de inmigración para el matrimonio y de presentar las solicitudes y documentos debidos en las fechas requeridas. Si es necesario, el extranjero debe consultar con un abogado que se especialice en leyes de inmigración.

DERECHOS Y OBLIGACIONES DE LOS EXTRANJEROS

Los extranjeros no tienen necesariamente los mismo derechos ni protección que tienen los ciudadanos de los Estados Unidos que les otorga a la Constitución. La Ley Federal de Derechos Civiles de 1964 declaró ilegal la discriminación de personas por razones de edad, raza, género religión u origen nacional. Sin embargo, no ofrece protección a los extranjeros como grupo tal.

DERECHO DE EMPLEO

La Ley de Inmigración y Control de 1986 (IRCA en inglés) se promulgó para permitirle a los extranjeros con residencia prolongada en los Estados Unidos obtener la clasificación de residentes permanentes. Conocido mejor como el programa de amnistía, el IRCA legalizó la clasificación provisional de residentes extranjeros calificados, refugiados y personas en los Estados Unidos que estaban solicitando asilo, y confirmó la clasificación de residentes permanentes como *ciudadanos intencionales* (*intending citizens*), que es la definición legal asignada a estos grupos. Como parte del IRCA, esas personas a quienes se les otorgó una clasificación legal, a la misma vez fueron protegidas por las leyes que prohíben a empresas participar en prácticas de empleo ilícitas relacionadas con la inmigración y basadas en la ciudadanía.

Los extranjeros deben obtener la autorización del INS para poder trabajar en los Estados Unidos, y todo extranjero que trabaje sin antes obtener dicha autorización puede ser expulsado por infringir las reglas que gobiernan su clasificación como extranjero.

Bajo el IRCA de 1986, a cada empleador en los Estados Unidos se le prohíbe emplear a un extranjero que no haya recibido la autorización necesaria del INS para trabajar (8 U.S.C. §1324a). Una compilación estricta de datos es requerida de los empleadores, y todo solicitante de empleo está obligado a proveer prueba de su derecho a trabajar dentro de tres días de la fecha en que fue contratado. Todo patrón que emplee a una persona y luego descubra no está autorizada para trabajar en los Estados Unidos tiene la obligación de despedir al extranjero, a menos que haya sido contratado antes del 6 de noviembre de 1986 (8 U.S.C. §§1324a[a][3], 1324a[1][3]). El extranjero que utilice documentos fraudulentos para obtener empleo está sujeto a ser expulsado. Si un empleador le proporciona trabajo a un extranjero, con el conocimiento que éste utilizó documentos falsos para comprobar su clasificación con autorización de empleo, será castigado según las disposiciones de la ley federal con una multa de hasta $3,000 por cada infracción y hasta con seis meses de cárcel (8 U.S.C. §1324c).

Las cortes han decretado que el gobierno federal puede negar empleo a toda persona que no sea un ciudadana y a extranjeros que se les tenga prohibido desempeñar ciertos trabajos a nivel estatal y municipal, particularmente cuando el trabajo implica responsabilidad pública o política.

Los empleadores privados pueden negarle empleo a extranjeros si el empleador tiene tres empleados o menos, si se le prohíbe proporcionarle empleo a extranjeros por acuerdos contractuales con el gobierno federal, estatal o municipal, o si el empleador le da preferencia a un ciudadano estadounidense sobre un extranjero con similares calificaciones que esté protegido por el IRCA (8 U.S.C. §1324b[a][2], [4]).

Todo extranjero, incluso el que radica en los Estados Unidos ilegalmente y a quien también se conoce como extranjero indocumentado, está protegido por la Ley de Prácticas Justas de Empleo (*Fair Labor Standards Act*) y se le deberá pagar el sueldo mínimo establecido por la ley federal.

Categorías de empleo para extranjeros

Existen tres categorías de extranjeros autorizados para trabajar en los Estados Unidos:

1. Los extranjeros que están autorizados para trabajar para cualquier empleador de acuerdo con su clasificación migratoria legal y que posteriormente deberán solicitar un documento de autorización de empleo (*employment authorization document*, EAD en inglés) para comprobar que

están autorizados para trabajar; un recibo indicando que el extranjero ha presentado su solicitud para recibir un EAD es suficiente prueba de su derecho de empleo durante noventa días (los residentes permanentes y temporales no necesitan solicitar un EAD).

2. Los extranjeros autorizados para trabajar con un empleador específico, incluyendo aquellos que han sido auspiciados por un empleador en particular se incluyen en esta categoría; estos empleados no necesitan solicitar un EAD, ya que su documento de entrada está sellado con la autorización necesaria.

3. Los extranjeros que deben obtener permiso expreso para trabajar en un empleo en particular, ya que su clasificación no les otorga autorización, y no pueden trabajar hasta que reciban un EAD del INS.

Derecho a beneficios de bienestar público y de educación

En los Estados Unidos, algunos programas de bienestar público son administrados por el gobierno federal y otros por el estatal. La Ley de Reforma del Bienestar Público de 1996 (*Welfare Reform Act of 1996*) establece claramente que a quienes se le otorgue la clasificación de ciudadanos permanentes no se les permitirá el acceso a programas de bienestar público, incluyendo la preclusión a residentes de edad avanzada a los beneficios de ingresos suplementarios del seguro (SSI en inglés). Los extranjeros pueden ser excluidos de programas de bienestar público tanto a nivel federal como estatal; varios estados han promulgado leyes que prohíben a extranjeros de recibir beneficios de asistencia pública. Las cortes han confirmado estas restricciones a beneficios para extranjeros cuando el estado ha demostrado que dichas restricciones promueven un interés estatal importante.

La Corte Suprema se ha opuesto a confirmar leyes estatales que prohíben que los extranjeros indocumentados a asistan a escuelas públicas. Aunque este asunto está lejos de resolverse, la actitud general ha sido de que los mejores intereses de la nación son fomentados si todos los residentes, tanto legales como ilegales, reciben educación académica.

Derecho a poseer bienes inmuebles

El derecho que tienen los extranjeros a poseer bienes inmuebles en los Estados Unidos no ha sido definido con exactitud. Debido a que las leyes federales permiten a los estados regular el uso de la tierra y administrar el derecho a la propiedad, cada uno de ellos tiene leyes diferentes respecto al derecho que tienen los extranjeros a poseer bienes inmuebles y a la adquisición de los mismos por parte de extranjeros no residentes y corporaciones extranjeras. Algunos estados prohíben determinantemente la venta de propiedades a extranjeros y otros limitan el porcentaje de patrimonio.

A los extranjeros se les puede prohibir la posesión de estaciones de radio y de televisión.

La regulación estatal sobre la posesión de bienes por parte de extranjeros está sujeta a la constitución federal. En Arizona no existen disposiciones estatutarias en relación a la posesión de propiedad. En Florida, la propiedad, herencia, distribución y posesión de bienes inmuebles por parte de extranjeros que no son elegibles para la ciudadanía puede ser regulada o prohibida por ley (Const. Art. Sec. 1 §2). Sin embargo, a un extranjero indocumentado en Florida le es permitido heredar propiedades. En California, Illinois, Nuevo México, Nueva York y Tejas, todo extranjero puede poseer propiedades al igual que un ciudadano. El derecho de un extranjero a heredar propiedades puede ser restringido.

ARMAS DE FUEGO

Es contra la ley que un extranjero indocumentado envíe, transporte entre estados o al exterior, posea o negocie armas de fuego o munición, o reciba armas de fuego o munición que hayan sido enviadas o transferidas a través del comercio interestatal o internacional. Los extranjeros que se encuentren en los Estados Unidos ilegalmente no pueden, como empleados, recibir, poseer o transportar armas de fuego o munición que de alguna forma afecten el comercio interestatal.

Todo extranjero que después de ingresar a los Estados Unidos sea encontrado culpable de infringir una ley sobre la compra, venta, oferta de venta, uso, posesión, intercambio, tenencia o porte, o atentar o conspirar para la compra, oferta de venta, intercambio, uso, posesión o porte de cualquier arma puede ser deportado.

EXENSIÓN DE HOGAR DE FAMILIA (*HOMESTEAD*)

Toda persona que reside en los Estados Unidos es elegible para la exensión de su residencia familiar. Las leyes sobre el hogar de familia le permiten a una persona registrar una porción de su bienes personales e inmuebles como "exensión de residencia familiar" de tal manera que los acreedores no pueden embargar o quitarle esa propiedad si la situación económica se deteriora (vea el Compendio multiestatal sobre exensión de la residencia familiar, página 106).

DERECHO AL TRABAJO

Los extranjeros admitidos legalmente en los Estados Unidos tienen derecho a trabajar y participar en empresas y el comercio en general. Una clasificación del formulario I-94 de no inmigrante determina si a un extranjero no inmigrante le es permitido trabajar (20 C.F.R. 422 §105). Los extranjeros no inmigrantes son admitidos legalmente por estadías temporales para cumplir con propósitos específicos.

Los estados, bajo la Décimocuarta Enmienda, pueden exigir la ciudadanía como requisito para llenar ciertas posiciones gubernamentales relacionadas con la toma de decisiones discrecionarias. Por ejemplo, el requisito de ciudadanía ha sido confirmado por las cortes para fungir como agente de policía (*Foley v. Connelie,* 435 U.S. 291), para maestro escolar (*Ambach v. Norwick,* 99 S.Ct. 1589) y para funcionario del orden público (*Cabell v. Chavez-Salido,* 454 U.S. 432).

NÚMERO DE SEGURO SOCIAL

Un número de Seguro Social puede ser asignado a los extranjeros admitidos legalmente a los Estados Unidos como residentes permanentes, a extranjeros admitidos como refugiados y a extranjeros que se les ha otorgado asilo o estadía temporal (20 C.F.R. §422.104).

BENEFICIOS DE DESEMPLEO

Arizona, California, Florida, Illinois, Nuevo México, Nueva York y Tejas requieren que la persona sea ciudadana o esté admitida legalmente mientras trabaja para que sea elegible para recibir beneficios de desempleo.

ACCESO A LAS CORTES

Los extranjeros que han sido admitidos a los Estados Unidos legalmente tienen los mismos derechos y acceso a las cortes estatales que tienen todos los ciudadano de los Estados Unidos. Los extranjeros que no hayan entrado a los Estados Unidos legalmente también tienen derecho a presentar demandas en las cortes estatales, porque la cuestión legal de importancia es la residencia y no la nacionalidad. Por lo tanto, si una persona reside en cierto condado, puede presentar una demanda en la corte estatal apropiada y localizada en esa jurisdicción.

LEY DE REFORMA DEL BIENESTAR PÚBLICO DE 1996

Recientemente el Congreso hizo las siguientes declaraciones respecto a la política nacional sobre el bienestar público y la inmigración: "La autosuficiencia ha sido un principio básico de la ley de inmigración de los Estados Unidos, comenzando por los estatutos de inmigración más antiguos". Hoy en día la política de inmigración de los Estados Unidos continúa siendo que los extranjeros dentro de sus fronteras no dependan de recursos públicos para satisfacer sus necesidades sino de sus propias habilidades, de los recursos de sus familiares, de auspiciadores y de entidades privadas; la disponibilidad de recursos públicos no debe constituir un incentivo para la inmigración a los Estados Unidos.

Un extranjero que no está calificado no es elegible para recibir asistencia pública federal. Un *extranjero calificado* (*qualified alien*) dentro de los Estados Unidos significa:

Un extranjero que está admitido legalmente para obtener residencia permanente según la Ley de Inmigración y Naturalización

Un extranjero a quien se le concedió asilo según la sección 208 de dicha ley

Un refugiado que es admitido en los Estados Unidos según la sección 207 de dicha ley

Un extranjero que ingresó provisionalmente a los Estados Unidos según la sección 212 (d) (5) de dicha ley por un período de por lo menos un año

Un extranjero cuya deportación está siendo detenida según la sección 243 (h) de dicha ley

Un extranjero que ingresó condicionalmente según la sección 203 (a) (7) de dicha ley antes del 1ero. de abril de 1980

El bienestar público federal se define como todo subsidio, contrato, préstamo, licencia profesional, licencia comercial proporcionada por una agencia federal o que proviene de fondos federales; todo beneficio de retiro o jubilación, bienestar público, salubridad, incapacidad, vivienda pública o subsidiada, educación postsecundaria, ayuda alimenticia, beneficios de desempleo u otro beneficio similar por el cual pagos o asistencia le les son asignados a un individuo, hogar o familia por una agencia federal de los Estados Unidos o que proviene de fondos federales.

Los extranjeros que no son extranjeros calificados son elegibles para los siguientes beneficios:

Asistencia médica bajo el Título XIX de la Ley del Seguro Social para el cuidado y servicios necesarios para el tratamiento de una enfermedad de emergencia del extranjero, excluyendo trasplantes de órganos, siempre y cuando el extranjero califique para asistencia médica bajo el plan estatal aprobado bajo dicho título

Asistencia de emergencia, a corto plazo, en casos de desastres, en especie y no en efectivo

Asistencia de salud pública para inmunizaciones y para el examen y tratamiento de síntomas de enfermedades contagiosas, sean o no causados por enfermedades contagiosas

Programas, servicios o asistencia, tales como alimentación para desampara-
dos, consejería e intervención social en situaciones críticas, y viviendas provisionales designados por el procurador general

Programas de vivienda o asistencia para el desarrollo de la comunidad, o asistencia económica administrada por el Departamento de Vivienda y Desarrollo Urbano, Programa V de la Ley de Vivienda de 1949 o bajo la Ley de
Desarrollo Rural y Fincas Consolidadas, de forma que el extranjero reciba el
beneficio en la fecha en que esta ley fue establecida

Un estado está autorizado para determinar la elegibilidad de un extranjero
calificado para un programa federal designado. Los programas federales designados son la Asistencia Provisional para Familias Necesitadas, el Subsidio Conjunto de Servicios Sociales y Medicaid. Los extranjeros calificados no son
elegibles para programas federales especificados que incluyan estampillas de alimentos e Ingreso Suplementario. Los siguientes son los extranjeros calificados
que sí son elegibles para programas federales designados:

Refugiados y asilados; esto no se aplica a un extranjero hasta cinco años después de que:
> un extranjero es admitido a los Estados Unidos como refugiado según la
> sección 207 del INA
> un extranjero que se le ha concedido asilo según la sección 208 de dicha ley
> un extranjero cuya deportación es suspendida según la sección 243(h) de
> dicha ley

Ciertos extranjeros que son residentes permanentes
> que son legalmente admitidos en los Estados Unidos para obtener residen-
> cia permanente según la INA
> que han trabajado durante cuarenta trimestres de cobertura calificada,
> según el Titulo II de la Ley del Seguro Social o que pueden ser acredi-
> tados con dichos trimestres calificados según las disposiciones de la sec-
> ción 435, y si el trimestre calificado es acreditado para un período
> comenzando el 31 de diciembre del 1996, dichos extranjeros no hayan
> recibido ninguna asistencia pública basada en necesidad durante dicho
> período

Veteranos y personal militar tales como
a. veteranos con licencia caracterizada como licencia honrosa y no por su
   clasificación migratoria de extranjero
b. miembros de las fuerzas armadas en servicio activo
c. el cónyuge o hijos menores no casados de un inviduo descrito en los incisos (a) y (b)

PROHIBICIÓN DE BENEFICIOS DE CINCO AÑOS
PARA INMIGRANTES LEGALES

Un extranjero calificado que entra a los Estados Unidos en la fecha de la nueva Ley de Reforma del Bienestar Público o después no es elegible para ningún programa de bienestar público basado en necesidad durante un período de cinco años a partir de la fecha de entrada a los Estados Unidos. Esta limitación excluye a:

Refugiados y asilados; esto no se aplica hasta cinco años después de que:
un extranjero es admitido a los Estados Unidos como refugiado según la sección 207 del INA
a un extranjero se le ha otorgado asilo según la sección 208 de dicha ley un extranjero cuya deportación es suspendida según la sección 243(h) de dicha ley

Veteranos y personal militar licenciado del ejército con honores y no por su condición de extranjero.
miembros de las fuerzas armadas en servicio activo; y
cónyuges o hijos menores no casados de refugiados y asilados de un individuo descrito en los incisos (a) y (b)

Las limitaciones mencionadas no se aplican a los siguientes beneficios o asistencia:

Asistencia médica según el Título XIX de la Ley del Seguro Social, para el cuidado y servicios necesarios para el tratamiento de una afección médica de emergencia que no estén relacionados a un procedimiento de trasplante de órganos, siempre y cuando el extranjero califique para asistencia médica bajo el plan estatal aprobado bajo dicho título

Asistencia de emergencia, a corto plazo, en casos de desastres, en especie y no en efectivo

Asistencia o beneficios según la Ley Nacional sobre Almuerzos Escolares (*National School Lunch Act*)

Asistencia o beneficios según la Ley sobre Nutrición de Menores de 1996 (*Child Nutrition Act of 1996*)

Asistencia de salud pública para inmunizaciones con respecto a enfermedades inmunizables y para el examen y tratamiento de síntomas de enfermedades contagiosas, sean o no estos síntomas causados por una enfermedad contagiosa

Pago por cuidado de padres de crianza (*foster care*) y asistencia para adopciones según la Ley del Seguro Social para un padre o un menor que sin restric-

ciones serían elegibles para recibir dichos pagos a nombre del menor únicamente si el padre de crianza o el adoptivo es un extranjero calificado

Programas, servicios o asistencia designados por el procurador general

Programas de asistencia para estudiantes según la Ley de Educación Avanzada de 1965 (*Higher Education Act of 1965*) y la Ley Sobre Servicios de Salud
Pública (*Public Service Health Act*)

Beneficios según la Ley de Ayuda Temprana para Niños (*Head Start*)

Beneficios bajo la Ley de Consorcio de Entrenamiento Laboral (*Job Training
Partnership Act*)

IMPUESTOS

A todos los extranjeros legales o ilegales se les exige pagar impuestos sobre sus
ingresos mientras vivan y trabajen en los Estados Unidos. A los extranjeros considerados como residentes permanentes se les exige pagar impuestos a la Tesore-
ría de los Estados Unidos por ingresos recibidos de cualquier fuente en cualquier
país del mundo. Una vez que una persona se hace residente permanente, está
obligada a pagar impuestos sobre todos sus ingresos aun si no está presente en los
Estados Unidos ni siquiera un día durante el año tributable. Antes de que un residente permanente pueda ser exonerado de su obligación de pagar impuestos
sobre sus ingresos mundiales, deberá renunciar oficialmente a su clasificación de
residente permanente.

A todo residente permanente se le obliga a pagar impuestos desde el primer
día que ingresa a los Estados Unidos como residente permanente, y cada solicitante de residencia permanente deberá presentar, junto con su solicitud, una
declaración respecto a su clasificación como contribuyente.

Un extranjero que tiene una tarjeta verde (*green card*) es considerado residente
permanente. Sin embargo, los extranjeros no inmigrantes también pueden ser
clasificados como residentes permanentes para propósitos tributarios bajo una de
varias fórmulas contenidas en el Código de Rentas Internas (*Internal Revenue
Code*). Estas fórmulas son bastante complicadas y usualmente requieren la asistencia de un abogado o asesor profesional de impuestos para su interpretación.
Sin embargo, por lo general, existen dos pruebas básicas que son utilizadas:

1. La prueba de ciento ochenta y tres días; bajo ésta, todo extranjero que haya
   estado presente en los Estados Unidos durante ciento ochenta y tres días
   días se le exigirá pagar impuestos como residente de los Estados Unidos.
   Los ciento ochenta y tres días no tienen que ser continuos. Existen alguna
   excepciones y toda persona que no esté segura de estar dentro de una de
   estas clasificaciones debe solicitar asesoría profesional.

2. La prueba de presencia cumulativa; esta prueba requiere que todo extranjero que haya estado presente en los Estados Unidos por cierto número de días durante un período de tres años pague impuestos sobre sus ingresos a nivel mundial.

Los extranjeros no residentes pagan treinta por ciento de impuestos sobre ingresos recibidos de fuentes en los Estados Unidos, incluyendo ganancias sobre la venta de bienes inmuebles e ingresos asociados con empresas o comercios en los Estados Unidos, incluyendo rentas y dividendos.

EXTRANJEROS EMPLEADOS COMO TRABAJADORES DE SERVICIOS PERSONALES EN LOS ESTADOS UNIDOS

Todos los extranjeros empleados como trabajadores en servicios personales—sirvientas, niñeras, mayordomos, etc.—están obligados por ley a pagar impuestos, incluyendo impuestos sobre el Seguro Social y compensación por beneficios de desempleo. Sin importar que el extranjero sea residente o no para propósito de impuestos, el empleador de éste está obligado a deducir los impuestos requeridos del salario de los empleados y a entregar las cantidades deducidas a las agencias gubernamentales apropiadas.

SERVICIO MILITAR Y ALISTAMIENTO

Los extranjeros pueden servir en las fuerzas armadas de los Estados Unidos. A todo extranjero que preste dicho servicio, le será permitido hacerse ciudadano bajo disposiciones especiales y le será permitido ingresar a los Estados Unidos sin requerírsele una visa durante el tiempo que esté activo en el servicio militar (8 U.S.C. §§1439, 1440, 1354).

Debido a que los extranjeros pueden ser reclutados para prestar servicio militar, todo extranjero que abandona a los Estados Unidos para evitar ser llamado a filas puede ser excluido permanentemente de entrar al país (8 U.S.C. §1182[a][22]).

A todo extranjero que se le haya sido concedido la clasificación de residente permanente y está entre los dieciocho y veintiséis años de edad se le exige registrarse con el Sistema de Servicio Selectivo Obligatorio (*Selective Service System*). Si no lo hace, estará excluido de obtener la naturalización hasta que cumpla los treinta y uno años de edad, debido al requerimiento de cinco años de buena conducta moral que conlleva la solicitud para la naturalización.

Derechos políticos

La ciudadanía estadounidense está restringida a personas nacidas en los Estados Unidos, a aquellos que se han hecho ciudadanos naturalizados y a quienes el Congreso ha otorgado la ciudadanía. La ciudadanía estatal está gobernada por cada estado individualmente; sin embargo, ningún estado permite que un individuo que no sea ciudadano vote, funja en una posición política o sirva de jurado.

Naturalización y ciudadanía

Los extranjeros que entran a los Estados Unidos frecuentemente llegan con el deseo de hacerse ciudadanos estadounidenses, pero no existe requerimiento alguno para que lo hagan, no importa cuánto tiempo deseen vivir en los Estados Unidos. Algunos extranjeros deciden no hacerse ciudadanos estadounidenses porque su país natal pudiera prohibir la doble ciudadanía.

La naturalización es el proceso por el cual toda persona que no haya nacido en los Estados Unidos puede hacerse ciudadano estadounidense. Las disposiciones del INS para obtener la naturalización gobiernan a todo extranjero no nacido en los Estados Unidos.

Los requisitos que deberán cumplirse antes de que un extranjero pueda hacerse ciudadano naturalizado son:

1. Ingreso legal a los Estados Unidos como residente permanente, a menos que el extranjero haya servido activamente en las fuerzas armadas durante un período de guerra.
2. Residencia continua en los Estados Unidos de por lo menos cinco años inmediatamente antes de la solicitud de naturalización; el requerimiento de residencia para el cónyuge de un ciudadano estadounidense es de tres años; la residencia continua es un principio legal y no es lo mismo que estar presente físicamente; sin embargo, la ausencia física por un año o más violaría el requerimiento de residencia continua, excepto en situaciones específicamente definidas.
3. Presencia física en los Estados Unidos por un total de la mitad del tiempo requerido para la residencia. Para la mayoría de extranjeros esto significa dos años y medio antes de presentar la solicitud; para el cónyuge de un ciudadano el tiempo es de año y medio.
4. Residencia de por lo menos tres meses en el estado donde es presentada la solicitud para naturalización.
5. Capacidad de leer, escribir y hablar inglés ordinario. Las personas sin la capacidad física de aprender inglés, aquellos con más de cincuenta años y que han residido en los Estados Unidos como residentes permanentes lega-

les por lo menos veinte años antes de presentar una solicitud para naturalización y las personas mayores de cincuenta y cinco años que han residido en los Estados Unidos por lo menos quince años desde que se hicieron residentes permanentes están ser exentos de hablar inglés para ser elegibles. La ceguera y la sordera son considerados impedimentos físicas legítimos, pero la edad avanzada o inteligencia limitada no lo son.

6. Conocimiento y comprensión de los fundamentos de la historia y el gobierno de los Estados Unidos. La *Publicación federal sobre la ciudadanía* (*Federal Citizenship Textbook Series*) es la fuente preferida para las preguntas que utilizan los examinadores del INS para establecer que los solicitantes han cumplido con este requisito.

7. El buen carácter moral y una adhesión a los principios de la Constitución de los Estados Unidos y la disposición adecuada para el buen funcionamiento y prosperidad de los Estados Unidos. Las personas de afiliación comunista están excluidas por ley para hacerse ciudadanos naturalizados. Un aplicante para la naturalización que es elegible para prestar servicio militar tiene que comprobar que se ha alistado (*Selective Service*).

8. La residencia continua en los Estados Unidos desde la fecha de su solicitud para obtener la naturalización hasta la fecha en que se otorgue la ciudadanía. La residencia continua no significa que el solicitante tenga que estar físicamente presente durante todo ese tiempo, sino que mantenga un domicilio permanente en los Estados Unidos, adonde tiene intenciones de regresar.

9 La intención de residir permanentemente en los Estados Unidos; un ciudadano naturalizado sin la intención de residir permanentemente en los Estados Unidos en el momento de su admisión como ciudadano puede ser desnaturalizado.

10. Tener dieciocho años de edad en el momento en que fue entregada la solicitud de naturalización, excepto los menores naturalizados junto con sus padres (8 U.S.C. §§1423, 1427, 1429, 1451, 1455).

EXTRANJEROS QUE NO SON ELEGIBLES PARA LA NATURALIZACIÓN

La ley de inmigración y naturalización define tres categorías de personas que no son elegibles:

1. Anarquistas y comunistas. Los extranjeros que promueven el derrocamiento del gobierno de los Estados Unidos, que publican tal filosofía o que apoyan activamente a uno de esos grupos no pueden hacerse ciudadanos (8 U.S.C. §1424); la afiliación previa o pasiva con una organización comunista no impedirá automáticamente la admisión como ciudadano naturalizado.

2. Desertores del servicio militar y los que evaden el alistamiento militar obligatorio. Los extranjeros que han sido convictos por una corte militar por

ser desertores del servicio militar o que abandonan la jurisdicción de los Estados Unidos para evitar ser reclutados, están excluidos para hacerse ciudadanos naturalizados. Algunas exenciones se aplican a personas que prestaron servicio militar en su país natal.

3. Los extranjeros que tienen procedimientos de deportación o que están sujetos a una orden final. Todo extranjero a quien se le haya notificado una orden final de deportación está excluido, a menos que pertenezca a las fuerzas armadas de los Estados Unidos y haya servido honrosamente durante tres años o haya prestado servicio militar durante un período de hostilidades.

PROCESO DE SOLICITUD PARA HACERSE CIUDADANO NATURALIZADO

La Ley de Inmigración de 1990 modificó el procedimiento de la naturalización de un acto legal que solamente podía ser llevado a cabo en una corte federal a uno administrativo bajo la autoridad del procurador general y del INS (8 U.S.C. §§1443–1450).

El procedimiento para obtener la naturalización requiere que el extranjero: complete y presente una solicitud al INS (la información en la solicitud le permitirá la oportunidad al INS de determinar si el solicitante llena los requisitos legales para la naturalización) y complete una entrevista con un representante del INS. En la entrevista, el examinador interrogará al aplicante sobre la información contenida en la solicitud, y confirmará su capacidad de hablar, leer y escribir inglés y su conocimiento del gobierno e historia de los Estados Unidos. Durante la entrevista, el examinador le pedirá al solicitante que afirme bajo juramento la veracidad de la información contenida en la solicitud. Si el examinador aprueba la solicitud, el solicitante puede prestar su juramento de naturalización en ese momento o puede participar en una ceremonia judicial donde el juramento es administrado.

NEGACIÓN DE UNA SOLICITUD

Si una solicitud de naturalización es negada, el solicitante puede apelar la decisión por medio de una audiencia con el INS. Si el INS nuevamente la niega, el solicitante puede apelar el caso a una corte del distrito federal.

DERECHOS Y RESPONSABILIDADES DE LA CIUDADANÍA

La Decimocuarta Enmienda de la Constitución define la ciudadanía así: "Todas las personas nacidas o naturalizadas en los Estados Unidos y sujetas a su jurisdicción son ciudadanas de los Estados Unidos y del Estado donde residen".

Una vez que una persona es elegible y se hace ciudadano de los Estados Unidos, es libre de entrar a los Estados Unidos sin tener que obtener permiso y tiene derecho absoluto a vivir y trabajar en este país.

A todo ciudadano naturalizado el INS le otorga un certificado de naturalización como evidencia de su ciudadanía estadounidense. Después de otorgársele el certificado, puede solicitar un pasaporte, que le permite viajar al exterior y regresar sin necesidad de visa.

Un ciudadano naturalizado puede votar en elecciones nacionales, estatales y municipales, y servir como miembro de un jurado.

PÉRDIDA DE LA CIUDADANÍA

DESNATURALIZACIÓN

A todo extranjero que comete fraude, omite información importante o da información falsa al solicitar la naturalización se le puede cancelar su clasificación de naturalización mediante un procedimiento conocido como desnaturalización. El procedimiento de desnaturalización es iniciado por el procurador general y es presentado en la corte de distrito federal. No existe un término de prescripción para que el gobierno dé comienzo al procedimiento. Aun si un ciudadano ha estado naturalizado por muchos años, puede ser desnaturalizado si el gobierno descubre años después que presentó información falsa en su solicitud de naturalización.

EXPATRIACIÓN

La expatriación es la pérdida de la ciudadanía estadounidense. Un ciudadano estadounidense puede estar sujeto a la expatriación tanto por sus intenciones como por sus acciones. El INS enumera varias categorías de acciones que constituyen la expatriación y que dan lugar a la expatriación solamente si son cometidas voluntariamente y con la intención de renunciar la ciudadanía. Estas incluyen:

Naturalización en otro país cuando la persona tiene más de dieciocho años de edad y la naturalización es solicitada por ella

Prestar servicio militar en un país extranjero que está implicado en hostilidades contra los Estados Unidos

Prestar servicio en una posición gubernamental en un país extranjero que requiera el juramento de fidelidad a la bandera de dicho país

Hacer una renuncia formal de la ciudadanía estadounidense ante un consulado fuera de los Estados Unidos o en cualquier lugar, si los Estados Unidos ha declarado guerra

Cometer un acto de traición, intentar derrocar el gobierno de los Estados Unidos o portar armas contra éste

DOBLE CIUDADANÍA

Los Estados Unidos no favorece la doble ciudadanía (*dual citizenship*). La Ley de Inmigración y Naturalización considera la naturalización de un ciudadano estadounidense en un país extranjero como un acto sujeto a la expatriación. Cuando una persona está naturalizada en los Estados Unidos, tiene que tomar un juramento, y ese juramento contiene la renuncia de fidelidad a todos los otros países.

Cuando un ciudadano de los Estados Unidos se hace ciudadano naturalizado de otra nación, está sujeto a ser expatriado, perdiendo así la ciudadanía. Sin embargo, algunos ciudadanos de los Estados Unidos pueden tener doble ciudadanía simplemente porque las leyes de un país extranjero permiten que una persona nacida en los Estados Unidos, que por ley es ciudadana estadounidense, pueda también ser ciudadana del país de origen de sus padres.

Una persona nacida en otro país y de padres que son ciudadanos estadounidenses puede ser ciudadana tanto del país donde nació como de los Estados Unidos.

CONCLUSIÓN

Los asuntos de inmigración, naturalización y ciudadanía son complejos y han sido modificados considerablemente durante los últimos años. Se le aconseja a toda persona que enfrente un asunto migratorio a consultar con un abogado que se especialice en esa rama.

En California, los consultores de inmigración—*que no tienen que ser abogados*—son regulados por el Departamento de Asuntos del Consumidor del estado (vea la sección sobre "Consultores en asuntos de inmigración" en el capítulo de Ética profesional, página 92.

Figura 15-1: Diagrama sobre visas de no inmigrantes

Clasificación	Tipo de visa	Duración y extensiones disponibles
A	Funcionarios de países extranjeros y miembros de familia inmediata	Indefinida, dependiendo del Departamento de Estado. La determinación es basada en la duración de su clasificación oficial. Las exclusiones normalmente no aplican.
B	Visitantes que tienen una residencia extranjera permanente y tienen intenciones de regresar a su país de origen.	Temporalmente
B–1	Visitantes por asuntos de negocio	La lista de actividades permisibles incluye participación en conferencias y tomar órdenes o vender mercadería para su negocio en el país de origen. La duración es el tiempo necesario para completar la transacción, pero normalmente no se otorga por más de tres meses.
B–2	Turistas, extranjeros que visitan amigos y familiares, extranjeros de visita para obtener tratamientos médicos	Bajo el programa piloto de excepciones (VWPP, *Visa Waiver Pilot Program*) los cuidadanos de ciertos países pueden viajar a los Estados Unidos sin necesidad de obtener una visa. Sin embargo, todos los ciudadanos de América Litina deberán obtener una visa para entrar a los Estados Unidos legalmente. La visa es válida hasta que el extranjero se presenta al puente de entrada. El INS determinará por cuánto tiempo el extranjero permanecerá en los Estados Unidos. La mayoría de no inmigrantes B–2 pueden recibir extensiones y no pueden permanecer en los Estados Unidos más de noventa días.

Figura 15-1: Diagrama sobre visas de no inmigrantes (cont.)

Clasificación	Tipo de visa	Duración y extensiones disponibles
C	Viajeros de paso por los Estados Unidos hacia otro país	Período necesario para el tránsito por un máximo de veintinueve días; las extensiones son posibles, pero muy raras.
D	Miembros de tripulaciones de barcos o aeronaves.	Máximo de veintinueve días para de desembarcar temporalmente. Las extensiones no son posibles y la clasificación no puede ser modificada.
E	Ciudadanos de países que han firmado acuerdos o cuyos reglamentos otorgan a ciudadanos estadounidenses privilegios recíprocos para participar en el comercio o mercado de inversiones	El extranjero no necesita mantener una residencia en el exterior siempre y cuando tenga intenciones genuinas de salir cuando el período otorgado termine. La duración es inicialmente de un año, pero puede ser indefinida, dependiendo de la relación del extranjero al comercio o inversión que lo calificó para entrar al país.
F	Estudiantes con el propósito de estudiar a tiempo completo (*full-time*)	Requiere que el estudio sea aprobado por el procurador general, que sea un curso de estudio completo, que el estudiante tenga suficientes recursos para sostenerse, que mantenga su residencia en el extranjero, que sea competente en inglés o que esté inscrito en un curso para mejorar sus habilidades en el idioma y que tenga intenciones de regresar a su país de origen. La duración es por el tiempo que el extranjero se mantenga en su clasificación de estudiante, más períodos de entrenamiento práctico. El empleo a tiempo parcial (*part-time*) es permitido.

Figura 15-1: Diagrama sobre visas de no inmigrantes (cont.)

Clasificación	Tipo de visa	Duración y extensiones disponibles
G	Extranjeros que son representantes de organizaciones internacionales y/o sus asistentes personales o servidumbre	Indefinida, dependiendo de la certificación de la clasificación por el Departamento de Estado. Similar a la Visa A.
H–1A	Enfermeras profesionales	Restringida a enfermeras profesionales. La certificación profesional deberá ser comprobada; la petición deberá ser presentada por el empleador. Válida hasta por tres años, con extensiones hasta por cinco años; sin presunción de clasificación de inmigrante.
H–1B	Trabajadores de habilidades distinguidas (habilidades especiales)	Requiere habilidades especiales y por lo menos un título de bachillerato en la materia de peritaje o un título equivalente a un diploma de bachillerato en los Estados Unidos, o una licencia estatal sin restricciones o una certificación que facilitaría el empleo inmediato, educación o entrenamiento especial, o experiencia equivalente a un título de bachillerato. El empleador deberá presentar la petición. Máximo de seis años. Sin presunción de clasificación de no inmigrante.
H–2A	Trabajadores agrícolas temporales	El empleador deberá solicitar un permiso para contratar trabajadores temporales. Los trabajadores deberán regresar después de que el período otorgado expire; las extensiones hasta por un año son permitidas.

Figura 15-1: Diagrama sobre visas de no inmigrantes (cont.)

Clasificación	Tipo de visa	Duración y extensiones disponibles
H–2B	Trabajadores temporales no agrícolas	Trabajadores especializados y no especializados. El período inicial es determinado por la necesidad hasta un año, con extensiones otorgadas en incrementos de un año, pero que no excedan de tres años.
H–3	Aprendices en programas de entrenamiento autorizados	Puede ser entrenamiento en el salón de clase o entrenamiento práctico. El entrenamiento no puede estar disponible en su país de origen. La duración puede ser hasta por dos años.
I	Representantes de los medios de información	Miembros de buena fe de la prensa extranjera, radio o cine, mientras desempeñan su profesión. La duración depende de su clasificación como empleados.
J	Visitantes de intercambio	Participantes en programas de intercambio. La duración depende de la clasificación.
K	Prometidos y prometidas	Extranjeros que entran a los Estados Unidos para contraer matrimonio; el matrimonio deberá realizarse dentro de los noventa días de la entrada; las extensiones no son permitidas después de casados, pero el extranjero puede solicitar su clasificación de residente permanente.
L	Empleados trasladados	Dependiendo de la necesidad del empleador, el período inicial puede ser hasta por tres años. En circunstancias extraordinarias, la estadía puede ser extendida hasta por siete años.

Figura 15-1: Diagrama sobre visas de no inmigrantes (cont.)

Clasificación	Tipo de visa	Duración y extensiones disponibles
M	Estudiantes vocacionales	Estudiantes de tiempo completo inscritos en un programa de educación vocacional aprobado, incluyendo a sus familias. La duración es por el término del programa, más treinta días o un año, el cual sea más corto. Las extensiones pueden ser otorgadas por treinta días o un año para completar los estudios.
N	Miembros de familia de inmigrantes de clasificación especial con Visa G-4	La duración es de tres años con extensiones en incrementos hasta por tres años.
O	Atletas o artistas y otras personas de habilidades extraordinarias	Extranjeros con habilidades extraordinarias en las ciencias, artes educación, comercio o atletismo; los asistentes de dichas personas; las familias de aquellos que califican. La duración es el tiempo necesario para completar el evento o actividad, hasta por tres años con extensiones con incrementos hasta por un año para completar el evento.
P	Artistas y atletas	Artistas y atletas que no son elegibles bajo la clasificación O. Requiere que el individuo venga a los Estados Unidos para competir o participar en un evento específico. La duración es por el término del evento, pero puede ser hasta por cinco años, con un máximo de diez años, con extensiones permitidas en incrementos de un año.
Q	Extranjeros con propósito de intercambio cultural internacional	La duración es para completar el intercambio o quince meses, el que sea más corto.

Figura 15-1: Diagrama sobre visas de no inmigrantes (cont.)

Clasificación	Tipo de visa	Duración y extensiones disponibles
R	Ministros y religiosos	El período inicial es de tres años, con extensiones en incrementos de dos años, con un máximo hasta de cinco años.
S	Testigo en investigación criminal o de seguridad nacional	Admisión máxima de tres años, vigente hasta el 3 de septiembre de 1999.
TN	Profesionales de origen mexicano y canadiense	Personas que participan en actividades a nivel profesional, por lo menos con un título de bachillerato. Sin limitaciones de duración.
WT o WB	Visitantes sin visas	Personas que ingresan al país en viajes de negocio (WB) o placer (WT) por menos de noventa días de países con designaciones bajas de fraude.

16

Accidentes y daños personales

Los daños personales o lesiones físicas es una área especializada de la ley que le ofrece recursos legales a una persona que ha sido lesionada como consecuencia de la negligencia de otra, permitiéndole obtener compensación monetaria (indemnización) de parte de la persona que causó los daños o lesiones o de la compañía de seguros de la persona responsable.

CLASIFICACIÓN DE CASOS

Existen varios tipos de casos de lesiones físicas. Las lesiones que resultan de accidentes automovilísticos es el tipo de caso más común. No obstante, existen otros casos que merecen consideración seria.

NEGLIGENCIA MÉDICA Y RESPONSABILIDAD POR PRODUCTOS DEFECTUOSOS

Los casos de negligencia médica (*professional malpractice*) tienen que ver con situaciones de pacientes que han sido lesionados al recibir tratamiento médico negligente.

Los casos de responsabilidad por productos defectuosos abarcan lesiones ocasionadas por mercancía o productos defectuosos. Ambos son campos altamente especializados y deben siempre ser manejados por un abogado experto en esa área.

Los casos de negligencia médica y de responsabilidad por productos defectuosos son muy complicados y usualmente demoran varios años para resolverse. Toda persona que haya sido víctima de negligencia médica o de productos defectuosos debe asesorarse con un abogado. Existen abogados que se especializan exclusivamente en una de estas dos áreas.

MORDIDAS DE PERRO

Las mordidas de perro causadas por la negligencia de su dueño o guardián pueden ser compensadas bajo las leyes de daños personales o lesiones físicas. Sin embargo, algunas restricciones se aplican a casos de mordidas de perro, así que el lesionado debe hablar con un abogado antes de presentar una acción legal o demanda. Por ejemplo, si la persona provoca al perro antes de que lo muerda, puede afectar su derecho a compensación. Cualquier acción del lesionado que contribuya a ocasionar sus propias lastimaduras reduce las posibilidades de recibir compensación. No obstante, si el perro muerde sin ser provocado, lo más probable es que el lesionado reciba indemnización.

CAÍDAS Y RESBALONES

Una persona que se lesiona en una caída o resbalón por falta de mantenimiento apropiado o de seguridad de un lugar, puede ser indemnizada o compensada según la ley sobre daños personales o lesiones físicas. Para recibir indemnización en estos casos, el accidente debe haber ocurrido en un lugar que no sea la propiedad del lesionado. Muchos accidentes de esta naturaleza ocurren en tiendas o en centros comerciales cuando el piso está resbaloso, mojado o sucio. Toda persona involucrada en un accidente semejante debe reportarlo de inmediato a la gerencia u oficina administrativa del local o propiedad; si nadie está disponible, entonces el accidente se debe reportar a un empleado, guardia de seguridad u otro miembro del personal autorizado. Al mismo tiempo, el lesionado debe obtener los nombres y direcciones de un testigo que haya presenciado la caída, para así poder usar su testimonio más tarde cuando sea necesario comprobar o corroborar un reclamo por daños o lesiones físicas.

EVALUACIÓN DE UN CASO DE LESIONES FÍSICAS

Hay muchos factores que determinan el valor de un caso de daños personales o lesiones físicas y se necesita mucha experiencia para evaluarlo correctamente. Una persona que se lastima debe consultar la situación siempre con un abogado antes de firmar cualquier documento o llegar a un arreglo, porque el reclamo puede tener un valor mayor que el de la oferta. Algunos accidentes resultan en reacciones retardadas o lesiones adicionales que no son aparentes de inmediato. Es posible que una persona que resulta herida no se dé cuenta de la seriedad de sus heridas sino hasta muchos días o semanas después del accidente.

Toda persona que sufre una lastimadura debe ser examinada por su propio médico, aun si no cree que ha sido lastimada seriamente. Un abogado que se especializa en accidentes puede aconsejar al lesionado y recomendar a un médico, si la persona no tiene uno.

ACCIDENTES AUTOMOVILÍSTICOS

Para ilustrar cómo se maneja un caso de daños personales o lesiones físicas, examinaremos un caso típico de accidente automovilístico.

La ley requiere que toda persona involucrada en cualquier tipo de accidente en un vehículo de motor se detenga, incluso si no fue su culpa. No detenerse o huir del lugar del accidente es una ofensa penal seria que conlleva sanciones graves, incluyendo multas, encarcelamiento y la suspensión y revocación de la licencia de conductor.

En el lugar del accidente, las partes implicadas tienen ciertas responsabilidades:

1. Verificar si algún conductor, pasajero o peatón está lastimado. La ley requiere que toda persona involucrada en un accidente debe auxiliar a los heridos. No mueva de lugar a una persona que esté seriamente lastimada, a menos que se encuentre en extremo peligro. Por ejemplo, si una persona se encuentra tirada sobre un carril de tránsito en circulación, tal vez sea necesario moverla a un lado de la carretera para evitar que sea atropellada por otros vehículos.
2. Llamar a una ambulancia o pedirle a otra persona que lo haga mientras alguien permanece con la persona lesionada. Hay que tomar iniciativa y, sin vacilar, pedirle a algún espectador que llame de inmediato a una ambulancia.
3. Cubrir a la persona herida con una cobija o abrigo y, si es posible, intentar detener la pérdida de sangre aplicando presión leve a la herida o envolviéndola con un paño.
4. Poner cohete de señales (luces de bengala) alrededor del lugar del accidente y a lo largo del camino en dirección del tráfico que se acerca de ese lado.
5. Activar las luces de emergencia intermitentes y pedir a otros conductores que hagan lo mismo.

En el lugar del accidente lo primero que se debe hacer es atender a cualquier herido. Tan pronto como sea posible, el conductor de un vehículo o un espectador, si el conductor no puede, debe comunicarse por teléfono con la policía o la patrulla de caminos y reportar el accidente.

La única circunstancia en que un conductor involucrado en un accidente puede abandonar el lugar sería si es la única persona presente y tiene que llevar a un herido al hospital más cercano. En tal caso, debe comunicarse con la policía o patrulla de caminos tan pronto como llegue al hospital con el herido.

Al reportar el accidente, el conductor deberá informarle a la policía el lugar de donde está llamando, el lugar donde sucedió el accidente y por qué abandonó el lugar de éste.

Una vez que los heridos hayan sido atendidos, los conductores deberán intercambiar información, incluyendo nombres, direcciones, números de teléfonos, números de licencias de conductor, el estado que las expidió y el nombre de las compañías de seguros de los conductores y de los vehículos. Los conductores deben escribir la marca, el modelo, el año y el número de las placas de los vehículos involucrados. Si el conductor no es el propietario, se deberá proveer el nombre y dirección del propietario actual. Uno también debe anotar los nombres, direcciones y números de teléfono de todos los pasajeros en todos los vehículos involucrados, al igual que de los testigos con que uno cree que la policía o patrulla de caminos debe ponerse en contacto para tomar sus respectivas declaraciones y preparar el informe oficial del accidente. El informe puede necesitarse más tarde para ayudar a resolver cualquier reclamo legal que surja del accidente.

Toda persona involucrada en un accidente debe cooperar con el agente que investiga el accidente y debe contestar todas las preguntas que se le hagan; pero es muy importante no admitir culpabilidad, aun cuando usted crea que fue su culpa. Las partes deben preguntar dónde pueden obtener una copia del informe de la policía. Cuando un agente prepara un informe investigativo, las partes implicadas deberán anotar el nombre y número de placa del policía para que un abogado pueda interrogarlo acerca del accidente.

Si el agente de la policía da una boleta o citación (*ticket*) de infracción a alguien, la persona debe firmarla. Al hacer esto, la parte que la recibe no está admitiendo culpabilidad alguna, sino que simplemente está firmando una promesa de comparecer en la corte en la fecha señalada para responder a los cargos imputados. Toda persona que rehúse firmar una citación o *ticket* puede ser arrestada inmediatamente y llevada a la cárcel. Antes de comparecer en la corte para contestar los cargos alegados en la citación, la persona debe consultar con un abogado para que le aconseje cómo contestar a los cargos.

Si un conductor involucrado en un accidente intenta escapar o rehusa dar la información requerida por la ley, las otras personas involucradas deben anotar el número de placa del vehículo. El Departamento de Vehículos Motorizados usará esa información para ayudar a la policía a encontrar al propietario del vehículo.

Si existen testigos del accidente, deben anotarse sus nombres, direcciones y números telefónicos. En un caso de lesiones físicas, un abogado puede pedirle a los testigos que declaren sobre lo que presenciaron. Se le debe pedir a éstos que permanezcan en el lugar del accidente hasta que un agente de la policía llegue para interrogarlos.

Finalmente, cada persona involucrada en el accidente debe anotar las condiciones del tiempo y de la carretera al momento del accidente. La hora y el lugar exacto del accidente también deben ser anotados; un dibujo sencillo de la calle o intersección que indique la dirección en que viajaba cada vehículo al momento de ocurrir el accidente puede ser valioso. Aunque en el momento estas sugerencias no parezcan ser muy importantes, tales detalles pueden ser cruciales al determinar quién es responsable por los daños.

Si una persona golpea un vehículo que esté estacionado o le causa daños a la propiedad de un tercero, debe tratar de localizar al dueño de la propiedad. Si éste no puede ser localizado, la persona debe dejar una nota con su nombre, dirección y número de teléfono donde puede ser localizada y una explicación de lo que sucedió. Es ilícito abandonar el lugar donde ocurrió el accidente, a menos que una nota adecuada se le deje al dueño de la propiedad. La persona que causó el daño debe comunicarse con la policía local, el alguacil del condado o con la patrulla de caminos para informarles dónde ocurrió el accidente y que una nota fue dejada según lo requiere la ley.

Toda persona involucrada en un accidente nunca debe ofrecer pagar ningún daño ni hacer amenazas contra otro conductor. La resolución de cuestiones de responsabilidad o daños e indemnización se le debe dejar a un abogado.

Toda persona involucrada en un accidente automovilístico debe ser examinada inmediatamente por su médico, aun si no necesita tratamiento médico de emergencia ni aparenta estar lesionada. La persona pudo haber sufrido lastimaduras de las cuales no está consciente en el momento y la evaluación de un médico puede ser importante para un reclamo de indemnización en el futuro.

Si el médico requiere pago antes del tratamiento, la víctima debe consultar con su abogado para explicarle su situación. El abogado puede referirla a un médico que la pueda tratar y diferir el pago por sus servicios hasta que la reclamación se resuelva.

Si la persona que causó el accidente no está asegurada, puede ser que el seguro de la víctima pueda pagar su reclamación de daños personales o lesiones físicas. Si el valor de la reclamación excede la cantidad que cubre la póliza, la persona lesionada puede demandar por la diferencia a la persona responsable.

CITA CON UN ABOGADO EN CASOS DE DAÑOS PERSONALES

Una vez que las necesidades médicas de emergencia de las partes han sido atendidas, las personas implicadas en el accidente deben consultar con un abogado. Antes de dar información a otra persona, es importante que las partes entiendan claramente sus derechos y obligaciones conforme a la ley. El abogado se encargará de ponerse en contacto con la compañía de seguros del reclamante y del demandado, y asistirá al reclamante a completar cualquier formulario que sea necesario para procesar su reclamo. Las reclamaciones por daños personales deben ser presentadas sólo por personas que han sido lastimadas como resultado de un accidente. Si la persona no ha sufrido ninguna lastimadura, no se debe presentar un reclamo por daños personales.

Durante la visita inicial a la oficina de un abogado, el reclamante puede ser entrevistado primero por otro miembro de la oficina del abogado. El entrevistador le hará preguntas, tales como el nombre, la dirección, números de teléfono donde puede ser localizado, lugar y fecha de nacimiento, edad, estado civil y los nombres de su cónyuge y dependientes. El entrevistador puede tomarle una fotografía para incluirla en el expediente. La fotografía puede ser usada para comprobar lastimaduras visibles, tales como heridas o cortadas, además de la índole y grado de los daños del vehículo.

Si un médico autoriza que uno está incapacitado para trabajar a causa del accidente, los antecedentes de empleo de la persona lastimada serán muy importantes. En la entrevista inicial con el abogado, el reclamante debe estar preparado para contestar preguntas sobre dónde trabaja, la fecha en que fue empleado, el título o clasificación de su puesto en el trabajo, los ingresos actuales, los días que estuvo ausente del trabajo a causa del accidente y la cantidad de salarios perdidos debido a éste. También se le pueden pedir los nombres y direcciones de sus empleadores anteriores.

El entrevistador le pedirá al reclamante que hable de su historial médico, incluidas las fechas y las descripciones de otras lesiones anteriores, los hospitales o clínicas donde recibió tratamiento, los nombres de los médicos que lo atendieron y, si una demanda judicial fue presentada, si ésta se resolvió en corte o de manera extrajudicial (por acuerdo o arreglo). Para que un abogado pueda evaluar una reclamación propiamente, necesita esta información; y es importante que el reclamante conteste a todas las preguntas lo más completa y exactamente posible.

Además de la información acerca del historial médico, el entrevistador hará preguntas sobre el accidente más reciente y la índole de las lesiones de la persona, los nombres de todos los médicos o clínicas que trataron esas lesiones iniciales y todos los especialistas que le hicieron un tratamiento o una terapia. El entrevistador también necesitará conocer las fechas de cada tratamiento. Después de la entrevista inicial, se reunirá con el abogado para discutir los tipos de reclamos por lesiones físicas disponibles. El abogado contestará cualquier pregunta y explicará los conceptos jurídicos de negligencia, negligencia comparativa, testimonio y pruebas físicas que pueden ser usadas para probar el reclamo, y los problemas potenciales que sean obvios desde el principio. El abogado también explicará cómo el bufete de abogados va a investigar el accidente para ayudar a determinar los hechos, y puede recomendar si la reclamación debe o no solucionarse extrajudicialmente por acuerdo entre las partes. Si el abogado no recomienda aceptar la oferta final de arreglo o acuerdo, explicará por qué el caso debe ir a juicio, y si éste debe ser oído delante de un jurado o por un juez solamente.

Las circunstancias del caso pueden permitir adjudicaciones en más de un tribunal. El abogado aconsejará al cliente sobre cuál tribunal es el más conveniente y ayudará a decidir dónde presentar el reclamo o demanda.

Es importante que el cliente sea completamente honesto al revelar los hechos del accidente a su abogado. A un abogado le está prohibido por el código de ética profesional revelar información delicada o incriminadora concerniente a sus clientes. El código también le prohíbe tomar un caso cuando pueda tener un conflicto de interés y, por lo tanto, ser incapaz de representar los mejores intereses de su cliente.

INDEMNIZACIÓN: COMPENSACIÓN POR DAÑOS O PÉRDIDAS

El principio básico de un caso por lesiones físicas es que una de las partes ha incumplido con el deber del cuidado razonable hacia otra parte y le ha causado un daño o lesión. Puede haber más de una persona (demandado) acusada de ocasionar los daños o las lesiones mencionadas en una demanda por lesiones físicas y puede haber más de una parte lastimada (demandante) presentando un reclamo o demanda contra cualquier demandado; pero el concepto de incumplimiento de un deber (*breach of duty*) sigue siendo el mismo.

Cuando el demandante sufre una lastimadura, tiene derecho a recibir compensación por parte del demandado y/o su compañía de seguros. Los "daños y perjuicios" se definen como compensación o indemnización en forma de dinero por una pérdida o una lastimadura. Existen varias clases de daños y la evaluación de ellos es una área de la ley que es altamente compleja. El siguiente es un breve resumen de tres clases básicas de indemnización frecuentemente otorgadas por las cortes en casos civiles:

1. *Daños nominales* (*nominal damages*): una cantidad pequeña de dinero otorgada con el propósito de registrar el fallo o sentencia a favor del demandante. Los daños nominales son usualmente reservados para casos donde

el demandante no ha sufrido pérdida sustancial o lastimaduras indemnizables, pero donde la ley reconoce una invasión de sus derechos y un incumplimiento del deber de parte del demandado para ejercer cuidado razonable.

2. ***Daños compensatorios*** (*compensatory damages*): una suma de dinero con la intención de compensar al demandante directamente por la pérdida o lesión sufrida y para devolverlo al estado en que estaba anteriormente a ser lesionado. La mayor parte de los daños otorgados en casos por lesiones físicas son daños compensatorios.

3. ***Daños punitivos*** (*punitive damages*): una cantidad adicional de dinero otorgada al demandante para castigar al demandado y disuadir a otros de cometer ofensas similares. Los daños punitivos son frecuentemente otorgados cuando se puede probar que el demandado mostró desconsideración imprudente o negligencia por la seguridad del demandante.

El cálculo de indemnización por daños es una área de la ley extremadamente compleja. Cada caso es único y existen muchos factores que tienen que considerarse para determinar la cantidad monetaria total. El cálculo de indemnización es algo que debe dejarse en las manos del abogado para que se determine con la participación y consentimiento de la parte perjudicada.

TIPOS DE RECLAMOS POR LESIONES FÍSICAS

Los tipos básicos de reclamaciones que se pueden aplicar en casos de accidentes son claramente identificados:

1. Una reclamación por ***daños a la propriedad*** (*property damage*) procura compensación para la reparación o reemplazo del vehículo. Si un vehículo tiene que ser reemplazado, la fórmula establecida para determinar el costo de reemplazarlo es el valor del vehículo en el mercado inmediatamente antes de ser dañado. Este valor puede no ser el mismo que la persona pagó originalmente y puede ser inferior al saldo o balance que todavía se adeuda. El valor del vehículo en el mercado se calcula de acuerdo a la lista de varias publicaciones aceptadas en la industria que establecen los precios sugeridos para vehículos según la antigüedad, el millaje, la condición y el número y el tipo de accesorios, además del estudio de vehículos comparables para la venta.

   Una persona que ha sufrido daños o lastimaduras también puede ser indemnizada por la pérdida del uso de su vehículo durante el período que demora repararlo o reemplazarlo. Incluso si la persona no necesitó el vehículo durante ese tiempo, tiene derecho a ser compensada por la pérdida. La compensación por la pérdida de uso es generalmente calculada como el costo de renta de un vehículo similar por el número de días que demora hacer las reparaciones.

2. Los **gastos médicos** (*medical expenses*) son la indemnización por el costo de gastos médicos razonables y necesarios que se hicieron como resultado del accidente. Los gastos médicos se dividen frecuentemente en dos categorías: de diagnóstico y de tratamiento. Los gastos de diagnóstico incluyen ambulancia, gastos de sala de emergencia, rayos X y análisis de sangre. Los gastos de tratamiento incluyen visitas regulares, terapia y cirujía.

   Muchas compañías de seguros basan sus ofertas de arreglo o liquidación en los costos de tratamiento. Sin embargo, los diagnósticos frecuentemente son los gastos más altos y deben ser incluidos en la evaluación de la demanda.

3. La compensación por **pérdida de ingresos** (*loss of earnings*) puede ser solicitada por personas que son empleadas de otra, y la compensación es calculada del número de días de empleo perdido multiplicado por el sueldo diario de la persona al momento de la lesión. La pérdida de ingresos de un propietario de un negocio se determina calculando los ingresos que éste pudiera haber ganado durante su incapacidad médica. Para poder ser compensado por pérdida de ingresos, deberán existir dos condiciones:

   a. Un médico deberá certificar que la persona lastimada no puede trabajar.
   b. La persona lesionada no debe estar trabajando.

   Una persona puede obtener compensación por la pérdida de ingresos solamente por el tiempo en que ambas condiciones existan.

   Un empleado que continúa recibiendo un sueldo por medio del uso de tiempo acumulado por vacaciones o por enfermedad también tiene derecho a compensación por la pérdida de ingresos mientras no esté trabajando.

   Los daños a la propiedad, los gastos médicos y la pérdida de ingresos son frecuentemente llamados **daños especiales** (*special damages*), porque tienen un valor preciso e identificable—una cantidad monetaria específica; por ejemplo, gastos médicos por un total de $1,500.

   Otro tipo de indemnización se conoce como **daños generales** (*general damages*), la cual se paga por angustias y sufrimiento. Es más difícil asociar un valor monetario a las angustias y al sufrimiento, ya que no hay facturas que pueden ser presentadas.

4. La indemnización o compensación por **angustia y sufrimiento** (*pain and suffering*) se clasifica como daños generales. La compensación es otorgada por el sufrimiento que el demandante sobrellevó, además del costo del tratamiento por lastimaduras.

La indemnización puede ser otorgada por perjuicios o traumas que pueden ser tanto físicos como emocionales. La parte más grande de una reclamación por lesiones físicas es por indemnización debido a angustias y sufrimiento y, por lo general, cada reclamante es compensado individualmente. Existen varios factores que afectan el valor de una reclamación por angustias y sufrimiento, incluyendo pero no limitándose a:

   a. La índole y gravedad de las lastimaduras

   b. Probabilidades de recuperación del demandante

   c. Efecto de las lastimaduras en la capacidad de ganarse la vida

   d. Campo e índole de su empleo

   e. Potencial o capacidad de ganarse un sueldo

   f. Efecto de las lastimaduras en la habilidad de la persona para desempeñarse diariamente, incluyendo su salud física, mental y emocional

5. La **pérdida de consorcio** (*loss of consortium*) es la indemnización por la pérdida de la compañía conyugal de uno de los cónyuges. La pérdida de consorcio es una compensación otorgada cuando ha habido lastimaduras de gravedad o por muerte injusta de uno de los cónyuges. En casos apropiados, tanto el cónyuge lastimado como el no lastimado pueden recibir compensación por pérdida de consorcio.

6. La indemnización por **lastimaduras a terceros** (*injury to others*) es la compensación por daños emocionales sufridos por el demandante como resultado de ver a un miembro de su familia inmediata pasar por la angustia y sufrimiento de una lastimadura. Si una madre ve a su hijo sufrir un golpe y lastimaduras por parte de un motorista, tiene derecho a recobrar indemnización del demandado por la angustia emocional que sufrió al ver el accidente, aparte de la reclamación a nombre de su hijo por las lesiones físicas.

7. La indemnización por la **muerte injusta** (*wrongful death*) de una persona es la compensación pagada a los herederos sobrevivientes por la muerte injusta de la víctima.

Hasta el siglo diecinueve, la ley tradicional (*common law*) prohibía la indemnización por muerte, basada en que era inmoral imponer un valor monetario a la vida humana. Desde entonces, la ley ha compensado muertes injustas a la familia de la víctima para disminuir las dificultades económicas causadas por la muerte. Al permitir esta compensación, la intención era beneficiar a las viudas que perdían a sus esposos, pero la ley pronto permitió que también se incluyera a viudos, hijos, padres, hijos ilegítimos y a otros parientes cercanos. La ley no sólo permite compensación por pérdidas económicas, sino también por la pérdida de consorcio.

La indemnización por muerte injusta por lo general cubre los siguientes daños:

   a. Pérdida de manutención: por el sostenimiento económico que el difunto le hubiera proporcionado a sus dependientes si estuviera vivo.

b. Pérdida de servicios: se refiere al valor monetario de los servicios que el difunto prestaba y que hubiera continuado prestando si no hubiera muerto, incluyendo los servicios que prestaba en la casa y en otras partes para su cónyuge. La pérdida de servicios también tiene que ver con la capacitación, educación y dirección que un niño hubiera recibido de no haber sido por la muerte injusta del padre o la madre.

c. Pérdida de sociedad: una extensa serie de beneficios mutuos que cada miembro de la familia recibe de la existencia continua de cada uno, incluido el cariño, el afecto, la consideración, la atención, la compañía, el consuelo y la protección.

d. Indemnización por gastos fúnebres: en casos donde los dependientes del difunto han pagado el funeral o son responsables por su costo, la familia puede tener derecho a ser compensada por esos costos.

SEGUROS AUTOMOVILÍSTICOS

El propósito de una póliza de seguro es proteger contra la pérdida económica que resulta debido a muerte, perjuicios o responsabilidad por daños a terceros. El asegurado es la persona o personas protegidas por la póliza, y el asegurador es la compañía de seguros que emite la póliza.

Responsabilidad civil por lesiones físicas (*personal injury liability*): el seguro protege contra la pérdida económica cuando ocurre un accidente en el que se lastima o muere otra persona. La cantidad máxima que paga la compañía de seguros es la cantidad de protección que el asegurado compró cuando sacó la póliza de seguro.

Responsabilidad por daños a la propiedad (*property damage liability*): protección del asegurado contra la pérdida económica cuando causa un accidente que resulta en daños a la propiedad de un tercero. Algunas compañías de seguros pagan los gastos del alquiler de un automóvil para la víctima a través de los beneficios que abarcan la responsabilidad por daños, mientras que otras compañías lo hacen a través de los beneficios de responsabilidad general.

Cuando una persona se lastima en un accidente que no fue su culpa, si el acusado tiene seguro para pagar por los daños a la propiedad, su compañía de seguros paga el valor del reclamo de la víctima hasta los límites de su póliza. El valor mínimo de una póliza de seguro de responsabilidad para autos varía de estado a estado (vea el Compendio multiestatal sobre la cobertura mínima de responsabilidad para automóviles, página 185).

Además de pagar los gastos médicos, la compañía de seguros del demandado también tiene que pagar la pérdida de ingresos, el dolor y el sufrimiento y/o la muerte injusta.

La cobertura de responsabilidad del demandado para daños a la propiedad pagará las reparaciones a un vehículo dañado hasta los límites de su póliza y compensará a la parte lastimada por la pérdida del uso de su vehículo. El seguro del demandado puede también cubrir gastos relacionados al accidente, tales como remolque del vehículo (*towing*), almacenamiento (*storage*) y averías mecánicas. (*damage repair*).

Una persona que se vea involucrada en un accidente causado por un conductor sin seguro, o insuficientemente asegurado, tendrá que recobrar todos o parte de los daños de su propia compañía de seguros.

Los tipos de cobertura disponibles en las pólizas de seguro incluyen ciertas categorías *standard,* o fijas:

La cobertura de **colisión** (*collision*) paga los daños al vehículo del asegurado cuando el daño es causado por un choque. Muchos programas de cobertura por colisión tienen un deducible. El deducible es la cantidad que el asegurado deberá pagar por el daño antes de que se requiera cualquier pago de la compañía de seguros. Por ejemplo, a una persona que tiene un deducible de $500 se le requerirá pagar los primeros $500 del costo de la reparación y su compañía de seguros pagaría el resto. La cobertura de colisión está limitada al valor del vehículo en el mercado inmediatamente antes del accidente.

Si el costo de reparación excede el valor del vehículo en el mercado, el vehículo será considerado como pérdida total (*totaled*). Muchas compañías de seguros no ofrecen cobertura de colisión para vehículos viejos, y si lo hacen, el costo puede hacer impráctica tal cobertura.

La **cobertura contra todo riesgo** (*comprehensive coverage*) paga los daños a un vehículo hasta su valor real en el mercado, ocasionado por otra causa que no sea una colisión. Ésta usualmente cubre daños causados por incendio, tormentas de arena o viento, granizo, nieve, vandalismo, robo, quebradura de vidrios y otros incidentes que no sean de colisión. También puede cubrir daños por pérdida de artículos personales dentro del vehículo, y en algunas pólizas, pagos de remolque (grúas).

La **cobertura de pagos médicos** (*medical payments coverage*) paga los gastos médicos hechos por el conductor y sus pasajeros hasta el límite máximo de la póliza. Los pagos bajo la porción de cobertura médica de una póliza de seguro están disponibles, incluso si una porción de los gastos médicos han sido pagados por otra póliza. Si la compañía de seguros del demandado paga los gastos, el demandante tiene derecho a recuperar los gastos médicos otra vez de su propia cobertura. Por ejemplo, si el demandante tiene $1,000 en facturas médicas, y el demandado tiene seguro de responsabilidad por daños a terceros, el seguro del demandado pagará los gastos médicos. Además, el demandante tiene legalmente derecho a recibir los $1,000 otra vez de su cobertura por gastos médicos.

Si el demandado no tiene cobertura de responsabilidad por daños a terceros y el demandante tiene que recobrar de su propia compañía de seguros bajo un reclamo de conductor no asegurado, la compañía aseguradora tiene derecho a reducir la cantidad adeudada por una cantidad igual a la que se haya pagado previamente bajo la cobertura de pagos por gastos médicos. Por ejemplo, si la cantidad total de la reclamación por conductor no asegurado tiene valor de $12,000 y la compañía aseguradora ya ha pagado $2,000 en gastos médicos, el asegurado puede que reciba solamente $10,000 como pago final. Los beneficios de pagos médicos pueden también estar disponibles cuando un asegurado o un familiar que vive con el asegurado se lastima en un accidente que involucra un vehículo de motor, incluso si ese demandante es un peatón, un ciclista o un pasajero en un automóvil que pertenezca a alguien que no sea el asegurado.

La **cobertura de conductor no asegurado** (*uninsured motorist coverage*) paga daños hasta el límite máximo de la póliza por lesiones físicas o muerte causadas por un conductor no asegurado. Esta cobertura también se usa para lesiones físicas o muerte causadas en un accidente en que un conductor abandona el lugar (*hit-and-run*). En estos casos, la mayoría de las pólizas requieren que el asegurado reporte el incidente a la policía a más tardar veinticuatro horas del accidente y ofrezca pruebas físicas de que el vehículo del asegurado fue "tocado" o dañado por el otro vehículo que huyó del accidente. La prueba usualmente consiste en raspones o rayones a la pintura u otros materiales tangibles. Algunas compañías de seguros requieren que el asegurado notifique a su agente de seguros dentro de veinticuatro horas de haber ocurrido un accidente *hit-and-run*.

En algunos estados la cobertura de conductor no asegurado debe ofrecerse a cualquier persona que compre seguro de automóvil, a menos que específicamente rechace la cobertura por escrito. El asegurado paga esta cobertura si desea incluirla.

Los pagos de reclamos por conductor no asegurado se limitan a la cantidad máxima indicada en la póliza. Antes de que un asegurado pueda recibir pago por daños bajo la cláusula de conductor no asegurado de la póliza, debe probar que el accidente no fue su culpa y que el demandado no estaba asegurado.

Cada estado ha establecido un procedimiento para probar que el demandado no estaba asegurado. Usualmente, el primer paso es ponerse en contacto con el demandado para preguntarle si tiene seguro. Si no quiere firmar una declaración a tal efecto, o si se niega a contestar una pregunta, el demandante puede completar un formulario para reportar un accidente (disponible en cualquier oficina del Departamento de Vehículos Motorizados) y enviarlo por correo a la oficina de esta entidad de dicho estado. Además de los formularios de conductor no asegurado, todos los conductores deberán completar un formulario para reportar accidentes, cuando el daño a cualquier vehículo excede una cantidad especificada, o si alguien fue herido o resultó muerto en el accidente. El Departamento de Vehículos Motorizados del estado preparará un informe que indique si el demandado tenía o no seguro de responsabilidad el día del accidente. El demandante puede entonces llevar el formulario a su compañía de seguros para así establecer su derecho para recibir beneficios bajo la provisión de conductor no asegurado.

La *cobertura de conductor no suficientemente asegurado* (*underinsured motorist coverage*) protege al asegurado y a sus pasajeros cuando el demandado tiene seguro, pero sus límites de responsabilidad financiera personal, o sus límites de daños a la propiedad son insuficientes para cubrir el valor del reclamo. En este caso, la cobertura de conductor no suficientemente asegurado pagará la diferencia entre lo que la cobertura del demandado pague y la cobertura de la póliza del asegurado por conductor sin seguro suficiente, hasta un máximo del valor de la pérdida. Usualmente, la cobertura de conductor con seguro insuficiente será incluida en toda póliza de seguro de vehículo motorizado y al asegurado se le cobrará por ella, a menos que específicamente rechace su derecho a ella por escrito.

La *cobertura de daño a la propiedad de conductor no asegurado* (*uninsured motorist property damage coverage*) protege al propietario de un vehículo, si su vehículo es chocado y dañado por un conductor no asegurado. Si un asegurado tiene cobertura de daño a la propiedad por conductor no asegurado, éste no tendrá que pagar el deducible que se requeriría si usó su cobertura de colisión.

La *cobertura para alquiler de automóvil* (*car rental coverage*) paga los costos de rentar un automóvil hasta los límites diarios o límites estipulados en la póliza. La cobertura para alquiler de automóvil no la ofrecen todas las compañías de seguros. Si el demandado en una reclamación tiene seguro de responsabilidad por daños a terceros, su compañía debe pagar los costos de alquiler de automóvil.

La *cobertura de crédito por incapacidad* (*credit disability coverage*) se aplica si una parte es lastimada tan severamente que un médico certifica que está médicamente incapacitada. Bajo las disposiciones de cobertura de crédito de incapacidad, la compañía de seguros continuará haciendo los pagos de automóvil del asegurado hasta que ya no esté certificado como incapacitado, o hasta que la cantidad máxima de beneficio se haya agotado.

CONDICIONES Y LIMITACIONES DE BENEFICIOS

Muchos pagos por beneficios o prestaciones médicas bajo pólizas de seguro de grupo y de automóvil contienen limitaciones y condiciones que reducen enormemente la cantidad de dinero que pagarán, pero frecuentemente proporcionan el reembolso de tales pagos en ciertas situaciones.

Una **cláusula de reembolso** (*reimbursement clause*) en la porción de cobertura de pagos médicos de una póliza de seguros significa que la compañía de seguros pagará los gastos inicialmente, pero tiene derecho a reintegración del asegurado si éste luego recibe compensación por gastos médicos de parte del demandado o de su compañía de seguros. Las pólizas con cláusulas de reintegro o reembolsos son frecuentemente más económicas que las que no las contienen, pero podrían ser de mucho menos valor para el asegurado.

Una **cláusula de solamente el exceso** (*excess only clause*) en una póliza de seguro significa que la compañía de seguros pagará sólo aquellos costos médicos que todavía se deban después de que otras coberturas médicas hayan pagado las cantidades máximas disponibles bajo sus pólizas. Por ejemplo, para una persona que tiene un seguro médico, tal como un seguro médico de grupo, los gastos médicos de un accidente deben ser reclamados contra ese seguro hasta el máximo permitido por la póliza. La cobertura por el excedente del seguro del vehículo entonces pagará todo balance adeudado.

El **seguro de responsabilidad** (*liability insurance*) por daños a terceros protege al titular de esta póliza contra pérdida económica en la eventualidad que sea culpable de un accidente. Si la otra parte presenta un reclamo contra un asegurado, diciendo que el accidente fue culpa de éste, la compañía de seguros del titular con cobertura por daños a terceros defenderá dicha reclamación. Si se determina que el asegurado tenía la culpa, la compañía pagará al reclamante por cualquiera de los daños que sufrió, hasta el límite de la póliza. Una persona que se determine que es culpable de un accidente puede ser personalmente responsable por todo daño en exceso de los límites de su póliza.

La mayoría de los estados requieren que los conductores tengan seguro de responsabilidad por daños a terceros. En muchos estados, una persona que no tenga seguro de automóvil puede ser multada y se le suspenderá la licencia de conductor por lo menos hasta un año (vea el Compendio multiestatal sobre la cobertura mínima de responsabilidad para automóviles, página 185).

EVALUACIÓN DEL CASO Y DETERMINACIÓN
DE RESPONSABILIDAD FINANCIERA

El abogado responsable de procesar un reclamo examinará todos los hechos del accidente y determinará qué grado de culpa tiene cada persona.

Este procedimiento es conocido como valoración de la responsabilidad financiera y es una parte importante en determinar la viabilidad y valor de toda demanda.

Además de las declaraciones del demandante y el informe de la policía, el abogado puede contratar a un investigador que examine el lugar del accidente. El investigador examina el lugar para ver si hay pruebas que puedan usarse para sustanciar el caso del demandante. El investigador medirá las impresiones (tallones) dejadas por la llantas; la duración de las señales de tránsito; levantará escombros hallados en el lugar; entrevistará testigos; revisará el límite de velocidad; localizará los señalamientos de tránsito instalados en la carretera; y averiguará con el servicio meteorológico las condiciones de la carretera al momento del accidente.

DEFENSAS DEL RECLAMO POR LESIONES FÍSICAS

Una persona que haya tenido un reclamo por lesiones físicas en su contra, en donde se alega que tuvo la culpa del accidente automovilístico, puede ampararse en todas las defensas legales disponibles. Algunas de las defensas más comunes en casos de reclamaciones por lesiones físicas son alegadas regularmente.

La *norma de consecuencias evitables* (*rule of avoidable consequences*) es frecuentemente utilizada en casos en que el demandante se ocasiona daños adicionales a sí mismo más allá del daño causado por el demandado. Por ejemplo, si el demandante sufre una lastimadura en la espalda a causa de un accidente automovilístico y luego agrava la lastimadura haciendo actividades excesivamente extenuantes después de aconsejársele que descanse, se le puede negar compensación por lastimaduras adicionales. La ley normalmente supone que una persona que ha sido lastimada debe actuar razonablemente para evitar o limitar sus daños o se le impedirá recibir compensación por lastimaduras que pudieron ser evitadas.

La *negligencia comparativa* (*comparative negligence*) ha reemplazado la defensa de negligencia contribuyente en la mayoría de los estados. La ley de negligencia contribuyente no permitía a un reclamante recibir indemnización alguna si contribuyó en alguna forma a la causa del accidente que resultó en su lastimadura. Esto frecuentemente causaba resultados extremamente injustos cuando a un demandante que fue severa y permanentemente lastimado no se le permitía recibir ninguna compensación, incluso si su negligencia fue sólo el uno por ciento responsable por la causa del accidente.

La negligencia comparativa permite a un demandante que es parcialmente responsable de la causa del accidente recibir un porcentaje del valor de su reclamo, igual al porcentaje de negligencia de la otra parte. La compensación del demandante es reducida por el porcentaje equivalente a su negligencia, la cual contribuyó al accidente.

Cada parte tiene derecho a reclamar compensación del otro, y en algunas ocasiones una parte que fue responsable más del ciento por ciento por causar el accidente recibe mucho más dinero si el valor de su reclamo es mayor que el de la otra parte. Por ejemplo, un demandante que fue cuarenta por ciento culpable, y cuyo caso vale $10,000, tendrá derecho a recibir solamente $6,000, mientras que la otra parte que tuvo el sesenta por ciento de la culpa, pero que su caso tiene un valor de $100,000, se le permitirá recibir $40,000.

La negligencia comparativa es una defensa afirmativa, lo cual significa que la parte que se beneficiará usándola tiene la carga de probar cómo y hasta qué grado la otra parte contribuyó en causar el accidente.

La **asunción de riesgo** (*assumption of risk*) es una defensa por medio de la cual el demandado reclama que el demandante tenía conocimiento previo de la condición o situación que causó su daño y, sin embargo, se expuso voluntariamente a la situación de riesgo de igual manera. Cuando se puede probar que una persona voluntariamente se expuso al riesgo que causó sus lesiones, el demandado usualmente no será responsable por ninguna de las lesiones resultantes. Por ejemplo, si alguien es golpeado por una pelota desviada en un juego de béisbol, los propietarios del estadio podrían reclamar que tales incidentes son comunes y bien conocidos de todos y que la persona golpeada asumió o aceptó el riesgo de lastimaduras posibles al asistir al juego. La asunción del riesgo surge, sin importar la precaución tomada por el demandante, y se basa en el consentimiento o voluntad de participar en dicha actividad.

La ley sobre **términos o límites de prescripción** (*statute of limitations*) requiere que una demanda por lesiones físicas sea presentada dentro de un año de la fecha del accidente. Si el demandante no ha llegado a un arreglo o acuerdo extrajudicial de su caso y no presenta una demanda dentro de ese tiempo límite para hacerlo, el límite de prescripción es una defensa absoluta en toda demanda presentada más adelante.

El **privilegio** (*privilege*) es la inmunidad contra la autoincriminación personal y es el derecho constitucional de una persona a negarse a contestar preguntas o dar testimonio que le perjudicaría en su caso. Sin embargo, las leyes de vehículos motorizados que requieren que un conductor reporte un accidente no permiten que el concepto de privilegio sea utilizado para no completar un reporte. El reporte de un accidente es considerado como información solamente, y como tal no se considera una admisión de culpa.

La **inmunidad** (*immunity*) en un caso civil exonera al demandado de responsabilidad debido a su situación legal, o posición. La mayoría de situaciones en que se invocaría esta defensa ya no existen.

HONORARIOS DE ABOGADO

En casos de lesiones físicas, raramente es necesario que un cliente tenga que pagar a su abogado antes de que el caso se resuelva. Usualmente, al abogado del demandante se le paga por medio de una cantidad contingente o condicional. Conforme a este arreglo, el cliente no pagará nada mientras que se esté llevando a cabo el trabajo y ningún pago se le deberá al abogado, a menos que el cliente reciba indemnización de la parte contraria. Cuando el caso es resuelto, el cliente paga al abogado una porción de la cantidad recibida. Debido a que una persona con derecho a recibir compensación por sus daños y perjuicios frecuentemente no está en condiciones de cargar con el costo de una preparación legal costosa, el arreglo de pago por contingencia le permite a toda persona que tenga un reclamo válida procurar ser indemnizada.

Otros arreglos de pago de honorarios son cantidades fijas, y por hora. Las cantidad fija es raramente utilizada en casos de lesiones físicas. Esto requiere al cliente pagar una cantidad de una sola vez, usualmente antes de que los servicios legales sean prestados. Si el caso es muy pequeño, el abogado puede exigir este tipo de arreglo para el pago de sus honorarios.

El pago por hora es usualmente reservado para clientes corporativos y es raramente utilizado para clientes individuales en casos de lesiones físicas. Conforme a este arreglo, al cliente se le cobra por las horas efectivas que el abogado pasa preparando y presentando el caso. La mayoría de los casos demoran muchas horas para ser preparados, así que este tipo de arreglo es raramente ventajoso para el cliente.

Índice

Acerca del autor

Cuando Jess Araujo nació en El Paso, Texas, los Estados Unidos aún se estaban recuperando de los efectos de la Segunda Guerra Mundial. El Paso era entonces, y continúa siendo, una ciudad económicamente deprimida, extendida en el valle que forman las Montañas Franklin y habitada en su mayoría por latinos. Áreas extensas de El Paso son indistinguibles de su ciudad hermana, Juárez, en México, al otro lado del Río Grande. Don Juan, su padre, un trabajador ferrocarrilero retirado, y Doña Dolores, su madre, todavía viven en la casa donde criaron cinco hijos. El barrio ha cambiado muy poco en los veinte años desde que Jess dejó su casa para incorporarse al Cuerpo Militar de la Marina de los Estados Unidos.

Quizás fue su trabajo en los campos de uvas y ciruelas y en las huertas de cítricos en la faja agrícola del Sur de California, cuando era joven, lo que lo inspiró a buscar una educación superior y una vida mejor para él y su familia. Después de haber recibido su separación honorable, con el rango de sargento, obtuvo el título de Associate in Arts del Santa Ana College, recibiendo el premio de "Hombre del Año". Obtuvo el grado de Bachelor of Arts en la Universidad de California, recinto de Irvine, fue incluido en el Dean's Honor Roll y se graduó *summa cum laude*. Asistió becado a Loyola University School of Law, de donde se graduó de Doctor en Leyes en 1976.

Empezó a ejercer leyes in 1976 y en 1979 participó en el establecimiento de la firma legal de DiMarco y Araujo, con sus socios Andy DiMarco, Steven DiMarco y John Montevideo. En 1997, el nombre del bufete fue cambiado a DiMarco, Araujo y Montevideo para reconocer la participación del licenciado John Montevideo. Posteriormente establecieron una segunda corporación, The Accident Law Center, que se especializa en casos de accidentes y lesiones personales y en compensación a trabajadores. La lista de afiliaciones profesionales de Jess es muy extensa; se incluyen en ella las Asociaciones Americana y de California de la Barra de Abogados y la Asociación de la Barra de Abogados Hispanos del Condado de Orange, en California. Está certificado para presentar casos en las Cortes Supremas de California y de los Estados Unidos, y en las Cortes Federales y de Apelaciones en California y en Washington, D.C.

Profesional dedicado, Jess ha sido presidente de la Asociación de la Barra de Abogados Hispanos durante dos períodos y vicepresidente del Orange County Fair-Housing Council durante uno. Es consejero legal del consulado de México en el Condado de

Orange y ex presidente del Orange County Bar Foundation. Su dedicación a la comunidad la demuestra por su servicio en la Mesa Directiva del National Council of Alcoholism, y como vicepresidente de la Asociación Política México-Americana (MAPA) del Condado de Orange. Ha hecho incontables presentaciones en escuelas primarias y secundarias, mexico-americanas en su mayoría, y es invitado con frecuencia a dar clases a nivel universitario. Recientemente, Jess tuvo un programa radial diario de consultas sobre asuntos legales en Radio XPRS 1090 AM, que se oye en California, México y California Central. Jess es, además, profesor de materias jurídicas en la Universidad de California, recinto de Fullerton.

Sus aficiones son tan incontables y variadas como sus logros profesionales. Es ávido fotógrafo amateur y amante de la equitación. Su amor por el mar lo llevó a obtener una licencia de "Capitán" Guarda Costas. Pero su gran vocación es la música. Toca el piano y la guitarra y compuso la canción *La verdad*, que interpreta en un álbum del mismo nombre lanzado recientemente.

Jess vive en San Clemente, California, junto a su esposa, Donna Marie. Su hijo, Jess Jr., es un ejecutivo de una importante empresa en California y su hija, Kristina, es maestra en el sistema escolar del sur de California.